中国新石器时期

陶器文明研究与探索

张志雁◎著

Wuhan University Press
武汉大学出版社

图书在版编目(CIP)数据

中国新石器时期陶器文明研究与探索 / 张志雁著. —武汉:武汉大学
出版社，2022.10
ISBN 978-7-307-23045-3

Ⅰ．中… Ⅱ．张… Ⅲ．陶器(考古)－研究－中国－新石器时代
Ⅳ．K876.34

中国版本图书馆CIP数据核字(2022)第065300号

责任编辑：黄朝昉　　　　责任校对：孟令玲　　　　版式设计：左图右书

出版发行：**武汉大学出版社**（430072　武昌　珞珈山）
　　　　　（电子邮箱：cbs22@whu.edu.cn 网址：www.wdp.com.cn）
印刷：武汉乐生印刷有限公司
开本：710×1000　1/16　　　印张：15.25　　　　字数：200千字
版次：2022年10月第1版　　2022年10月第1次印刷
ISBN 978-7-307-23045-3　　定价：57.00元

前　言

　　陶器的出现是和经济状况、精神文明发展联系在一起的,陶器的发明与原始人类的定居生活息息相关。关于陶器与人类定居生活的关系,英国考古学家保罗·G.巴恩曾讲过,在新石器时代以前,陶质器皿没有出现的原因是很简单的,即居无定所的狩猎者和采集者一般不大使用沉重易碎的容器,而是需要轻便的、用有机材料制作的容器。陶器是与定居者同在的。进而言之,在人类历史上,最早的定居生活又必然依托于农业,因为农业生产依附于土地,而土地是一种无法移动的自然资源。这样,土地的非移动性也就决定了从事农业生产的民族必然是定居的民族,陶器与人类定居生活的关联,也就是这类器具与农业建构的稳定关联。同时,陶器作为以泥土为材质的容器,被制作的前提是人们对泥土本性的洞悉。就此而言,陶器不同于珠玉、宝石等来自大山的恩赐,它是从泥土中生长出来的器物。由此,自然性的泥土、人类的定居生活和农业生产方式,决定了远古陶器存在与生成的状况。

　　另外,陶器是原始先民精神意识的延伸。如果远古先民没有精神意识和创造欲望,就不会有陶器的出现,因此陶器看起来是物质的载体,但其实它的主体是精神,它是精神的物质载体。陶器造型塑造的不仅仅是器具结构,同时也是原始先民精神观念的表达,作为媒介的陶器总是塑造着史前人类的意识形态,这一点往往被许多研究者忽略,精神观念这种抽象的、无形的意识必定会通过一定的物质形态进行表现,因为人的意识形态总是会毫无意识地作用于周围物体,物质是因为承载精神才有价值,而作为人的延伸——陶器,必定带有"人性"的部分,它通过器形的不断变化,向我们诉说着原始先民的所思所想。除了对精神方面的体现,陶器造型也体现了原始先民的物质生活,不同造型的陶器其功用也各不相同,只有在生产力有了一定提高的前提下,对生活水平有了更高的要求,才会对陶器的使用功能进行细分,才会创造出造型各异的陶器。

　　总而言之,陶器不仅反映了人类当时的经济状况,也反映了当时的精神文明状况,本书便是依照这一脉络对陶器的各种表现(如与之相关的绘画艺术、装饰艺术等)进行阐释说明。

目　录

第一章　中国新石器时期
陶器文明概述

第一节　中国新石器时期的界定

一、中国新石器时期概述

新石器时代大约从一万多年前开始,结束于5000多年至2000多年前。从考古学的角度来看,新石器时代是石器时代的最后一个阶段,是以使用磨制石器为标志的人类物质文化的发展阶段。"新石器时代"最早是由英国考古学家卢伯克在1865年提出来的。旧石器时代或中石器时代过渡后,属于晚石器时代。中国新石器时代的主要产物有早期陶器、彩陶、玉器、卜骨和石器等。

(一)中国新石器文化

新石器时代考古文化遗址众多,根据各地出土遗址年代划分如下。

1. 彭头山文化(距今8200—7800年)

彭头山遗址位于湖南省澧县澧阳平原中部,距今8200—7800年。主要的文化积淀是彭头山文化时期的遗存,这是长江中游最早的新石器时代文化。

2. 裴李岗文化(距今7500—6900年)

裴李岗遗址位于河南省新郑市西北约8千米处的裴李岗村西部,面积2万平方米。从1977年到1979年,共进行了四次发掘,面积超过2700平方米,共计发掘墓葬114座,陶窑1座,灰坑10余个。

3. 后李文化(距今8200—7800年)

后李文化遗址位于山东省淄博市临淄区齐陵街道后李官村西北约500米处,淄河东岸第二级台阶上,位于沂泰山系北侧山前冲积扇和鲁北平原,距临淄区辛店城区约12千米,西北距临淄齐国故城约2.5千米。现已发现8处后李文化遗址,均分布于泰沂山系北麓的前平原地带,后李文化遗址主要有房址、灰坑、灰沟等,遗物主要是陶器。临淄中国古车博物馆就位于后李文化遗址上,它是中国当代第一家最系统、最完整的集车马遗址与文物陈列于一体的古车博物馆。

4. 兴隆洼文化(距今约8000年)

兴隆洼遗址位于内蒙古自治区赤峰市敖汉旗兴隆洼、林西县白音长汗,大凌河支流牤牛河上游左岸,内蒙古自治区和辽宁省交界处。

5. 磁山文化(距今8000—7600年)

磁山文化遗址位于河北省武安市磁山村东约1千米处的南洺河北岸台地上,东北依鼓山,南临洺河,面积近14万平方米,已被列为全国重点文物保护单位。

6. 大地湾文化(距今8000—4800年)

大地湾文化遗址位于甘肃省天水市秦安县五营乡绍店村,距天水市102千米。

7. 新乐文化(距今7300—6800年)

新乐文化遗址位于辽宁省沈阳市皇姑区黄河北大街北运河北岸。1977年首次发掘,是母系氏族公社兴盛时期的村落遗址,面积17.8万平方米,布局类似半坡文化。

8. 赵宝沟文化(距今7350—6400年)

赵宝沟文化遗址位于内蒙古自治区赤峰市敖汉旗赵宝沟山半地穴。考古发现包括几何划痕、精神物品、陶罐和雕像等。

9. 北辛文化(距今8400—7300年)

北辛文化遗址位于山东省滕州市官桥镇北辛村北部,薛河故道南岸。这是7000年前一个氏族部落的聚居地。

10. 河姆渡文化(距今7000—5000年)

河姆渡文化遗址位于浙江省余姚市河姆渡镇,总面积约4万平方米,文化积淀厚度约4米,四层文化叠加。

11. 大溪文化(距今6400—5300年)

大溪文化遗址位于重庆市巫山县瞿塘峡东出口、大溪镇,靠近大宁河宽谷岸。它是中国长江流域古代文明的发祥地之一,也是中国新石器时代母系社会的重要遗迹。1959年至1975年有三次发掘。

12. 马家浜文化(距今7000—6000年)

马家浜文化遗址于1959年春在距浙江省嘉兴市区7.5千米的秀城区城南街道马家浜村发现。

13. 仰韶文化(距今7000—5000年)

仰韶文化遗址位于河南省三门峡市渑池县城北9千米的仰韶村。1921年,经中国政府批准,瑞典地质学家安特生和中国考古学家袁复礼进行了第一次发掘。发掘范围分布在河南省、陕西省、山西省。

14. 红山文化(距今6000—5000年)

红山文化遗址位于内蒙古自治区赤峰市郊的红山后。出土文物包括带汉字的圆柱形罐、彩陶、女神像、大型柳叶形石墩、玉龙等,还有石室墓。

15. 大汶口文化(距今6500—4500年)

大汶口文化遗址位于山东省泰山南麓泰安市郊区大汶口镇,大汶口河自东向西贯穿,将其分为两部分。遗址总面积80多万平方米,文化层堆积2～3米。

16. 良渚文化(距今5000—3700年)

良渚文化遗址位于浙江省杭州市余杭区良渚、安溪、瓶窑,靠近公路两侧。发现于1936年,是新石器时代晚期人们居住的地方。出土陶器主要由细沙灰黑陶和泥灰胎黑皮陶构成。陶器表面抛光,装饰素净,少数有精细的雕刻图案和刻孔或彩绘图案。常见的有鼎、豆、盆、盘、杯、瓮等。发现的玉器有璧、琮、璜、坠、环、珠等,雕刻精美,大多出土于墓葬中。

17. 马家窑文化(距今5300—4000年)

马家窑文化遗址位于甘肃省临洮县马家窑村,故称马家窑文化。马家窑文化是仰韶文化向西发展的一种地方类型,出现于新石器时代晚期。

18. 屈家岭文化(距今5300—4600年)

屈家岭文化遗址位于湖北省京山市屈家岭,发现于1955—1957年,分布于我国湖北省、湖南省、江西省西北部和河南省南部。

19. 龙山文化(距今4500—4000年)

龙山文化遗址一般指新石器时代晚期中国黄河中下游地区的一种文化遗存。龙山文化因在山东省济南市历城县龙山镇(今属济南市章丘区)发现而得名。

20. 宝墩文化（距今约4500年）

宝墩文化遗址是位于四川省成都平原一带的新石器时代文化遗址。这些遗址分布在新津宝墩村、崇州双河村、都江堰芒城村、郫县古城村和温江鱼凫村。

21. 石家河文化（距今5000—3900年）

石家河文化遗址是指由邓家湾、土城、肖家屋脊等几十处遗址组成的遗址群，位于湖北省天门市石家河镇。其中，在邓家湾遗址发现了铜块和铜冶炼原料孔雀石，标志着铜冶炼工业的出现。在工艺发展上，玉雕技术正在崛起，特色鲜明。玉有人面造像、兽面造像、玉蝉、玉鸟、玦、璜形器等，这些都属于小玉篇。邓家湾遗址个别地段还出土了大量小型陶塑，有的坑内有数千件，包括鸟、鸡、猪、狗、羊、老虎、大象、猴子、龟以及抱着鱼跪坐的人等。这些陶塑可能用于原始巫术和祭祀活动，邓家湾似乎是一个专门的产地，通过交换输出到各个地方。

22. 富河文化（距今约5000年）

富河文化遗址的第一个发掘地点位于内蒙古自治区赤峰市北部乌尔吉沐沦河流域。发掘地点包括富河沟门、金龟山和南杨家营子。在这里发现了早期卜骨及大量的动物骨骼。

（二）中国新石器时代的文化艺术

人类以群体的形式生活，他们之间有着密切的联系。无论是生活、生产还是交往，都要交流思想，表达一定的意思：或在生产中传授经验，协调行动；或表达男女之间的爱情和感情；或与外界沟通协商；或在狩猎中英勇作战、呐喊；等等。这些都需要一定的音节来表达，所以语言就产生了。然而，由于时间和空间的限制，语言很快就会消失，从而产生了能够记录语言的文字。其中，生产对文字的需要最为迫切，因为生产是原始社会人们生存的基础，是人们日常生活最重要的内容。特别是原始农业出现以后，人们在生产劳动中的关系更加密切，思想交流更加频繁，对语言文字的需求也更加迫切。可以说，语言是生产劳动的产物。同样，绘画、舞蹈、音乐、雕塑等原始艺术都与生产劳动密切相关，它们最初都是为促进渔猎和农业生产服务的。

新石器时代文化艺术的形成包括绘画、雕塑、音乐、舞蹈等。这些艺术是人类走向原始文明的重要标志。

绘画是最古老的艺术之一，因为在欧洲旧石器时代晚期的洞穴中发现了许多绘画,它们的颜色和线条都具有相当的水平。据史料记载,中国也发现过这样的早期绘画,并在各地的新石器时代早期遗址中发现了一些原始绘画。原始绘画有很多种,如陶画、木画、石画、壁画、土画、岩画等。一些学者还将画在陶器、木器、石器等上的画,统称为装饰画,而将原始绘画分为装饰画、岩画和土画三类。

雕塑可以分为雕塑和陶塑两类:雕塑是用硬雕工具在各种材料上加工;陶塑是用陶土做成各种形状,有时也用雕刻技术。

根据材料的不同,雕刻可分为木雕、陶雕、骨雕、牙雕、蚌雕、石雕和玉雕。

根据民族学资料,木雕非常丰富,如雕像、生产工具、木制器皿和乐器上都有雕刻或完全用木材雕刻而成。但由于木材容易腐烂,不易保存,出土文物中很少见到木雕。目前发现最早的木雕是辽宁省沈阳市新乐遗址出土的鸟形木雕,距今7300年。在一根木棍的顶端,雕刻着一只鸟,有着尖尖的嘴和翅膀。这只鸟总长度约40厘米,宽度为4.5厘米。这是我国最早的以鸟为题材的木雕作品。在浙江省余姚市河姆渡遗址也发现了木制蝶形器等建筑构件,还出土了两条木雕鱼。

声乐起源很早。最初是为了配合劳动时的动作和缓解疲劳而发出的呼喊声,演变成具有一定音调和节奏的劳动歌曲,逐渐发展为歌词和曲调相结合的歌曲。一开始,都是靠人声唱歌,没有乐器伴奏。早在西汉的《淮南子·道应训》中记载:“今夫举大木者,前呼邪许,后亦应之,此举重劝力之歌也。”鲁迅还指出:我们祖先的原始人连说话都不会。为了合作,他们不得不表达自己的意见,然后他们逐渐形成了复杂的声音。如果当时大家都在扛木头,觉得辛苦,却想不发表出来,其中一个叫道“杭育杭育”,那么这就是创作……如果有任何痕迹保存下来,这就是文学;当然,他是作家,也是文学家,是“杭育杭育派”。普列汉诺夫在《论艺术》中也说过:“原始人工作时总是唱歌,而且音调和歌词完全是次要的,主要是节奏。歌曲的节奏只是再现了工作的节奏——音乐源于劳动。工作被认为是由一个人或一群人完成的,歌曲也分为独唱或合唱。”音乐(或歌唱)起源于劳动,而当时的劳动主要是狩猎、采集和农耕。

最早的歌谣也唱出了生产劳动的内容。据推测,原始的歌曲应该是非常简单的短句。例如,东汉赵晔编写的《吴越春秋》内收录的一首民谣《弹歌》,据说是从黄帝时期流传下来的。歌词极其简短,每句只有两个字,共有四个短句:"断竹,续竹;飞土,逐肉。"意思是一个接一个地砍竹子、做弹弓、射弹丸、杀鸟。它反映了狩猎劳动的具体情况,而且狩猎比农业生产更早产生,所以此曲可能是最古老的歌谣。狩猎时,许多少数民族经常向山神献祭,以保护他们能猎取到更多的猎物,同时诵经唱歌。据推测,《弹歌》也可能是在狩猎前的祭祀期间演唱的。歌谣与原始宗教有一定的关系,但归根结底是为生产劳动服务的。相传,帝尧时期的《击壤歌》是一首四字句:"日出而作,日入而息;凿井而饮,耕田而食。帝力于我何有哉!"相传该歌谣是中国诗歌的源头。

这些歌曲最初是用特定的曲调演唱的,但不幸的是,它们没有流传下来。同时它们都是后世的文字记载,是否是当时的原貌也值得怀疑。

目前各地出土的原始音乐的材料中,只有一些能看懂原曲。

器乐的出现比歌唱要晚得多,但至少在新石器时代就已经产生了。乐器的发明也与生产劳动密切相关。当人们敲击岩石,制作石器,或者砍凿木头制作木制品时,会发出具有一定节奏的声音,这就会激发人们以不同的节奏和力度去敲打,以发出悦耳的声音。《书经·舜典》:"予击石拊石,百兽率舞。"它是关于描写敲击岩石并发出有节奏的声音来伴舞的。黎族妇女会用木杵和木臼发出有节奏的声音,跳一种舂米舞。高山族杵舞所用的乐器是实用的杵臼。畲族粑槽舞是畲族独有的一种丧葬舞蹈,即用木棒敲打出有节奏的声音。可以说,这些原始的生产工具就是原始的打击乐器,后来才在此基础上发展成鼓、磬等乐器。

在考古发掘中,已知出土的原始乐器主要分为打击乐器和吹奏乐器两大类。打击乐器主要有陶钟、石磬、木鼓、陶鼓和陶铃等。

吹奏乐器的起源可能与狩猎活动中用来引诱动物的发声工具和哨声有关,后来逐渐演变成专门用于演奏的乐器。据研究,原始社会有多种演奏乐器,如号角、骨哨等。

(三)中国新石器时代的社会性质

中国新石器时代属于原始氏族社会晚期,包括母权制和父权制两个阶段。目前大量的考古资料,尤其是墓葬资料,有助于了解当时的社会结构。

宗族公共墓地是原始聚落的重要组成部分,一般位于居住地附近,埋葬集中,排列有序,体现了宗族制度下血缘纽带的主导作用。这一现象贯穿整个新石器时代。埋葬制度复杂,单一埋葬是最常见的埋葬方式,持续时间最长。至于墓葬,根据不同的情况,性质也有所不同。比如仰韶文化中多人合葬(包括第二次合葬)明显代表了母系氏族的埋葬制度,即同一个墓中包括母亲和她的孩子,但不包括丈夫。至于大汶口文化这样的成年男女墓葬,结合当时社会生产水平的综合考察,一般认为是过渡到父权制的夫妻(嫔妃)墓葬。

总之,考古资料表明,中国在新石器时代经历了氏族社会的兴盛和解体。至于母权制向父权制过渡的具体过程,以及这一过渡过程中是否存在地域不平衡问题,还有待未来探索。

二、中国的新石器时代分期

随着世界各地石器时代遗址发掘的不断增加和考古研究的逐步深入,考古学中新石器时代的含义和阶段也相应发生变化。在新石器时代以前的文化被发现之前,考古界把石器、制陶、农业、牧业作为新石器时代的四大基本要素。新石器时代前文化发现后,制陶不再是新石器时代开始的标志,而只是新石器文化发展的重要因素。在新石器时代以前,考古界把很多没有陶器的新石器时代以前的遗址归结为所谓的中石器时代,而新石器时代早期一般认为是七八千年前。新石器时代前文化发现后,有考古学家将一些没有陶器的新石器时代早期遗址归结为新石器时代前,而不是所谓的“中石器时代”,将新石器时代早期从7000至8000年前提前到了1万多年前。

对于新石器时代,过去只考虑石器、陶器等文物的发展变化,而忽略了经济生活的发展变化。农畜养殖业的出现是新石器时代开始的标志,农畜养殖业的发展变化也应该是新石器时代各阶段的基础。

根据新石器时代石器、陶器等文物的发展变化和经济生活的变化,将我国新石器时代分为早、中、晚期三个阶段。

(一)早期阶段

新石器时代早期可分为两个时期:前陶新石器时代和有陶新石器时期,即陶器萌芽时期。中国新石器时代前陶器遗址包括广东省阳春市独石仔、封开县黄岩洞、翁源县青塘的几处洞穴,广西柳州白莲洞第二期文化,台湾省玉山、贵州省平坝县飞虎山洞第二文化层等。陶器萌芽时期遗址有广东省潮安县石围山、广西壮族自治区柳州市大龙潭鲤鱼嘴第一文化、江西省万年仙人洞第一文化等。

在新石器时代早期,石器主要是通过打磨制作的,打磨石器的数量很少。早期的打磨石器只是局部磨光,通体磨光的石器还没有出现。这一时期,农业生产工具和粮食加工工具已出现在石器中,如刀具、石斧、石磨盘、石磨棒等。新石器时代早期的陶器具有温度低、质地差、吸水性强的特点。器形多为圜底或平底,少见三足器和圈足器。在我国南方,新石器时代早期的陶器多为夹砂和绳纹陶器。

新石器时代早期的农业是一种被"砍伐烧毁"的"火耕农业"。"火耕"最大的特点是不翻地耕种,只在播种前把野外的树砍倒、晒干并燃烧,然后进行播种或挖坑播种。新石器时代早期,畜牧业主要饲养羊、牛一类草食动物,猪需要农业谷物作为饲料。

新石器时代早期距今大约11000年至7000年。

(二)中期阶段

新石器时代中期可分为早晚两个时期。属于早期的有河姆渡文化、龙虬文化、北辛文化、半坡文化、前大溪文化等。属于晚期的包括仰韶文化、马家浜文化、大汶口文化等。

新石器时代中期早期,虽然制陶技术较新石器时代早期有所进步,但仍有许多原始性,如陶器仍是手工制作,旋转修复技术尚未出现;陶胎厚,厚薄不均;形状不规则,经常弯曲。早期陶器体系以填砂陶器为主,泥质陶器数量较少。外形主要是圜底器和平底器,有少量的圈足器和三足器。晚期制陶技术优于早期,慢轮切边普遍出现。陶器的形状比较规则,胎壁厚度均匀。砂陶比例下降,泥陶比例上升。器形增加了尖底器和其他器形。在长江下游,鼎已成为一种主要的烹饪用具。彩陶一般出现在这一时期的各种文化中。

石器已经发展到以打磨为主,各个文化中制作石器的比例很小。磨石工具已经从部分抛光发展到完全抛光,打孔石器也已经普遍出现。除了石斧和石锛之外,还有大量的翻土工具,如石铲、石耜、石锄等。

经济上,新石器时代中期的农业经济已经从火耕农业发展到锄耕农业,锄耕农业和火耕农业的主要区别是翻土和翻耕成熟的作物。当时,黄河流域广泛种植粟,而长江流域主要种植水稻。长江流域水稻的广泛种植,标志着当时的长江流域已进入灌溉农业阶段。新石器时代中期,在农业发展的基础上,猪被作为主要的家畜饲养。

新石器时代中期大约是7000到5000年前。

(三)晚期阶段

新石器时代晚期可分为两个时期,属于前期的有黄河流域的大汶口文化晚期庙底沟文化第二时期、马家窑文化晚期,长江流域的屈家岭文化、薛家岗文化晚期、崧泽文化等。属于后期的有黄河流域的龙山文化,后岗二期文化、客省庄二期文化、齐家文化,长江流域的青龙泉三期文化、石家河文化、良渚文化等。

在陶器生产中,轮换制在前期已经出现,但并不常见;轮换制在后期的各种文化体系中被广泛使用。轮陶的特点是形状规则圆润,胎壁薄,外形美观。黄河下游龙山文化蛋壳黑陶是这一时期各种文化陶器中最杰出的作品。新石器时代晚期的陶器以灰陶、黑陶为主,中期盛行的彩陶到了后期趋于衰落。新石器时代晚期,陶器造型最大的特点是出现了以鬶、鬲、鬻、甗为代表的袋足炊器。

新石器时代晚期,石器的特点是打磨细腻,器形变小。穿孔石刀、石镰等收割工具广泛应用于各个领域。有段石锛是我国东南沿海地区最具特色的形式之一。三角形穿孔石犁和双翼耕田器是太湖流域两种各具特色的生产工具。在太湖流域的良渚文化和粤北的石峡文化墓葬中,普遍发现具有礼器性质的玉琮、玉璧、玉钺和玉环等随葬品。

新石器时代晚期,我国各地区都进入了发达的锄耕农业阶段,太湖流域可能已经进入了犁耕农业阶段。在整个新石器时代,我国北方荒漠草原地区的农业经济一直处于不发达状态,而渔猎经济则占据着较为重要的地位。新石器时代晚期,狩猎经济逐渐向游牧经济转变。

新石器时代晚期大约在5000年到4000年前。

三、中国新石器文化区系

在新石器时代,人类对抗自然的能力非常低,人类的生产生活在很大程度上受到自然环境的制约。由于我国幅员辽阔,不同地区的气候和生态环境有很大的差异,所以人们的生产活动和生活习俗也有很大的差异。这就导致了不同地区的人们所使用的生产工具、生活用具、房屋等在遗存上有差异,即物质文化的差异。这是形成不同文化区域的根本原因。

到目前为止,我国发现的新石器时代遗址总数超过10000处,其中几十处被命名为考古文化。由于我国新石器时代遗址众多,部分地区考古发掘较少,植物区系研究难度较大。目前,文化植物区系只能在考古发掘较多、综合研究较深入的地区进行分析研究。

目前,中国新石器时代文化特征明显的是黄河上游及洮河流域的马家窑文化体系、渭河流域(包括豫西北、晋西南)的老官台文化和仰韶文化体系、以新郑为中心的裴李岗文化和大河村文化体系、海岱地区的大汶口文化体系。长江流域宁绍平原地区有河姆渡文化体系,太湖流域有马家浜文化和良渚文化体系,江汉平原有屈家岭文化体系,鄂西和长江三峡地区有大溪文化体系。南岭、武夷山以南,珠江流域有石峡文化体系,闽江流域有昙石山文化体系。阴山北部有以细石器为特征的各种新石器文化,辽河流域有兴隆洼文化、红山文化、富河文化等。

(一)黄河流域

黄河上游以洮河流域为中心地区,包括青海省东部。新石器时代文化的发展顺序为:半坡型因素时期—庙底沟型因素时期—石岭下型—马家窑型—半山型—马厂型—齐家文化。从马家窑型到齐家文化,青铜器已经出现,标志着齐家文化进入了青铜器时代。

洮河流域新石器文化受渭河流域新石器文化的影响。在上述文化序列中,半坡型因素时期和庙底沟型因素时期都受到渭河流域新石器文化的影响。

以渭河流域(包括豫西北、晋西南)为中心的新石器文化,有老官台文化(或大地湾文化)—仰韶文化(半坡型—史家型—庙底沟型—晚半坡型)—庙底沟二期文化—客省庄二期文化(关中地区)和三里桥二期文化(豫西北、晋西南地区)的文化发展序列。

山西汾河中下游地区的新石器时代晚期文化,与渭河流域有所不同。在汾河中下游新石器时代晚期文化中,以襄汾陶寺遗址的新石器文化最具特色。有研究者将其命名为"道观式"。陶寺式早期相当于庙底沟二期文化,后期相当于三里桥二期文化。

以豫中为中心的黄河中游新石器文化发展序列为:裴李岗文化—大河村二期文化—秦王寨式—王湾三期。以郑州大河村遗址一期和二期文化遗存为代表的新石器时代文化遗存,有研究者将其归属于仰韶文化的庙底沟类型,两者在文化特征和文化渊源上有较大差异,不应属于同一文化类型。大河文化的第一、第二阶段具有独特的文化特征,应视为一种独立的文化类型。过去,河南新石器时代晚期文化统称为"河南龙山文化"。从近十年的考古资料来看,河南的新石器文化应该不属于一个统一的文化体系。所谓"河南龙山文化",在豫西、豫东、豫南、豫北有着不同的文化渊源,在文化面貌上也有着较大的差异,不应属于一个文化体系。以王湾三期文化遗存作为豫中新石器时代晚期文化的代表更为合适。

河北南部包括冀中、豫北地区新石器文化的发展顺序为:磁山文化—后岗一期—大司空一期—后岗二期。后岗时期和大司空时期的文化遗存在磁山文化中被发现之前,被认为是仰韶文化的两种类型,即"后岗型"和"大司空型"。磁山文化发现后,有研究者认为"后岗式"是从磁山文化发展而来的,应该属于磁山文化体系,而不是仰韶文化体系。

如今,山东省中南部的山区和东部的丘陵地区在历史上被称为海岱文化区。该地区新石器文化的发展顺序为:北辛文化—大汶口文化—典型龙山文化或山东龙山文化。继龙山文化之后的海岱文化,就是岳石文化。青铜器出现在岳石文化的遗存中,说明它已进入了青铜时代。

胶东半岛沿海地区的新石器文化与辽东半岛沿海地区的新石器文化有许多相似之处,这是两个地区文化交流的结果。

鲁西、豫东、皖北的交界地区都属于黄淮平原,其新石器时代文化颇为相似,属于同一个文化体系。

黄河流域位于阴山和秦岭之间,东部在淮河以北。该地区黄土主要分布在秦岭以北,黄土状岩石(次生黄土)主要分布在华北平原。在秦岭以北的黄土高原,季风不受影响,年降水量为250~500毫米,华北平原年降水量约为750毫米。

根据我国新石器时代的考古资料,在河北磁山遗址发现了7000多年前猕猴和花脸猴的遗骸,在西安半坡遗址发现了距今6000年至5000年竹鼠和鹿的遗骸。距今约6000年前,在兖州王因遗址发现了扬子鳄的遗骸。这些新石器时代生活在黄河流域的动物,现在已经消失在黄河流域,而它们的后代在长江流域及其以南地区仍然很少见。这说明新石器时代黄河流域的温度比现在略高。

新石器时代,黄河流域干旱温暖的气候适宜种植耐旱作物,谷子是耐旱作物。黄河流域各种文化体系中小米作物的发现,说明小米是当时黄河流域的主要作物。猪、狗等家畜也常见于各种文化场所。大量考古发掘证明,新石器时代黄河流域的经济活动既是农业,也是畜牧业。

(二)长江流域

长江流域虽然总体上属于亚热带季风气候,但不同地区的地形、地貌和自然环境存在一定差异。从地貌和生态环境看,长江流域包括川东鄂西的三峡地区、江汉平原、洞庭湖流域、安徽中部和江苏北部的长江下游平原、宁镇山脉、太湖流域、宁绍平原等。长江流域不同地区生态环境的差异,使得不同地区的新石器文化有所不同。

从川东三峡地区到鄂东长江流域,其新石器文化大致可分为三个区域:长江三峡和鄂西;江汉平原和鄂东;鄂西北、豫西南。

长江三峡和鄂西地区的新石器文化属于大溪文化体系。大溪文化之后,是一种带有屈家岭晚期因素的遗存。在此之后有一种新石器时代晚期的文化叫"鄂西龙山文化"。

江汉平原的新石器文化属于屈家岭文化体系。屈家岭文化的起源至今仍有争议。鄂西北地区,仰韶文化因素的地层在屈家岭文化因素晚期的地层之下。而在鄂西,大溪文化层处于屈家岭文化晚期因素的地层之下。在京山屈家岭遗址,在大溪晚期地层之下有一个屈家岭早期地层。所以屈家岭文化的起源应该在江汉地区。

鄂西北和豫西南位于长江流域和黄河流域的交汇处,这是一个过渡区,其新石器文化受到黄河流域新石器文化和长江流域新石器文化的影响,但又各有特色。鄂西北郧阳区青龙泉遗址的新石器文化具有明确的地层关系,青龙泉一期文化具有中原仰韶文化的元素,二期文化具有屈家岭文化晚期的元素,三期文化具有中原龙山文化的元素。有研究者将青龙泉第三期文化称为"湖北龙山文化"。

江苏、安徽省境内长江以北、淮河以南的江淮地区,也是一个过渡地区。这一过渡区的新石器文化不仅受到黄河下游大汶口文化和龙山文化的影响,还受到长江以南宁镇地区和太湖流域新石器文化的影响。江淮地区有两处能够代表新石器时代文化特征的遗址,一处是安徽省潜山市薛家岗遗址,另一处是江苏省海安县青墩遗址。薛家岗文化的早中期遗存不仅有黄河下游大汶口文化的因素,也有宁镇地区北阴阳营下层文化的因素,其晚期遗存有龙山文化的因素;薛家岗文化还包含大溪文化和屈家岭文化的元素。青墩文化遗存既有太湖流域的崧泽文化和良渚文化的因素,也有黄河下游的大汶口文化和龙山文化的因素。

宁镇山地区发掘的新石器文化遗址很少,对该地区新石器文化进行系统总结和分期仍有一定难度。一些研究者根据南京几个地点的数据分析,将宁镇地区的新石器文化分为三个时期:第一个时期是北阴阳营的下层文化时期,第二个时期是昝庙的下层文化时期,第三个时期是昝庙的第二个文化时期。

太湖流域新石器文化的发展顺序为马家浜文化—崧泽文化—良渚文化。崧泽文化因素的影响是向江淮地区北移。良渚文化因素影响范围广,北至黄河下游的山东中南部,南至珠江上游的广东北部,西至赣江流域。良渚文化因素可以在大汶口文化晚期、石峡文化和陕北文物中找到。

宁绍平原新石器时代文化属于河姆渡文化体系。在河姆渡文化晚期和马家浜文化晚期,它们的文化因素逐渐融合。该地区继河姆渡文化之后,又是一个与良渚文化相融合的新石器时代晚期文化。

秦岭以南,汉水中上游,一直到我国东部的淮河流域,这条东西向的线是两种不同气候在自然地理上的分界线。在古代文化中,它是一个过渡区。这个过渡区的新石器文化,既受到黄河流域新石器文化的影响,也受到长江流域新石器文化的影响。鄂西北和豫西南的青墩、薛家岗和新石器文化遗存,都受到黄河流域和长江流域新石器文化的影响。

宁绍平原河姆渡文化中出土了亚洲象和犀牛的遗骸。太湖流域罗家角遗址也出土了亚洲象的遗骸。如今,大象和犀牛大多生活在热带地区,这表明长江流域的气候比现在更温暖。

新石器时代,长江流域雨量充沛,气候温暖,非常适合水稻生长。在河姆渡文化、马家浜文化、大溪文化和屈家岭文化的遗存中,均发现了水稻或水稻茎叶的遗存。可见,新石器时代,长江流域已广泛种植水稻。长江流域水稻种植有由下游向中游、由低地向高地发展的趋势。

(三)华南地区

在中国南方,地理环境和自然条件相当复杂,不仅沿海地区广阔,而且山地、河流和湖泊以及冲积平原也较多。自然环境的这些特点使其新石器文化呈现出多样性和复杂性。

虽然由于地理环境的差异,华南地区的新石器文化产生了经济和文化的多样性,但仍有一些共同的特征,如新石器时代早期,石器较多,而被打磨的石器很少。昂船洲的采集和渔猎工具很多,反映出他们的经济生活以采集、渔猎为主,农牧业经济非常不发达。近十年来,在广东省、广西壮族自治区、贵州省和台湾省等地发现了一些以前的陶器和新石器。中国南方新石器文化的另一个特点是新石器时代早期和中期制陶业不发达。新石器时代晚期,随着农业经济的发展,磨制石器和陶器也相应发展起来。新石器时代晚期,东南沿海出现了一些与众不同的有段石锛、肩石器和肩石斧。陶器方面则产生了圆形的灰色和黑色陶器以及少量的袋足炊器。这些共同的特征是这个广阔地区各种文化相互作用和交流的结果。

由于华南特殊的地理环境,有两种类型的特殊遗址,即"贝丘"和"洞穴"。广东、广西、台湾、福建等地区,新石器时代有广阔的水域供人们采集水生软体动物。在内陆地区的河流和湖泊中也有淡水软体动物可供采集,当时,人们用采集到的蜗牛、螺等软体动物作为食物。人们在家附近把吃剩的软体动物的壳丢弃,壳堆积成山,故称"贝丘"。在贝丘发现的地面石器和陶器很少。大多数石器是用尖头工具制成的,用来采集淡水软体动物。这种工具的发现反映了这种新石器时代的文化,其经济生活主要是采集和捕鱼,而农业经济不发达。粤桂黔内陆地区石灰岩山地丰富,岩溶地貌发育较差,洞穴众多。新石器时代的人们经常使用这些洞穴作为他们的住所,因此有许多洞穴遗址。贝丘和洞穴遗址只反映了遗址类型的差异,但不能作为文化类型的区分,因为沿海地区和内陆地区同一类型的遗址具有不同的文化特征。例如,贝丘分布在沿海地区和内陆河流中,而沿海地区的贝丘和内陆地区的贝丘具有不同的文化特征。在华南地区,新石器时代中晚期已被命名为考古文化,包括珠江流域的石峡文化、闽江下游的昙石山文化、台湾省的大岅坑文化、圆山文化、牛骂头文化和麒麟文化等。此外,在珠江三角洲佛山市南海区西樵山还发现了以制作双肩石器和细石器为特色的采石场和石器工厂,西樵山文化遗存又称西樵山文化。

南岭、武夷山以南地区年降水量1700~2000毫米,属亚热带气候,属常绿阔叶林带。这种自然条件适合水稻一年四季生长。在广东曲江石峡遗址发现有炭化稻,其品种包括籼亚种和粳亚种。然而,在宁绍平原河姆渡遗址发现的水稻只有一种籼亚种。这表明,与宁绍平原河姆渡文化时期相比,珠江上游石峡文化时期的水稻种植有所发展。

（四）北方地区

本书所指的北方地区包括黑龙江省、吉林省、辽宁省、内蒙古自治区、宁夏回族自治区、甘肃省西北部、新疆维吾尔自治区和青海高原。北方地域辽阔，自然条件与南方大不相同。这些地区既有山地丘陵，也有冲积平原。有些地方有茂密的森林，但大部分是草原和沙漠交替分布。过去，中国北方新石器文化普遍被视为单一的"细石器文化"，这与客观情况不符。中国北方各种含有细石器的文物，由于地域和时代的不同，具有不同的文化特征。含有细石器的文物属于不同的文化体系，而不是一个体系。[①]

我国北方发现的新石器时代遗址很多，其中文化体系明确的地区有：阴山山脉和河套地区、辽河流域、辽东半岛和嫩江流域。

阴山以北荒漠草原地区的新石器文化具有显著的特点：①石器以细石器为主，磨制石器极其不发达。②制陶业不发达。遗址发现的陶器数量和种类相对较少，质地较差，烧成温度较低。

阴山北侧新石器文化的上述特点与其生态环境密切相关。阴山北侧是蒙古高原，地势平缓，丘陵低，沙丘多，海拔1000～1500米，气候干燥寒冷。根据大青山后察哈尔右翼中旗大义发泉遗址的孢粉和细石器分析可知，新石器时代内蒙古高原的生态环境总体较好，气候适宜。该地区细石器遗址发现的动物骨骼多为禽兽骨骼。这说明畜牧业在这些地区已经出现。这个地区的游牧业可能是在中石器时代或早期新石器时期形成的。

阴山南麓的新石器时代遗址大多位于河套南北和河套东西两侧。这一带的新石器文化与阴山北部明显不同。阴山南麓的新石器文化受渭河流域和洮河流域新石器文化的影响，其文化遗存包括仰韶文化、马家窑文化、齐家文化、客省庄二期文化等。河北省蔚县筛子绫罗新石器时代遗存与陕北神木县石峁文化遗存具有相似的文化特征和鲜明的地域特色，是该地区新石器时代晚期遗存的代表。阴山南麓的遗迹中有大量打磨过的石器，如石斧、石铲、石刀等，这些都是农业工具，反映的是农业经济。阴山以南的一些遗址（蔚县筛子绫罗、包头转龙藏）也发现了细石器，这是阴山以北各种文化影响的结果。

辽河上游新石器时代中晚期文化主要包括红山文化和富河文化。这两种文化主要分布在西拉木伦河、老哈河和金英河，但红山文化分布在南侧，

[①]李佳. 京津冀地区的新石器时代文化[D]. 武汉：武汉大学，2018.

富河文化分布在北侧。红山文化在时代上早于富河文化。红山文化和富河文化的石器以细石器为主,有少部分是打磨的。根据这两种文化各种遗存的特点,说明农业已经出现,但狩猎经济在经济生活中仍占有重要地位。

红山文化与中原仰韶文化有一定联系,可能受到了仰韶文化的影响。富河文化和辽宁省沈阳市新乐下层文化有很多联系,但没有共同的分布区域。在时代上,新乐下层文化早于富河文化,两者之间的关系至今难以确定。

辽河下游新石器文化是沈阳市北郊新乐遗址下层文化遗存的典型,有研究者称之为"新乐下层文化"。辽东半岛沿海地区的新石器文化,以广鹿岛小珠山文化遗存为代表,堪称小珠山文化。小珠山文化与山东半岛的大汶口文化、龙山文化有关。

辽河流域的红山文化、富河文化和新乐下层文化在文化特征上有一些共同的特征,如细石器、粗砂陶罐、陶罐上浮雕的锯齿形纹等。这些共同特征是辽河流域相似的生态环境和经济生活以及相邻文化相互影响的结果。

黑龙江省齐齐哈尔市附近的昂昂溪遗址文化遗存代表了嫩江流域的新石器文化。石器有细石器和磨制石器两种,均为昂昂溪式文物,制陶业不发达。昂溪式文化遗存可分为早期和晚期。晚期遗存中已出现圜底罐和带流陶钵等陶器,其相对年代可能与中原商代相当。

西北地区,从河西走廊到新疆,在新石器文化上有许多相似之处。这个东西方向的带状地带,东部的新石器文化时代较早,西部的新石器文化时代较晚。这种由东向西、文化时代逐渐变晚的趋势,反映了黄河流域新石器文化是由东向西发展的。

综上所述,可以总结为:①不同的生态环境、不同内容的生产活动和习俗、不同的文化传统是形成不同文化体系的根本原因。②每一种文化体系自我发展形成的文化特征决定了每一种文化的性质。相邻两种文化系统相互作用产生的一些相似的文化因素,并不能反映文化的本质。③两种不同生态环境的交汇处,两种不同文化体系的边缘地带,是新石器文化的过渡地带。过渡地带的新石器文化除了受到周边地区文化的影响外,还有自己的文化特点。过渡区的文化不应该属于相邻的文化体系,而应该根据自身的文化特点来建立。

第二节 中国新石器时期陶器文明的起源

马歇尔·麦克卢汉的"媒介即讯息"的观点认为："任何媒介（即人的任何延伸），对个人和社会的任何影响，都是由新的尺度产生的；我们的任何一种延伸（或曰任何一种新技术），都要在我们的事物中引进一种新的尺度。"[1]马歇尔·麦克卢汉的讯息论是建立在其延伸论的基础之上，"在麦克卢汉看来，之所以说媒介（或其他技术）即讯息，是因为每一种媒介都延伸了一种人类感官或感觉过程"[2]。麦氏的"讯息论"粉碎了以往将媒体内容而非媒体本身视为信息的观念，认为媒体形式对人类社会的浸染构成了信息。因此，这里的讯息含义是麦克卢汉式的，是指"媒介的演变形态、媒介技术水平和媒介技术属性所产生的感知方式和社会影响"[3]。其中也暗含着另外一层意思即对于人类社会来说媒介形式重于媒介内容，媒介本身才是真正有意义的讯息，媒介是人类从事社会活动的工具。媒体在一个时代所创造的可能性和社会变革，远远超出了媒体传播的内容。本节便是站在"媒介即讯息"的视角，探讨制陶作为一种重要的媒介技术对人类文明的影响，通过陶器造型的变化来探讨原始先民的精神转变，通过彩陶纹饰追寻最早文字的踪迹，通过彩陶探究古代先民对时间和空间的把握。陶器文明作为一种史前文明对史前人类的物质生活和精神状态都造成了影响，同时也向我们展现了璀璨的史前文明。

一、新石器时期陶器造型的精神解读

陶器造型塑造的不仅仅是器具结构，同时也是原始先民的精神观念的表达，作为媒介的陶器总是塑造着史前人类的意识形态，这点往往被许多研究者忽略，精神、观念这种抽象的、无形的意识必定会通过一定的物质形态进行表现，因为人的意识形态总是会毫无意识地作用于周围物体。物质是因为承载精神才有价值，而作为人的延伸——陶器，必定带有着"人性"的部分，

①麦克卢汉. 理解媒介：论人的延伸[M]. 何道宽，译. 南京：译林出版社，2011.
②卡茨，彼得斯，利比斯，等. 媒介研究经典文本解读[M]. 常江，译. 北京：北京大学出版社，2011.
③李曦珍. 理解麦克卢汉：当代西方媒介技术哲学研究[M]. 北京：人民出版社，2014.

它通过器形造型的不断变化,向我们诉说着原始先民的所思所想。除了对精神方面的体现,陶器造型也体现了原始先民的物质生活,不同造型的陶器其功用也各不相同,只有在生产力有了一定提高的前提下,对生活水平有了更高的要求,才会对陶器的使用功能进行细分,才会创造出造型各异的陶器。

(一)从实用到审美的转变

"芒福德赋予了容器以重大的贮存功能,这种功能不仅包含对物质财富的积累,而且也涵盖了对精神创造物的保存。"[①]陶器本身属于容器物体,能够对剩余产品进行储存,以此来完成对"物质财富的积累",同时作为一种容器技术又容纳了制陶技术、史前社会的精神崇拜、审美趋向等,因此可以说陶器是"容器的容器"。随着生产力的发展和人们需求的多样化,陶器的容器功能逐渐从容器物体向容器技术过渡,从而影响了陶器从单一的实用造型转换到具有复杂审美和宗教作用的造型,从物质功能(实用功能)到精神功能(审美功能)的转变就是从器物到艺术的转变。当然,远古人类不懂得什么是艺术创造,陶器的出现一开始只是为了满足实用的需要,后期彩陶才发展成为宗教祭祀的器具。陶器是人类最为本真的艺术,体现了史前时期最为原始的艺术创造,与现代社会的艺术品有明显的差异性,因此当我们看待原始先民的审美特征时,需要注意以下几点:首先,原始社会的审美文化与现代社会的审美文化区别很大,我们不应该拘泥于现代的审美眼光去看待陶器造型;其次,远古时期的陶器造型审美与实用相互融合,你中有我,我中有你,合乎实用的标准是美观的重要基础,如图1-1,鸟形壶彩陶的壶口偏移了陶壶的中心线是为了方便倾倒液体,具有非常重要的实用功能,壶口并不因为歪斜而变得不协调,相反与硕大的壶身构成了一种相辅相成的韵味,像是一只蜷窝在鸟巢中的鸟,周身绘有四大圈纹更体现了原始先民的审美情趣;最后,审美观念是在实用功能得到充分满足的基础上才产生的,在审美观念下创造出的陶器既符合实用需要又满足审美需求。因此,陶器的审美是建立在实用的基础之上的,并在此后陶器的发展之中对器形的变更起到了关键作用。

---

①杨健.城市:磁体还是容器?[J].读书,2007(12).

图1-1 圆圈网格纹彩陶形鸟壶①

　　由于实用和审美在绝大部分条件下的一致性,绝大多数符合实用需要的陶器造型也是符合审美需求的。但两者还是有主次差别,例如一些简单的盆、钵、罐还是以实用目的为主,最有特点的是用于汲水的尖底瓶(如图1-2),其形制完全贴合人的实际需要,细颈窄口便于水的倾倒和汲取,尖底造型有利于减小水对底面的压力而造成破裂,也减轻了人在提水时的重力,同时当人在担水需要将水放下稍作休息时可将尖底瓶直接插入土中固定,当然尖底瓶最为主要的设计还是在打水时的便利,原始先民运用了浮力和压力相互作用的原理,将尖底空瓶置于水中并任其自动下沉,水灌入瓶中重心转移,瓶口朝上竖起,水便装满,再拉其绳子提起即可,可见原始先民充分发挥了自己的聪明才智,才打造出这么实用的尖底瓶。而从造型上看人首口瓶、袋足器等明显超出实用需要,是为了满足审美需求,但是这种审美需求不单单是为了美而塑形的,其中蕴含着原始先民浓厚的宗教崇拜的意识。

图1-2 尖底瓶

---

①本书所用图片均来源于网络。

　　陶器从实用功能向审美功能的转变主要体现在以下几个方面:首先,是附加装饰的增强,我们可以看到早期陶器的造型都是以盆、碗的造型为基础,主要是用来盛放更多的东西;后期出现了向外延伸的口沿和细颈深腹的陶器,并出现了三足器、双耳罐(如图1-3)等。其次,器物构成由单体式向多体式转变,出现了复体陶器,如河南省大河村出土的彩陶双联壶以及甘肃省兰州市出土的双联罐(如图1-4),考古学家猜测这种将两个单体罐或瓶通过腹部连接在一起的复体陶罐可能是部落联盟仪式中的部落首领的饮酒器,通过两人部落首领共饮此杯,以示结成联盟、共同御敌。在这里陶器媒介带有明显的讯息,成为思想和物质的混合体。再次,是冠形器和锥形器以及腹大底小的瓮的普遍使用。这几种器形出现在陶器的繁盛阶段,瓢形器物外侧呈内凹弧面,冠形器和锥形器与球形陶器相结合呈现了完美的"S"形(如图1-5),使整个器形富于变化,造型更加唯美、流畅;图1-6中被称为"彩陶王"的涡纹彩陶罐,其浑圆硕大的腹部与底面形成了鲜明的对比,腹大底小的彩陶罐看上去与其他造型的罐并无太大差别,但是却凝聚了古代先民的智慧,由于重力的作用,对于大型陶器腹的直径与底面直径相差越大越不易成型,拉网也就越有难度,如果是出于实用的需要大可不必这样将腹和底的直径差别拉到最大,很显然,这种腹大底小的陶罐给人构成了沉稳、匀称的视觉感,未触及本身便有一种沉甸甸的分量。最后,是象形器物(饰)及拟形器的出现。四坝文化的人形陶罐(如图1-7)以人的站立姿势为原型,将人的腹部与陶器的腹部合二为一,人形与器体合并在一物之中,古代先民已经视自身为美的对象了,程金城(兰州大学文学院教授、院长,博士生导师)认为彩陶的造型演变具有"有限性",一方面造型要满足基本的"实用性",同时还受到"物质生活水平"和"人的意识"等条件的制约。生活方式的变化,新的物质材料的出现,会导致新的器物造型的"次生"。从大地湾文化到仰韶文化再到繁盛的马家窑文化,随着时间的推移,陶罐越来越注重造型,越来越注重审美,这也反映出人们的剩余粮食越来越多,人类的生产力有了进一步的提高。

图1-3 三足器、双耳罐

图1-4 双联罐

图1-5 觚形器与球形器的组合陶器

图1-6 涡纹彩陶罐

图1-7 四坝文化的人形陶罐

李泽厚先生对实用和审美有着特别的看法,他认为实用是对"使用工具合规律的形体感受",它将人的社会活动外化于生产工具之上,使人能够不断繁衍发展,是原始人类得以生存的基础;而审美是"在表面上的自觉加工",它将人的观念思想凝聚于物质对象之上,是宗教、艺术、哲学等上层建筑的原型。实用和审美两者经历了漫长的时间相互转化和补充,同时又具有明显的差异性质,实用是主体感受基础上的"物质生产的产物",审美则是

"精神生产、意识形态的产物"。陶器从实用到审美的转变不仅仅是造型上的变化,还向我们传达了来自远古的很多讯息:一方面,具有审美特征陶器的出现反映了当时生产力水平有所提高,生存条件有所改善,只有在物质条件满足的前提下,人们才有"闲情逸致"追求精神层面的审美特质。它是人类发展到特定阶段的产物,必须依靠一定的技能才能表现出来,代表着人类精神文明的进步;另一方面,陶器的审美化发展使得技术和观念融为一体,原始先民通过制陶这种技术将对于"美"的观念、宗教信仰、自然崇拜等表现出来,不仅反映了陶器整体面貌的变化,同时也体现了原始先民通过对技能的提升而进行的"美"的创造。因此,陶器作为媒介,从造型一方面来说不仅传达着远古先民的审美情趣特征的信息,也反映着人们当时的观念和生活水平的情况。

(二)从母权到父权的转移

陶器造型不仅反映着原始先民的审美趋向,同时也体现着社会形态的变化,从出土陶塑的年代发展当中,可以清晰地看到母权向父权的转移,看到社会权力机制的转变和发展。大地湾文化是目前我国发现最早的彩陶遗址,彩陶的出现是以农业生产的发展和定居方式为基础的,是在物质生活基本稳定之后追求精神审美的表现,也是人类生产技术水平提高的结果。同时彩陶也被认为是母系氏族社会的产物,是社会分工的结果,从彩陶的造型到纹饰的绘制到处流淌着女性的曲线之美以及对女性的崇拜即生殖崇拜,我们从这些彩陶中可以推断制陶一般是女性的工作。女性陶塑像或者是以女性生殖崇拜为特征的陶器造型出现在早期的裴李岗文化,一直延续到仰韶文化的半坡时期,而在仰韶文化庙底沟文化类型中开始出现了男性塑像,但是陶器的造型、纹饰风格仍然以女性为主,到了马家窑文化的后期,以部落氏族为单位的父权制逐渐确立,马家窑半山型与马厂型出土的人物塑像基本为男性,青海省乐都县柳湾地区出土的男女同体人像彩陶壶,说明马家窑文化马厂型表现了母权社会向父权社会的过渡阶段。因此,陶器作为史前历史的最好见证,为我们探讨人类的起源发展提供了重要依据。原始社会从母权到父权的转移并没有经历过战争和明显的政权的更替,但是在原始社会漫长的历史中,父系与母系之间为争夺权利的斗争还是很激烈的。

早期的原始社会主要以母系社会为主,对女性的生殖崇拜奠定了女性的威望和领导地位,那时候原始人并不了解两性生殖的生命规律,认为女性自身就可以孕育生命以延续种族,因此对女性的生殖崇拜就像对地母的崇拜一样,认为是大地孕育了万物,女性就如大地一般是创造生命的源泉。而后通过生产实践中的观察,尤其是畜牧业的产生,人们开始将狩猎得来的活物进行圈养,观察到了两性生殖的奥秘,男性开始认识到了自身在生育过程中的决定力量,加之男性本来就是从事生产活动的重要劳动力,因此在认识到自身的优势和重要地位之后,开始想要发挥自身的优势并掌握一定的权力,对男性崇拜逐渐树立,尤其是对男性生殖器的崇拜在许多陶塑上刻意地放大夸张,以显示男性力量的强大和男性的重要地位,与此同时对地母的崇拜转移到了对天神的崇拜,没有雨露与阳光的滋润,再肥沃的土地也难以孕育出生命,因此男性将自己与天神进行等价,认为万物的生命都受到天神的影响,自身则决定着种族的延续,这种对"天神"男性式的崇拜一直延续到我国古代的封建社会,对权力象征的最高统治者——皇帝,也叫作天子。从母权向父权转变的过程中不仅仅有权力的更替,同时也是一种观念和思想的更替,而观念和思想会无形当中反映到"物"的层面中,陶器作为原始先民思想的承载体,见证并反映了原始社会权力变更的全过程。

二、新石器时期彩陶纹饰的讯息表达

"艺术源于生活又高于生活",艺术创作是基于对现实生活的抽象概括和提升。彩陶艺术也是一样,彩陶上所描绘的纹样都是先民们基于对自然界的观察和描摹将人的精神本性注入其内,将自然人化以便能够掌控世界的具体表现,因此我们说制陶技术是原始先民的思想在物质中的体现。彩陶本身是一种媒介,而其本身又自带信息,正如尼尔·波兹曼所言:"媒介并非一种通过所处文化来处理自身事务的不偏不倚的工具。它是价值的塑造者,感觉的疗理者,意识形态的鼓吹者,社会结构严格的组织者。"如今那些写在陶器上的语言我们已经无从得知,但是并不代表它们不存在,只是我们无法真正理解它,我们对彩陶的研究不能仅仅局限于器物和形式,彩陶纹饰作为媒介上的内容信息还记录着原始先民的精神寄托。在第二章中,主要围绕彩陶纹饰的图形从画面意义对其进行"身体"延伸的解读,在这一节中主要从"讯息论"出发探讨彩陶纹饰的文字意义以及原始先民所表现出来的精神生活情趣。可见彩陶纹饰不仅本身携带了大量的文字表意信息,同时纹饰的演变也反映了原始先民的生活状况和精神审美情趣,因此说彩陶纹饰是"讯息"无可厚非。

(一)彩陶纹饰的文字释义

彩陶是宗教法器,是艺术,同时也是一种媒介,它是承载生与死的媒介,也是承载远古时代信息的媒介。马歇尔·麦克卢汉认为媒介即讯息,即媒介本身才是真正有意义的讯息,彩陶纹饰本身不仅是人体器官官能的延伸,也是远古先民语言的延伸,它作为远古先民的一种文字系统记录着那些已经离我们远去的语言。史前文化没有任何文字记载,那些我们至今无法破解的纹饰可能就是原始部落和族群所使用的文字体系,是中国象形文字的前身。它们有所指、有所表达,像一种符号,也像一种语言,它们曾经发送给当时的人们,现在又像谜一般的信号发送给我们。对彩陶纹饰的文字意义解读可谓仁者见仁,智者见智,并没有一个统一的说法,对彩陶纹饰的探索可以证实,也可以证伪,无数的可能性也许都推不出一个正确性,但正是由于这个不确定性使彩陶文化散发出迷人的光辉。

很多学者对陶器纹饰进行了深入的研究,高原所著的《史前彩陶纹饰解读举例》是讲述汉字源头是甲骨文还是陶文的研究专著。作者认为岩画是中华民族远古时期祭祀的圣书,而全世界远古文化时期的岩画、彩陶以及器物上所写的内容,均为华不注民族的圣书,而不是简单的纹饰。因此作者认为出土的大量的带有几何纹样的彩陶为远古华族先民祭祀华不注族群的祭器,陶器上纹饰所表达的文字信息均为:"华不注"及其祖先"太尧"。而这种从图形到文字的转译,作者是依据华不注民族创立的象形字之间的同音相谐互代功能,即史称的大谐声时代,远古时代是文字的大谐音时代,那时的同音字甚至是近音字均可相谐互代,例如陶器(如图1-8)上花(❀)的造型表文字"华",而花瓣展开成柑叶状,表明"瓣";"瓣"在远古时期谐"不",中间的花蕊一点(·)表"注",台(〰)表"太",即伟大的意思,"牙"(▭)与"尧"谐音,合起来便为"华不注",当然"华""不""注""太""尧"在远古还有许多谐音字如:符号柱(l)、鸟、手、头均与"注"同音互谐,鱼、牙、台、五均与"尧"谐音。笔者认为用同音互谐的方法来解释彩陶纹饰有以偏概全的嫌疑,不可能所有的纹饰都表示"华不注""太尧"之意,而且"华不注"族群如果是华夏民族的祖先的话,那世界上其他陶器也有类似的花纹又该如何解释呢?所以以同音互谐的方法来对彩陶纹饰进行解释过于牵强附会。虽然关于彩陶纹饰的文字之谜依然未解,但关于中国文字是起源于甲骨文还是"陶文"或"岩文"

依然有争议,但是这种方法为我们提供了一种解读彩陶的思路,并解读对彩陶纹饰到彩陶文字的演变做出了新的尝试。

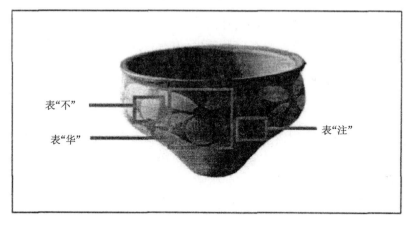

表"不"
表"华"
表"注"

图1-8 彩陶花纹盆

如果通过彩陶纹饰来追溯中国汉字起源显得有些天马行空且不具有说服力,那么在全国各地出土的陶器上的最为原始的刻画符号与中国最早的文字形态有着相似之处则能说明一些问题。文字的出现是文明起源的重要标志,关于中国汉字的起源有仓颉造字的传说,宋代郑樵提出的书画同源学说,上古时期结绳记事的方法等。在历史上关于汉字起源最有说服力的还属甲骨文,但是甲骨文已经形成了较为完整的文字系统,在这之前一定还有比甲骨文还要古老的文字作为基础,很多学者猜测作为人类最古老的文字——陶文即陶器上的刻画符号(如图1-9)可能是甲骨文的源头,大地湾一期刻画符号、马家窑文化马厂类型中的刻画符号、仰韶文化中的刻画符号等都发现了相同的刻画符号,并且其中有些符号与此后的甲骨文有相似之处,从中可以看出此类刻画符号绝不是原始先民无意识的刻画,它们是具有意义的符号,是文字的源头。西安半坡仰韶文化的遗址的挖掘者,在其1963年出版的《西安半坡》这部发掘报告中做出如下论断:"这些符号,是当时人们对某些事物在意识形态上的反映,从我国历史文化的具体发展进程来说,与我们的文字有密切的关系,也很可能是我国古代文字原始起源之一。"这些刻画符号历经了磁山文化时期、裴李岗文化时期、仰韶文化时期和龙山文化时期,在长达数千年的不同时期、不同地域的陶器考古中发现,有的刻画符号的陶器比较集中且刻画部位较为固定,一些符号出现了重复使用的现象。这都说明了这些刻画符号不是无意识的刻画而是承载某种意义的符号,最初的刻画符号可能是一些简单记事的符号,随着生产、生活的不断加深而被赋予了特定的意义,与初始语言中某个发音相对,经过约定俗成的过程,文字便形成了,这就是"记号的文字化"。这些刻画符号可能与祭祀事神有关,是为了标记陶器所盛物品的种类和数量,因不具有完整的意义与史前语言相互配合使用,以便表达完整的含义。我们可以看到战国时期的青铜礼器往往将铭文刻于其上以表战功或者是颂扬祖先神灵,可见是继承了陶器的遗制。"把史前陶器符号与商周青铜器的'花押或者族徽'之类以及战国时期各类器物的'物勒工名'相类比","认为史前陶器上的记号与商周青铜器的族名金文有嬗递承袭关系。"在商周青铜器族名金文中,其占大多数的是包括人的肢体在内的诸般物品的名称,如人体、动物、植物、器物、自然物等,都是"近取诸身,远取诸物"的名物词,其中也有少量的数字和几何形记号。可见商周时期的族名金文,不仅在性质上、功用上与史前陶器符号相同,同时在形式和内容上也与史前陶器符号一脉相承。①

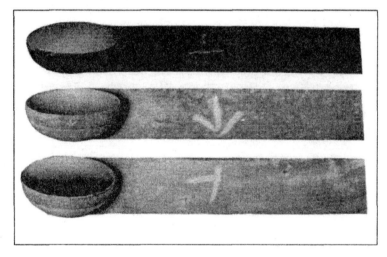

图1-9 大地湾陶器上的刻画符号

众所周知,文字对人类文明意义重大,它不仅记录着人类的历史,同时也记录着人类的精神文明,准确无误地告知后世历史上的事实而不是猜测,并且打破了空间、时间对语言的限制,将信息在空间和时间上进行纵横传播。我们说陶文与文字的起源有割舍不断的联系,但是如今的考古发现还没有解开陶文之谜,并不能断定陶文与甲骨文一脉相承,更不能证明它是最

---

①葛英会. 古汉字与华夏文明[M]. 上海:上海古籍出版社,2010.

早的汉字,陶器分布地域广泛、时间长久,对世界上其他文明区域的文化一定也造成了很大的影响,因此它不仅与中国的甲骨文联系紧密,同时对世界上最古老的文字如两河流域的楔形文字以及古埃及象形文字等都产生了深远的影响。不论陶文是不是最早的文字,它都反映了当时人们的生活状态和文明程度,传递着遥远的信息,起到了文字的记载作用。对于史前人类,也许这些彩陶上的纹饰是一句话或者一个词,而对于现在的我们,没有了当时的语境却成了不解之谜,我们大胆地猜想这些从坟墓中出土的彩陶纹饰是书写中国式史前文化的"亡灵书",只不过我们现在缺少破译它的"罗塞塔石碑",如果发现了类似"罗塞塔石碑"的破译文物,那么这些纹饰将和古埃及的象形文字一样被破译出来。

(二)彩陶纹饰的生活气息

程金成教授认为:"彩陶中的某些符号也就是早期象形文字的符号化,也许在甲骨文之前,汉字的雏形就是彩陶纹饰。它既有记事的功能,又有表达思想情感的功能。"即使现在我们不能了解彩陶纹饰的真正含义,我们也能从中窥见远古先民的物质状况和精神世界,彩陶为原始先民观念的具象表达提供了一种可能承载信息的媒介,原始先民在与大自然相处的过程中会有一定的思想和意识,这些思想和意识有的被刻画在洞穴的石壁上,现已无处找寻,而有的则在一些口授心传中渐渐消失了踪迹,彩陶的诞生为先民思想的记录和保存提供了物质载体,尤其是彩陶的出现使陶器本身成为承载大量信息的媒介。例如鸟纹和鱼纹的形状可能记录着远古时期的气候变化特征,演化到最后鱼雁成为我国早期邮政的象征,宋晏几道《生查子·关山魂梦长》有诗云:"关山魂梦长,鱼雁音尘少",鱼雁代表了我国早期的书信,由此我们可以推测早期在原始文化中鱼和鸟对于原始人类而言可能是传递气候变化的信息使者。这些彩陶上的大量纹饰都是远古先民思想的表达,对于彩陶上的纹饰我们不能用现代的思想去概括和理解,应当基于当时的原始社会大背景中解读彩陶纹饰的含义,陶器上的纹饰与印痕经过火的烧制历经沧桑而不被磨灭,使得原始社会的记忆与思想有了可供保存的载体,遍及世界的陶器文明已经成为人类文明发展的历史见证。

"如果说,陶器的最先出现,是受人类物质生产和生活的需要来推动的话,那么,彩陶的出现,则是以逐渐复杂的极为重要的精神需求作为直接动因。"彩陶不仅是人们最重要的物质生活器具,同时也是史前文化最好的精神表现,它反映了当时远古人类最为自然的本性,凝结了人类对艺术的最原始的创造力,也向我们呈现了人类反映自然、把握世界的能力,其中的彩陶纹饰到目前为止仍然是现代装饰艺术的基本元素,如这件菱块网纹双耳彩陶罐(如图1-10),陶罐上阴阳相对的菱形网格与现代奢侈品牌LV的花纹如出一辙,可见人类对美的需求是人类艺术天性的萌芽。彩陶艺术是原始艺术,但是原始而不低级,相对于洞窟艺术、岩画艺术,它将实用和审美相结合,是最为贴近日常生活的艺术品,是"日常生活审美化"的具体表现,将生活艺术化、艺术生活化、现实图像化,彩陶的出现使原始先民生活和艺术的距离逐渐缩短。彩陶艺术是人类有目的、具有创造性的活动,相对于青铜艺术,它没有太多规则和规范的束缚,使人类的自由本性得以抒发,犹如莫奈笔下的睡莲,不加任何矫揉造作的修饰,只是依靠光与影的变换就将它置于一个美轮美奂的境界,它不像现代媒介技术使人沉醉其中不能自拔,从而变得麻木而沦为技术的奴隶,而陶器却与此相反,完全将人置于主体地位突显人类的本质。从中我们看到彩陶的发展和演变是基于社会生产力不断提高,人们的物质生活极大丰富的结果,同时也反映着原始社会的物质生活面貌和精神生活面貌。

图1-10 菱块网纹双耳彩陶罐

陶器纹饰是对自然现象的抽象表达,反映了原始先民已经掌握自然规律并且想要控制自然的欲望,这些纹饰的形成是基于对现实生活环境的观察并对其进行抽象模仿的结果,是意识支配下的效仿行为。"当然这种意识和追求不是现代意义上的理性支配,而是一种感受,一种天性,是诗性的智慧。"这些模仿和观察与原始先民的日常生活紧密相关,既有偶然的发现又有必然的现实基础。"彩陶纹饰的手法有一定的规律,最早的纹饰应当是一种陶工'随心所欲'的刻画,而后来则形成了一定的法则形式。"那些结构严谨对称或是四方连续的图案让现代艺术家都叹为观止,在后来的彩陶纹饰的发展中,才逐步从单纯的无意识的发现和模仿到有意识的创造并将精神表达寄托于纹饰之中。"不管纹饰的产生距离陶器的产生时间久远还是相近,它都是一种必然和偶然的统一,是需要向可能的转化。"实践劳动可能是彩陶纹饰产生的契机,但原始先民的精神需求才是彩陶艺术产生的本源,彩陶是人类实践活动的物质成果,但也反映着原始先民的精神活动,那些精美的彩陶纹饰描述着原始人心中的自然,当然这不是对自然简单地描摹,而是将自己的意志和精神赋予在自然之上的抽象概述,也可以说这是原始先民头脑中的自然,因此彩陶纹饰是自然物质在人类头脑意识中的一个再现。对于彩陶纹饰"仁者见仁,智者见智"的解读也进一步提升了彩陶独特的魅力,不论我们理解的含义是否相同,彩陶给我们带来的艺术享受已经充分证明了人类从古至今有些相通的地方。

三、新石器时期陶器与史前时空意识

哈罗德·伊尼斯的媒介时空观认为媒介具有偏向性,或偏向时间或偏向空间,二者必居其一,"人类传播媒介演进史,是由质地较重向质地较轻、由偏倚时间向偏倚空间发展的历史,而且与人类文明进步阶梯相协调"。陶器作为人类发明的最早的媒介,属于偏向时间的媒介,但同时其分布的区域极其广泛,因而又具有了空间性的特征。首先,作为时间上的媒介,彩陶是远古先民和我们的对话,也许我们并不能真正理解他们的文字系统和他们所要讲述的故事,但是对于彩陶纹饰做出的多种解读已经向我们呈现了彩陶艺术的辉煌。其次,作为带有空间特性的媒介,我们从同一时期不同地域制作的陶器来看,它们具有共有的彩陶纹样和制作技术,显示了人类整体发展的相通性。

(一)史前人类的时空感知

史前社会对世界的把握和认知尚处于初级阶段,对时间和空间的抽象形态与我们对时空的感知是不同的,那时候没有时间与空间的度量工具和单位,原始先民对时空的感知都是通过对自然界的感受和认知从而形成一定的认识。原始先民对时间和空间的感受都是出于自身的本能,不仅自身有着对空间和时间的认知,同时自然的变幻以及生命的律动都时刻提醒人类的存在与时空相关,人们对于宇宙时空的抽象形态无法把握,只有通过具体的物象形态才能感知时空,他们主要是从自身生活的实际环境中对空间进行小范围的认知,我们如今所有的物质产品都是一种容器,而这种容器的空间意识是从穴居生活开始,是从原始先民制作容器开始的。陶器造型的共同特征是内部中空、外部圆润(内虚外实),口沿呈圆形,向外敞口,而对于浩瀚无垠的宇宙,空间之大无法预估,人类是处于宇宙中的沧海一粟,对于宇宙时空无法把握只有通过想象对时空进行描绘,例如,盖天说、宣夜说、浑天说、女娲补天、盘古开天地等。可见,他们对空间的感知起源于自身的生活环境,陶器最开始的造型就是受到"天圆地方"宇宙观的影响以及居住洞穴的形状的影响。我们猜想在人类意识刚刚萌芽时期,人类原始社会阶段的审美意识以人自身或者是日常生活为审美对象,例如身体的表征,男性的肌肉之美和女性的丰乳肥臀,或者是对自然环境的描摹和刻画,例如地势的高低起伏使原始先民产生了对高与深的崇拜仰望。视觉效果产生了"高"的崇拜,而高处安全的穴居生活环境则产生了深的造型,因此原始先民对空间的感知都是通过对自身以及居住环境的观察而逐渐构建的。

原始先民对时间的把握来自寒来暑往的季节变化、日出日落的昼夜交替,以及潮涨潮落等自然现象,还有最为重要的就是对自身从生到死的整个生命过程的感悟。从中我们可以看出原始先民对时间的把握是建立在对空间位移的基础上的,春夏秋冬的更替,除了温度、气象的变化以外,人们通过对动植物的观察来提前获取信息,例如候鸟的迁徙、植物的枯萎和盛放等,流传至今的二十四节气歌正是远古社会对时间认知在当今社会的遗留物。而日出日落昼夜交替,让原始先民学会了根据太阳与月亮的具体方位确定具体的时间,这是最为原始的时间计量方法,除此之外根据太阳的位置还能够确定自己的方位,这都是原始先民对自然界悉心观察的结果,这些古老的计时方式在如今某些特殊时刻仍然得以运用,尤其是当人迷失在荒无人烟的沙漠或森林中时,太阳就成为重要的时刻表。在原始社会,人本身就是一种计时工具,脉搏的跳动代表着生命的节奏,生老病死的生命规律使得人更加注意时间的流逝。因此最早对于时间的计量是原始先民对自然规律和生命规律掌握的一种方式,通过对万物生命律动的把握,从而有了时间的概念。"所以在原始人那里,一方面通过空间来感悟时间,另一方面,又通过时间来把握空间,这样,在当时人们的观念中,就既不存在脱离空间的时间,也不存在脱离时间的空间,时间与空间紧密地联系在了一起。"

（二）陶器中的时空概念

1.陶器制作中的空间等分

在陶器的造型中对空间三维的等分,表现在原始先民对器形对称、均衡的把握,大部分的陶罐遵循着左右对称的造型(如图1-11),围绕中轴形成一个立体球体,而球体是所有造型中无论从任何角度来看都是对称的,球体是陶器器形的缘起,在没有任何工具仅凭双手捏制的前提下,对全方位对称的球体的塑造要求是有相当难度的,但是原始先民却舍易求难,依然执着于对对称球体的追求,这种对对称的审美习惯一直保留在对器皿的塑造中,影响至今。除了以"对称"为美,对陶器在空间上进行了一分为二的分割以外,三足器以等距的二足将陶器稳稳地支撑起来,并以三足对陶器整体造型进行均匀分割(如图1-12),这是原始先民自觉或不自觉地运用三点稳定的力学原理。当三足器普及的时候,人们对于"三足"的认识不再停留在稳定、平衡等功用上,而是在此基础上产生了对"三"这个数字的特殊偏好,成为一种具有特殊意义的审美习惯。原始先民在追寻实用的基础上形成了以对称为美的审美习惯,这不仅与原始先民自身(人的对称结构)有关;同时,也与他们看到的自然物(动物、植物等)有关,此后对称美对人的衣食住行都产生了影响。

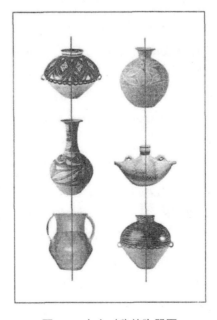

图1-11 左右对称的陶器图

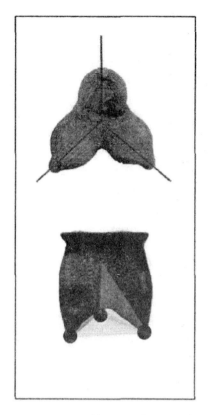

图1-12 等距三足陶器

　　陶器造型充分反映了原始先民对空间的把握和划分,而陶器纹饰又对陶器三维造型本身进行了等分,由于大部分陶器的横截面呈圆形,而器身又是对称形,因此纹饰对器物的分割主要是围绕球形器身进行的。例如陕西省西安市半坡遗址出土的人面鱼纹彩陶盆"米"字形分割法(如图1-13),在盆的黑色口沿部分以(1)和(∈)的符号呈"米"字形等距排列,而在内壁的鱼纹与人面鱼纹分布也是在处于口沿符号两两交叉的垂直线上两两相对。而庙底沟期的彩陶,大多使用这种方法将陶器外壁分成四至八份,以此安排纹样,例如河南省陕县庙底沟出土的花瓣纹彩陶罐(如图1-14),将腹身以平行于口沿的平行线将腹身横向切割为四等份,同时以过口沿圆心的垂线将器身纵向分为八等份,平行线与垂直线相交为花纹的定位点,看似毫无规律,其实制作者利用了阴阳纹饰的留白与涂黑构造出了连续的花纹图样,错落有致又富于变化,这种绘图方式类似中国的"九宫格"。"九宫格"和"米字格"常常成为许多平面构成的基本格局,对后世的图案、纹样及书法的结构影响极大。

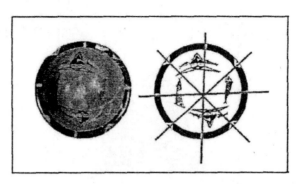

图1-13 米字形划分法

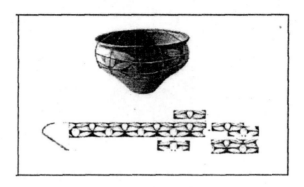

图1-14 九宫格划分法

陶器除了在造型中运用了三等分法对造型进行分割外，纹饰上也出现了对圆周的三角分割，尤其是在陶盆的内底或外壁中，以甘肃省秦安县大地湾出土的彩陶盆为例（如图1-15），在彩陶的外壁上三条抽象鱼纹首尾相接将器身分为三等份，好似在追赶游戏，将每个鱼嘴或鱼尾相连，恰好在圆形盆的内侧形成了等边三角形，圆与三角形相切形成了既稳定又律动的对比，以三等分圆周的方法在对称的基础上形成了以圆心为中心的旋转的幻觉，再配合以游鱼游动的特性，给人以永无止境相互追逐之感，这种对三角形性能的普遍运用表明了人们希望在对称的稳定中寻找动感的心态。

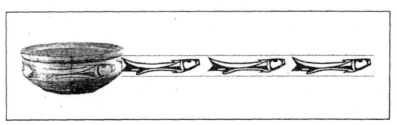

图1-15 彩陶鱼纹盆

2.穿越时空的陶器

根据哈罗德·伊尼斯的"媒介时空偏向论"观点,任何传播媒介或偏向时间或偏向空间,二者必居其一。偏向时间的媒介如石头、黏土、羊皮纸等易于保存,能经受住时间的销蚀,利用长久保存的特性来控制时间但难以在空间内流通;而偏向空间的媒介如草砂纸等轻薄、便携,有利于空间距离的传播,以便于运送的特性来控制空间,但是其不易保存的特性容易在时间中消逝。陶器是由黏土制作而成的,跨越万年来到21世纪,加之其易于保存的特性是典型的偏向时间的媒介。虽然在原始社会,社会财富积累有限、阶级观念不明显,并没有形成真正的等级差别,陶器没有如石头那样(例如金字塔、石雕)成为威望的象征和统治阶级的意识形态机器,但是在一些墓葬中我们也可以通过陶器的数量来判断墓主的身份地位,它作为唯一的价值衡量物体现了一个人在部落或氏族的身份地位。随着社会的发展,贫富分化导致阶级的产生,彩陶成为衡量阶级地位的重要标志,在出土的墓葬陶器中有的人的墓葬只出现一两个陶罐,而有些人则有数十个和近百个陶罐陪葬,进一步证明了彩陶文化从财富共有制的氏族公社时期逐渐卷入到贫富差异与等级划分的社会中。同时作为偏向时间的媒介,带给当下的是巨大的史前文明财富,如果它不能保存至今,我们对自身本源的认识就有了缺失,也就不能知晓自己的祖先是如何生存并且不断繁衍的,这一切都被陶器真实地记录下来,因此陶器是记录时间和历史的媒介。

第三节 中国新石器时期陶器文明的发展

根据前文对我国新石器时期阶段性的划分与界定,对这个时期的陶器文明的具体发展也沿着这样一个时期划分来进行脉络梳理。从起源到发展来综合分析,可以看出我国原始陶器分布较广,整体发展时期较长,分布不均衡。原始时期的陶器在黄河流域与长江中下游区域比较集中,水平较高,影响也较深远,其他地区比较分散且水平偏低。我国新石器时期中陶器发展的前期,彩陶成就较大;后期则是素陶和彩绘陶器双向发展。再从分布区域上看,具体分为沿海和内陆两大发展重点区域,内陆地区的彩陶呈普遍发展趋势,水平较高。沿海地区的素陶特色更为突出。大约6000年前的新石器时代中期对应的是我国原始陶器的早期发展阶段,在这一时期形成了我国原始陶器的基本形制与工艺追求。从距今6000年到4000年之间,这段从中期到晚期的跨越构成了制陶的繁荣阶段,这个阶段先后出现了以黄河中上游仰韶文化、马家窑文化为代表的彩陶艺术高峰和以黄河下游龙山文化为代表的素陶艺术高峰。随后是原始陶器晚期衰变阶段。这个时候大多数地区的制陶工艺经过了它们的鼎盛时期而逐渐衰落,边缘地区的制陶业形成了某些地方性特点;少数地区的陶质又有了改进,引起了硬质陶器与原始瓷器的产生与发展。

陶器的生成是人类最早通过化学变化,将一种物质改变成为另一种物质的创造性活动,也是人类通过劳动改变天然物的一个重要开端。根据目前已发表的大量考古资料,综合各地区的新石器时代陶器,可以明显看出我国陶器的发展经历了三个阶段:从新石器时代早期文化的红陶,发展到中期文化的彩陶,并继续发展到晚期文化的黑陶与灰陶。对我国新石器时期陶器发展层面的研究是从新石器时代早期定居生活的陶器开始的。

一、早期的陶器文明发展脉络

新石器时代早期(距今约11000—7000年),经济方式由采集(渔猎)与原始农业并重,转变为以农业为主。定居生活和驯养家畜逐步成熟,带来了人口的稳定增多,开始形成一定规模的聚落。随之,陶器的种类、制陶工艺、装饰方式逐渐丰富起来,并且出现陶器的组合形式。

(一)上山文化

上山文化分布在浙江省西南部山区向浙东平原地区过渡的丘陵、河谷地带,以上山遗址为代表,还包括小黄山遗址。

上山遗址位于浙江省浦江县,上山遗址年代为距今约10000—8500年。在上山遗址中发现了用于为稻谷脱壳的石磨盘和石磨棒等工具,在出土的陶器中用稻壳碎片为羼和料的情况所占的比例不小,这可能也是运用古稻脱壳后再利用的证据。从上山遗址出土物反映出虽然采集和狩猎仍然是重要的经济方式,但是,上山遗址中已经开始出现了原始稻作农业。

上山遗址出土的陶器,陶质有夹炭陶和夹砂陶两类。夹炭陶胎体普遍发现有意识掺和进去的稻谷壳和稻叶遗存,这与稻作农业的起源有关。

上山遗址陶器的器形开始多样化,出土的陶器主要为平底器,还有圈足、圈底。器物的口部基本为圆形、器体造型两边对称、器底基本为较为稳定的平面,可以认为对称、平衡、稳定等艺术造型元素已经出现。

上山遗址制陶工艺有泥片贴筑、泥条拼接等,陶胎破裂面常见片状层理现象。上山遗址陶器的装饰多为素面,偶见绳纹、戳印纹,装饰比较简单。器表施有红衣,红色是陶器外观唯一的色调。红色陶衣的施加是为了掩盖夹炭陶表面上的黑斑,起到美化陶器的作用。上山遗址陶器烧制由于火候不均,胎质疏松,多厚胎,部分超过2厘米。据检测,烧制温度约800℃。

在浙江省绍兴市嵊州甘霖镇上杜山村发现的名为小黄山遗址的新石器文化早期遗存,距今10000—8000年,是目前国内发现的新石器文化早期遗存中同期规模最大的聚落遗址。

小黄山遗址第一阶段与浦江上山遗址相近,发现的陶器以夹砂红衣陶占绝大多数,其中发现的敞口平底盆的造型与上山遗址的夹炭红衣陶平底敞口盆造型接近。另外,在第一阶段遗存中发现了一座浙江省目前年代最早的墓葬——一个小孩的墓穴,随葬品有红衣夹砂陶圈足盆、红衣夹砂陶圈足罐各1件,开启了在墓葬中随葬陶器的先河。

(二)跨湖桥文化

跨湖桥文化以跨湖桥遗址为代表,跨湖桥遗址位于浙江省杭州市萧山区城厢镇湘湖村。跨湖桥遗址分为三期,碳14测定年代距今8200—7000年。该遗址的出土遗存表明种植水稻已普遍实行,农业定居生活已经成熟。

跨湖桥遗址的第二三期的发掘,出土了陶片数万片,拼复了陶容器200多件。陶质以夹砂陶和夹炭陶为主,还有少量的夹蚌陶。夹炭陶是该遗址陶器的主要特征之一,陶胎中几乎都含有碳素,因此胎色偏黑。跨湖桥文化的陶器器形丰富,以圜底器为主,圈足器次之,平底器最少。多为手制,制作达到了一个新的水平。陶器成型制作以泥条盘筑为主,辅以贴筑法、拼筑法等。跨湖桥文化的陶器还有多种颜色的陶衣装饰。陶衣主要见于非炊器类的容器,如罐、圈足盘、豆这三种器形。陶衣有红色、灰白色、褐黄色、黑色。红衣是最醒目的陶衣装饰,有的陶器的红衣之外有灰白色的底衬(化妆土),在红衣之上常绘有乳白色的彩陶图案。除了红、灰陶衣外,跨湖桥遗址小型陶器中出现了施黑色陶衣、光泽均匀的黑光陶。

跨湖桥文化最有特色的是彩陶的出现,是中国最早出现彩陶的遗址之一。出土的彩陶片占陶片总数的2%,彩陶的陶质较细腻,为泥性成分较多的夹炭陶,也称为泥性夹炭陶。

跨湖桥彩陶的纹样大致分为两类:一类是几何形的纹样;另一类是单独纹样,这类纹样往往带有标志性的特点,如太阳纹、火焰纹。其中太阳纹及其变体纹样成为跨湖桥彩陶纹样的代表图案。跨湖桥彩陶纹样中的代表纹样"太阳纹"的出现,可能是对太阳的崇拜,火焰纹也应是对火崇拜的表现,太阳与火在光热上存在统一性,反映出以太阳为主的崇拜可能是对光与热的祈祷。跨湖桥陶器的装饰工艺除彩绘外,还有印、戳、刻、镂、堆(贴)等多种手法。这些工艺手法除了装饰的目的,同时也应与陶器的成型紧密相连。

跨湖桥文化陶器丰富的类型和装饰工艺,显示出在初步成熟的农业定居生活背景下,陶器既是主要的生活用具,同时也开始成为精神追求的重要载体。

(三)裴李岗文化

裴李岗文化,以河南省中部为中心,北到豫北的安阳地区,南达豫南的淮河以北地区,西到洛阳以东,东抵开封地区。裴李岗文化的遗址包括聚居的村落和墓地,发现了大量的陶器,据碳14测定,其时代距今约8000年。

裴李岗文化的陶器以红陶为主,有泥质和夹砂两种,均为手制,器壁厚薄不匀。主要器形是三足或圜底的钵,还有筒形深腹罐、双耳壶等。三足或圜底的钵是裴李岗文化典型器物,贯穿于其整个文化发展过程中。裴李岗文化中晚期还发展出了盆形鼎、罐形鼎。这个文明时期的陶器,在成型、烧制工艺、装饰方面已经相当成熟。裴李岗文化的陶器造型规整对称、表面光滑、精巧美观,其成型技术已相当熟练。器壁一般较薄,有的器壁仅厚0.3厘米,表明当时人们已经相当熟练地掌握了陶器的成型技巧。陶器器表多数为素面,少数有划纹、篦点纹、指甲纹、乳钉纹等装饰纹样。装饰方法主要有磨光、划纹、压印、篦点纹、拍印、绳纹等。

裴李岗文化是已知新石器时代文化中最早使用陶窑的。裴李岗文化发现的陶窑,由火膛、火道、窑箅和窑室四部分组成。陶窑可以一次性装烧十余件陶器,结构设计合理,陶窑设置了多孔的窑箅,促使火力较均匀。并且设置了火道和火膛,大大提高了窑内的温度,烧陶的温度达到900℃～960℃,显示出陶器烧制技术的进步。

（四）大地湾文化一期

大地湾文化是我国彩陶最早源起的文化之一，它主要分布在渭河、泾水流域。陇山西侧的遗址以甘肃省秦安县大地湾一期遗址为代表。大地湾一期遗址的碳14测定年代为距今8170—7350年。

大地湾遗址一期遗存发现的陶器多数为红陶，还有少量的泥质陶。大地湾一期遗址共出土完整陶器器皿（包括复原）共214件，器类以饮食器为主，要占一半以上。陶器均为手制，大部分运用模具敷泥法制成，小型和特殊器物是捏制而成的。陶器成型以内模敷泥法为主，外模敷泥法为辅，二者可统称为模具敷泥法。在装饰方面，大地湾一期遗址发现了彩陶。彩陶的器物种类少，器形也较简单，绝大多数为圜底钵，有的圜底钵底部加三个锥形足。大地湾一期彩陶器形简单，数量较少，彩绘的红色宽带纹色彩也较为灰暗，说明当时的彩陶还处于萌起的阶段。大地湾一期尚未发现陶窑，陶器以褐陶为多，常有杂色斑块。许多器物内壁呈黑色，应是窑外渗碳所致，说明烧制方法较原始。

（五）河北省阳原县于家沟遗址

于家沟遗址位于河北省阳原县，坐落于桑干河北岸的虎头梁村的于家沟。该遗址的文化层分为下、中、上三层，距今14000—5000年，时间跨度从旧石器时代晚期到新石器时代早期。在该遗址的中层发现了陶片，经热释光测年，所出陶片距今约11700年。这些新石器时代晚期遗址出土的陶片，是目前在我国北方地区发现的最古老的陶器残片。陶器的质地为夹砂黄褐陶，制作粗糙，胎质疏松，烧成温度约800℃，最大的一片为夹砂黄褐陶，为平底器底部，可能是一个陶罐的器底。

（六）河北省徐水南庄头遗址

河北省保定市徐水区南庄头遗址据碳14测定距今10510—9650年，该遗址发现有50多片陶片。陶质中夹砂或夹云母，胎厚0.8～1厘米，烧制火候低，质地较疏松，表面多呈灰色，少数为红褐色，陶色不匀。器形主要是平底罐，底部多有烟熏火燎的痕迹，应是炊煮用器。个别器物可能为小钵形器，部分陶片上有钻孔现象。陶器装饰简单，以浅细的绳纹为主，部分陶器的口沿外侧有剔划纹，有的在颈沿处有附加堆纹的装饰。

另外，在北京市门头沟区东胡林遗址（距今约10000年）、北京市怀柔区转年遗址(距今约10000年)、河南省李家沟遗址(距今9000—8600年)都发现了新石器时代早期的陶器。这些陶器主要是炊煮用器,运用泥片贴筑法手制成型,器形以筒形罐等为特色。

(七)磁山文化

磁山文化因首先发现于河北省邯郸市武安磁山而得名,主要分布在冀南、豫北等地。据碳14测定,距今约8000年。磁山遗址发现了大量的石器、陶器和较多的骨器,还有较多的猪、狗家畜遗骨及少量兽骨。磁山文化出土的石器有打制和磨制两种。磁山文化的陶器主要为褐陶,陶器中绝大部分是夹砂红褐陶,其次为泥质红陶。磁山文化陶器的种类根据使用功能可分为饮食器、炊器、水器、盛储器等。

磁山文化的炊具主要是配套使用的盂和支脚。盂和支脚是磁山遗址中出土数量最多的器物,约占陶器总数的70%以上,作为炊具的陶盂和陶支脚是配套使用的,使用时用三个平顶支脚将一个平底陶盂托起,用来烧火做饭,其功能相当于现在的锅和灶。磁山文化中最主要的汲水器是束颈深腹罐和小口长颈壶。汲水器的造型设计已经充分考虑到了使用功能,小口的造型是为了避免或减少抛洒。束颈或长颈的设计便于拴系绳索,方便运输。从出土情况来看,束颈罐出现时间较早,小口壶出现时间较晚,也较为进步,并逐渐取代了前者。磁山文化中最主要的盛储器是直口罐和大口盆。该文化中陶器的制作工艺还处在较原始的手制阶段,器壁厚薄不匀。制陶方法主要有手捏成型和泥条盘筑法成型两种,是我国史前时期较早采用泥条筑成法成型的陶器文化之一。

磁山文化陶器器表的装饰方式多样,人们通过绳纹、编织纹、刻画、剔刺、贴塑等手法在器表进行装饰。部分器具会捏塑或粘贴器耳、鸡冠耳、扁耳、乳钉等附件。这些装饰纹样和装饰附件直观地反映了磁山先民的审美意识和艺术追求,是在实用功能的基础上,为了达到美的效果而进行的。

磁山文化遗址没有发现陶窑,经科学测试,陶器的烧造温度较高,夹砂陶约为880℃,泥质陶为930℃,多数陶器因为火候不够均匀,出现色泽不均的情况。陶器的色调以红、红褐和灰褐为主。当时的烧造技术还不太成熟。磁山遗址没有发现陶窑,只是在一些堆积层和灰坑中,发现了大小不一的烧土块的堆积,并且烧土块上有苇席及树木枝条等印痕,由此可以推测磁山先民可能采用了封泥烧制陶器的方法。这种烧造的方式也就决定了磁山文化陶器的器形不大,体量较小。

(八)兴隆洼文化

东北地区燕山山前地带新石器时代早期文化的代表是兴隆洼文化。兴隆洼文化分布在西辽河流域、大凌河流域和燕山南麓地区。碳14测定年代距今8200—7400年。

兴隆洼聚落遗址保存得相当完整,遗址的周围外设壕沟,壕沟内有长方形半地穴式的房屋,并且成排分布,说明这个时候人们已经开始定居生活。兴隆洼文化时期已出现了原始农业经济。兴隆洼文化出土了大量的陶器,制陶业已具有一定的规模。

兴隆洼文化陶器的质地均为夹砂陶。陶器种类较少,形制也较简单,主要有平底敞口斜直腹筒形罐、敛口弧腹罐、鼓腹小平底钵及少量的碗、杯、盅等。平底筒形罐一直贯穿于兴隆洼文化的始终,是该文化出土数量最多的陶器,成为该文化的代表器形。从功能来看,兴隆洼文化早期筒形罐的形体粗大且数量丰富,钵、碗类器具较少。筒形罐的造型突出了大容量的特点,平底化的设计是为了便于放置,这表明早期筒形罐的主要用途是贮藏。大体积容量的筒形罐,说明需要提供食物的人数较多,反映出使用者可能不是以家庭为单位的社会结构人员,而是以群体为协作的共同生活为主体的氏族群落人群。兴隆洼文化中晚期时,钵的数量开始变多,但是平底筒形罐依然占有主要地位,但造型上基本没有变化。

兴隆洼文化陶器均为手制成型,且均采用内模贴筑法成型。从陶器的成型工艺中可以看出制陶工艺还相对原始。陶器器表多施满纹饰,素面极少。一件陶器上往往施有两三种纹饰,施加纹样经常是以三段的布局方式展开。兴隆洼文化陶器上的之字纹流行时间很长,范围很广,它逐渐成为东北亚地区陶器上的典型纹饰。兴隆洼纹饰的风格由不规整发展到规整,纹样的装饰意义日益增强。

兴隆洼文化陶器大部分陶胎较厚,质地疏松,器形不规整。因烧制火候不高,器表颜色不均,在同一件器物上多呈红褐、灰褐、黄褐或灰黑色等。内壁常经磨光,多呈灰黑色。这些特点表明陶器的烧制温度不高、控温不稳,应该是露天堆烧。

（九）山东省沂源县扁扁洞遗址与黄崖洞遗址

目前,泰沂山地区发现的新石器时期早期遗存以山东省沂源县扁扁洞早期遗存为代表。扁扁洞遗址位于山东省沂源县东南一座岩洞穴内。发现的陶片多数为器物的腹部残片,也有口沿、器底及扳手。陶片皆为夹砂陶,陶色以红陶和红褐陶为主。烧制的火候较低,胎壁较厚。陶器主要为釜和钵,大多为平底器,圜底少见。陶器除了一例为饰附加堆纹,其余的皆为素面。通过对洞穴内采集的人头骨的碳14测定,年代距今9800—9600年,兽骨样品的年代在1万年以上。扁扁洞遗址出土的陶器具备了炊煮、储盛等基本功能。

黄崖洞遗址位于沂源县土门镇黄崖村的一个山洞内,距离扁扁洞遗址不远,可能是垃圾堆积处。根据黄崖洞遗址出土的与后李文化近似的叠唇陶釜的口沿来判断,年代或许晚于扁扁洞,但仍属于新石器时代早期。

（十）西河遗址

泰沂山脉北麓低山丘陵与鲁西北冲积平原的交接地带,地势平坦,西河遗址就在这一地区。西河遗址位于山东省章丘市龙山镇龙山三村。西河遗址发现了新石器时代早期的房址和大量的陶器、石器和骨器等。西河遗址经碳14测定(经树轮校正)年代在距今8400—7700年。由于西河遗址的发掘面积尚小,西河遗址早期文化真实年代可能距今9000年以上。

西河遗址出土的陶器多用未经淘洗的原生黏土烧制而成,夹碎云母片、细沙或粗砂石颗粒。以红褐陶为主,灰褐陶次之,黑褐陶较少。陶色不纯,一器多色现象较普遍。陶器造型以圜底器居多,其次为圈足器,平底器较少。釜是较有代表性的器物,西河遗址出土陶器陶釜数量占总数的三分之二以上。除了实用的器物外,还出土了陶猪和陶面塑像等一些塑形的陶器。该遗址陶器均为手制,器形不甚规整,内壁不平,部分器表可见刮抹痕迹。陶器的烧制火候较低,器物质地疏松,极易破碎。

（十一）后李文化

后李文化因发现于山东省淄博市临淄区后李文化遗址而得名,主要分布在泰沂山系北侧的山前平原地带,据碳14测年数据,年代距今约8300—7500年。后李文化陶器多为红褐色陶,陶色不纯正。泥质陶未见,应该还没有掌握陶土的淘洗技术。后李文化陶器种类单调,陶釜数量最多。后李文化陶器的造型基本为圜底器,有少量的平底器和圈足器。陶器皆为手制,主要采用泥条盘筑的制作工艺,装饰上比较流行附加堆纹。

(十二)北辛文化

北辛文化主要分布于泰沂山系南北及江苏省淮北地区,其中以北辛遗址为代表,北辛遗址发现于山东省滕州市官桥镇北辛村,出土有各类石器、陶器、骨器、蚌器等文物。经碳14测定,距今为7000—6300年。北辛文化遗址已近百处,根据分布的地区情况,学者们将北辛文化分为四个地方类型,即鲁中南类型、鲁北类型、胶东类型和苏北类型。

这一时期人们已经掌握了淘洗陶土的技术,这是制陶史上的一大进步。陶器的主要器类以三足器和圜底器为主,主要器物有陶鼎、陶釜、陶支架、平底钵、深腹圜底罐、小口短颈双耳罐等。北辛文化出现了以鼎、釜、钵、小口双耳罐四类陶器为主的基本器物组合。陶鼎是最具代表性的器类,数量多,种类复杂。北辛文化陶器的制陶工艺尚处较原始的手制阶段。陶器皆手制,主要采用泥条盘筑法成型,出现了慢轮修整现象。陶器制作出现了专门的分工。遗址中出土了施有单彩的"红顶钵"。陶器装饰主要见于夹砂陶的器表,有附加堆纹、划纹、篦纹、乳钉纹、指甲纹、锥刺纹、剔刺纹、压划纹、彩陶和席纹等,有时两种纹饰并用。

(十三)彭头山文化

长江流域最早的新石器时代文化是彭头山文化,通过质谱法测得年代距今9000—8300年。该文化得名于湖南省澧县彭头山遗址,分布于长江中游地区。彭头山文化是我国较早的稻作农业起源文化,以彭头山遗址为代表。彭山头出土的陶器比较原始,陶坯是用泥片粘贴而成,胎厚不匀。大部分陶器的胎泥中夹有炭屑,一般呈红褐色或灰褐色。器类不多,主要是深腹罐与钵,普遍装饰粗乱的绳纹。

以上对新石器时代早期我国陶器文明发展脉络的梳理中,离不开以具体区域为划分的陶器文化,其中的上山文化和跨湖桥文化就属于以夹炭陶为主的浙江地区早期陶器;以红陶为主的黄河中上游地区早期陶器是黄河中上游地区黄土高原南面山前地带的早期陶器的文化遗存,以华山为界,分为东、西两段,东段主要分布在豫中一带,以新郑市裴李岗遗址为代表。西段主要分布在渭水流域,以秦安市大地湾遗址为代表。新石器时代早期黄河中上游地区陶器制作的水平进一步提高。陶器的制作工艺除了使用泥条筑成法成型外,大地湾一期的陶器开始运用模具敷泥法成型。陶器的种类增多,功能开始多样化,以钵、盆、碗为代表的饮食器、以筒形深腹罐为代表的储存器、以双耳壶为代表的水器成系列发展。这一地区出现了三足复合的陶器新造型,兼具了炊器和饮食器的双重功能,较有特色。在装饰方面,多数陶器的表面经过细致打磨,达到光洁美观的效果。大地湾一期出现彩陶,开创了黄河流域陶器装饰的新局面。华北地区早期陶器文化是以夹砂陶为主的文化遗存,以河北省阳原县于家沟遗址、徐水南庄头遗址、北京市门头沟区东胡林和怀柔区转年遗址为代表,距今11000—10000年,是旧石器时代晚期至新石器时代早期的过渡阶段。这一阶段中这一地区出现了磨制石器、带凿孔的木构件以及最早的驯化动物,人们的生活方式应该开始向定居生活过渡。同时,这一地区也开始出现陶器。陶器以夹砂的黄褐陶和灰陶为主,陶器的器形以平底器为特征。许多陶器表面有烟炱的痕迹,表明陶器主要为炊煮用器。以夹砂陶为主的东北地区早期陶器以兴隆洼文化为代表;以夹砂褐陶为主的泰山周边的山前地带早期陶器,包括山东省沂源扁扁洞遗址与黄崖洞遗址和西河遗址、后李文化,还有北辛文化。最后是以夹炭红褐陶为主的长江中游地区早期陶器。自旧石器时代晚期至新石器时代早期是我国陶器设计艺术的萌起阶段,这期间我国南北方都相继出现了以陶器为代表的早期文明。陶器从出现到发展,制陶工艺有了一定的规模,概括起来形成了南北两大陶器工艺体系。

二、中期的陶器文明发展脉络

我国新石器时代中期一般指距今7000—5000年的一段时期。

(一)仰韶文化陶器

仰韶文化因发现于河南省三门峡市渑池县仰韶村而得名。仰韶文化分布于黄河中下游地区,分布范围较广,遍及河南省、陕西省、山西省、甘肃省、河北省、内蒙古自治区、湖北省、青海省、宁夏回族自治区等地。仰韶文化的陶器以红陶为主,灰陶、黑陶次之。红陶分夹砂红陶、泥质红陶两种。仰韶陶器的彩陶除了实用性之外,还被赋予了装饰的意义。随着彩陶数量的逐渐增多,仰韶文化陶器从以实用性为主的夹砂陶发展成为以细泥陶为主的陶器。在长期的制陶过程中,仰韶文化陶器在制陶工艺上有了长足的发展。

仰韶文化早期陶器盛行泥条盘筑法成型。在渭河上游地区采用模制法和泥条盘筑法相结合的制陶方法。仰韶中期轮制的做法由口部扩大到器腹。仰韶文化各大遗址中陶转盘还有石质的转盘(或称石轮)和石轴的出土,预示着早期陶器轮制工具的出现。仰韶文化晚期,陶器的制作在慢轮修整器物的基础上出现了少量的快轮制品。可见,仰韶文化陶器的成型工艺历经了从最初的捏制成型,到泥条盘筑成型加慢轮修整,再到少量的快轮成型的制陶工艺发展的过程。

仰韶文化陶窑的发展也值得瞩目。人类从无窑烧陶到有窑烧陶是制陶工艺的一大突破。仰韶文化陶器制作工艺和烧制程度明显提升,这与制作技术的提升和陶窑的改进是密不可分的。仰韶文化各处的遗存中都发现了有专门烧制陶器的窑场和作坊。目前,已经发现的仰韶文化各时期的陶窑有上百座,因此,仰韶文化时期是陶窑发展呈现出普及性和稳定性的特点。半坡时期在姜寨遗址发现了制陶作坊和陶窑分布两地的情况,制陶作坊遗址中有经过淘洗和好的陶泥和成摞的钵形陶坯的放置。这一情况表明,陶器的制作与烧造开始出现了明确的分工。仰韶文化时期由于稳定的定居生活和经济的发展,人们对实用陶器的需求量增大。陶器制作工艺和烧制条件的改良也促进了陶器器形的多样,这一时期陶器的主要品种有杯、钵、碗、盆、罐、瓮、盂、瓶、甑、釜、灶、鼎、器盖和器座等。仰韶文化时期陶器的制作精细化,根据不同的使用功能,器物的设计更为专业化。陶器功能性设计由一器多用逐渐发展为一器一用或一器专用。陶器的造型也因此而丰富化,艺术表现的方式也更为多样。这一时期陶器的附件不仅具有使用功能的意义,同时也起到了协调平衡陶器造型、美化装饰陶器的作用,器皿附件富有了更多象征和审美的意义。

仰韶文化延续时间长达2000年之久,陶器内涵相当丰富,以细泥彩陶而闻名。由于彩陶反映了当时陶器工艺的水平,因此,考古上常将仰韶文化称为彩陶文化。仰韶文化主要有半坡类型、庙底沟类型、石岭下类型、后岗和大河村类型。仰韶文化彩陶上的图案总体上呈现出由写实到写意、具象到抽象的演绎过程;纹样呈现出由以单独纹样为主到以连续纹样为主的发展脉络,且兼具形式美的法则;多种彩绘的色彩构成了仰韶文化彩陶丰富的色彩面貌,形成色彩的对比、配合、穿插,配合陶器造型进行的多种色彩彩绘,在实用的基础上满足了人们的精神需求,达到了丰富的装饰效果。彩陶彩绘的高度发展,让陶器从最初的以实用为主,慢慢演变成以赏用结合为主,功能美与形式美表现得淋漓尽致。

仰韶文化晚期甘肃省西部彩陶艺术形式逐渐衰落,但仰韶文化石岭下类型彩陶仍占一定比例,成为甘肃省东部彩陶断续发展的马家窑文化彩陶的前身。在石岭下类型文化彩陶花纹中的变体鲵鱼纹在马家窑类型文化的早期仍延续发展。

(二)大汶口文化陶器

大汶口文化因发现于山东省泰安市大汶口遗址而得名,主要以泰山地区为中心,分布在鲁南苏北一带,其年代距今6300—4500年,分为早、中、晚三期。

大汶口文化早期陶器以红陶为主,有少量的灰陶和黑陶。由于早期的生产水平较低,陶器均为手制。大汶口文化中期陶器以夹砂红陶为主,其次为泥质黑陶和灰陶,出现了一些硬质的灰白陶,彩陶数量明显增多,花纹繁缛。大汶口文化晚期的陶器以灰陶最多,次为黑陶和白陶。轮制技术的烧窑技术有了较大的改进,窑温提高,可以烧制薄胎、质硬、色泽美的黑陶、白陶和黄陶等陶器。晚期彩陶减少,但仍有纹样复杂的多色陶器。

总的来说,大汶口文化当中的陶器品种丰富多样。大部分的陶器最初是出于炊煮、储盛、汲水、饮用、奏响等生活实用需要而设计制作,在发展的过程中这些器具也注重造型的美观变化,并且制作精良,有的器物还具有祭器的功能。陶鼎是大汶口文化最主要的炊煮用器,已经完全取代了陶釜的炊煮功能。且大汶口文化陶鬶较为流行,开启了龙山文化陶鬶的先河。

大汶口文化中的陶器造型设计独特,在讲求实用性的基础上,造型艺术方面取得了很大成功。品类繁杂的大汶口文化陶器造型变化多样,其中一些不对称的陶器造型,颇具地域特色,如背水壶、盉、鬶等器物通过耳、鼻、錾、把手等附件的造型变化,打破了传统对称造型的格局,别具风格。大汶口陶器的器形从早至晚呈现出发展规律,这一规律是与陶器制作工艺水平和人们对陶器造型的实用及审美需求变化分不开的。陶器品种多样,从炊煮的鼎、烧水的鬶、盛食的豆、饮酒的高柄杯、演奏的乐器等,不同用途和风格的陶器常常配套成组,成为基本的器具组合,用于随葬和祭祀活动,在满足实用功能的同时也具有一定的祭器的性质。大汶口文化晚期出现了阶级的对立和等级的划分,组合的陶器虽仍未完全脱离实用的功能,但通过组合等方式又成了标示身份、用于祭祀等活动的用器,具有双重的功能。大汶口文化早期多为素陶,仅见用黑色单彩绘制的彩陶片。大汶口文化中期,彩陶突然兴盛起来,彩绘的色彩也随之丰富,有黑、白、红、褐、赭、黄等多种。大汶口文化晚期早段,彩陶上色衬的层次增加,有的彩色宽带色衬达十层之多。底衬上除了绘黑、白色以外,还增添了黄色,并常以间镶的方法彩绘纹样,达到了色彩绚丽、层次繁复的艺术效果。彩陶上的图案非常丰富,以植物纹和几何纹为主,布局严谨而规整,其装饰也反映出大汶口文化时期的先民喜爱浓烈鲜艳的色彩的审美倾向。

黑陶和白陶是大汶口文化中晚期制陶业中出现的两个重要的新品种,它们的出现同当时制陶工艺、烧制技术的显著提高有密切的关系。当时,人们已经熟练地掌握了烧窑技术,可以通过控制烧窑的技术来达到想要的陶色。制作精良的白陶和黑陶,也被更多地赋予了社会特殊意义,成为身份、等级和财富的象征。

大汶口文化陶器上还发现了一些象形符号,虽然数量不多,但是这些符号对研究早期文字起源有一定的意义,因此引起了学界的关注。最早发现带有象形符号的陶器是在陵阳河遗址采集的一个大口陶尊上,刻有上、中、下三部分组成的图像。

(三)河姆渡文化陶器

河姆渡文化因发现于浙江省余姚市河姆渡而得名。河姆渡文化主要分布在杭州湾南岸的宁绍平原及舟山岛,经测定年代为距今7000—5300年。河姆渡文化时期定居生活稳定,农业相对发达,陶器的种类逐渐丰富起来。

河姆渡文化陶器的陶质主要为夹炭黑陶、夹砂红陶、夹砂灰陶、泥质红灰陶等,陶器制作中不同用途的器物对陶土的选择有所不同。陶器种类以生活用品为主,主要有釜、罐、带把钵、宽沿浅盘、豆、盉、器盖、支座等。陶器的造型以平底器和圜底器为大宗。河姆渡文化中期以陶鼎为代表的三足器出现并有所发展,出现了釜形鼎和盆形鼎。河姆渡文化早期陶器制法以手制泥条盘筑法为主,也有个别为捏塑成型或泥片敷贴成型。陶器的胎壁厚薄不匀。中期少数陶器可见慢轮修整的痕迹。晚期一部分器物口部采用慢轮修整,个别器物采用轮制技术,器形较规整,厚薄均匀,器壁厚0.2～0.3厘米。河姆渡文化早期的陶器烧成温度不高,850℃左右,吸水性强;晚期陶器的烧制温度提高,有的达到千度以上,陶器的质地坚硬,胎壁较薄。根据河姆渡文化制陶的水平,推测河姆渡时期已经拥有了一批技术较熟练的专业陶工。这一时期陶器装饰的特点是出现了直接摹写动植物的图像,代表器物有猪纹圆角长方钵、鱼藻纹陶盆和稻穗纹陶钵等。

值得注意的是,河姆渡文化出土了少量的白底深褐色纹彩陶片。彩陶的胎质为夹炭陶,质地粗疏,胎表印有绳纹。器表经过不断打磨形成一层质地细腻的灰白色薄膜。在薄膜上彩绘有宽带纹和辐射状纹样,彩绘后进行烧制。彩料浓厚,有立体感和光泽,推测彩料的熔点可能较低。

(四)马家浜文化陶器

马家浜文化是长江中下游、环太湖流域新石器时代早期文化的代表。马家浜文化因发现于浙江省嘉兴市马家浜遗址而得名,主要分布在环太湖地区。据放射性碳素断代并经校正,年代距今7000—6000年,它与之后的崧泽文化、良渚文化的发展自成系列。马家浜文化时期,居民以定居生活为基础,普遍种植籼、粳两种稻。马家浜文化分为早、中、晚三期。

马家浜文化早期出土的陶器以灰黑陶和灰红陶为主。马家浜文化陶器的种类主要是生活用具,有釜、鼎、豆、罐、瓮、盆、钵、盉等。陶器的器形以腰沿釜、牛鼻形器耳罐、喇叭形圈足豆、圆锥足鼎等具有代表性,还有陶质的炉、算和三足长尾鸟形陶壶等。陶器均为手制,烧制时火温不高,陶质较软,一般陶色不甚纯正,多素面。陶器的外表常有红色陶衣。陶器上有用漆进行的彩绘。江苏省吴江市梅堰遗址发现的陶杯、陶壶的器表有用漆彩绘的花纹。

(五)崧泽文化陶器

长江下游环太湖地区,继马家浜文化之后发展起来的是崧泽文化。崧泽文化因发现于上海市青浦区崧泽村而得名。据碳14测定,其年代距今5900—5200年。崧泽文化典型遗址除崧泽遗址外,还有江苏省吴县草鞋山和张陵山,常州市圩墩、浙江省吴兴邱城、海宁市坟桥港等。崧泽文化的陶器一般以夹砂红褐陶和泥质灰陶为主,还有少量泥质红陶和泥质黑陶。陶器的种类繁多,有釜、鼎、罐、豆、壶、瓶、瓯、杯、盆、匜等。崧泽文化陶器的器形轮廓曲折而富于变化,呈现出曲线美和韵律感,往往通过口、颈、肩、腹、底、足等各个部位的变化产生美感。崧泽文化晚期,还出现了一些富有特色的象生陶和异形陶器,这些象生陶器和异形陶器可能是关于精神信仰或者与精神生活有关的非实用性的祭器或艺术品。

　　崧泽文化陶器制作工艺和技术都有很大的发展。早期制作工艺采用泥条盘筑结合慢轮修整的方法,中期开始使用快轮拉坯成型的轮制技术,快轮技术的运用使陶器厚薄均匀,器形规整。这是我国较早使用快轮制陶技术的古文化。在陶器烧制技术上,崧泽文化改进了技术,灰色和黑色的陶器是用还原焰烧制方法产生的,火温760℃~810℃。崧泽文化的陶器装饰方法多样,主要有镂孔、刻画、压划,还有附加堆纹、彩绘(主要是朱砂红)等。最常见的为用弧线相互穿插形成几何形的刻画纹样,常在豆、杯、罐、壶、瓶等器物的肩、腹、圈足、器盖上进行彩绘。崧泽文化黑陶的造型和装饰都体现出了较高的审美性,如寺前村遗址出土的镂孔双层陶壶,陶壶的内层有功用性,外层起到装饰作用,在功能需求的基础上,开始了独立的审美需求。总之,崧泽文化陶器的器形种类多样,陶器的造型和装饰艺术都很讲究。

(六)良渚文化陶器

　　良渚文化首先发现于浙江省杭州市余杭区的良渚镇,后因遗址而命名。良渚文化主要分布在环太湖地区。据碳14测定良渚文化距今5300—4000年。良渚文化是由崧泽文化发展而来。良渚文化遗址出土了稻谷、玉器、石器、丝麻织品、陶器、象牙及嵌玉漆器等,特别是发现了良渚古城、大型房址、祭坛和贵族墓地,表现出较高的经济和文化水平。有的专家根据良渚古城的发现提出了"良渚古国""良渚古城"的说法,认为良渚社会已经进入了文明社会的门槛①。

　　良渚文化出土了大量制作精致的陶器,陶质有夹砂陶和泥质陶两大类。陶器种类丰富,圈足器和三足器类陶器盛行。根据实用功能,可以将它们分为炊器、储存器、盛食器和饮水(酒)器等。除了日常生活的实用器皿外,刻画有繁缛精美纹饰的陶器是用于供奉或者祭祀的用器。良渚文化陶器成型的方法有手制和轮制两种。手制有捏塑法、泥条盘筑法。较高大的陶缸、陶簋、高领罐等陶器多为泥条盘筑法成型。轮制法有慢轮修整和快轮制法。大多数陶器采用了轮制制陶的技术,以快轮制造的黑陶为代表,器壁较薄,造型规整。各个部位分别制作再拼合在一起的制作方法,反映出由单体构成的造型简单的陶器向组合构成的造型复杂的陶器发展演变。良渚文化陶器的器表多打磨光滑,器表上通过针刻、刻画、镂孔、浅浮雕、彩绘、漆绘等手

---

①赵晔.内敛与华丽:良渚陶器[M].杭州:浙江大学出版社,2019.

法进行装饰。良渚文化陶器表面常常细刻着极为繁复和精美的纹样,细线刻的线条细而浅,只有仔细辨识才能看清。良渚文化陶器的烧制火候较高,还发现了少量的蛋壳黑陶,胎厚一般仅2毫米左右,并且黑陶的表面还刻画繁复精美的纹饰,这些制作精良的黑陶制作工艺复杂,已经超越了日常实用的目的,是具有祭享意义的陶器。良渚文化的一些遗址群中发现有大型礼制型建筑遗存、贵族墓地、祭坛,随葬品中精美黑陶的出现,表明良渚贵族们奢侈享乐的生活状态以及对祭祀神灵崇拜的热衷。良渚文化时期黑陶制作工艺也已达到登峰造极的程度。从良渚文化陶器品种、数量的大幅增加,以及陶制制作的精良程度来看,良渚文化制陶工艺更趋于专门化,应该产生了一个较为庞大的专业制陶群体。

良渚文化陶器采用浅浮雕的装饰方式较有新意。这种装饰方法极具巧思,技法精湛。还有一些陶器的把手上附加编织的纹饰,是采用细如丝线的泥条编叠粘贴而成,足见其制作之精良。良渚文化有少量的彩绘陶,有的以漆作为彩绘涂料,彩绘花纹多以弧线组成,有涡纹等纹样。彩绘陶上的彩绘颜料多为植物生漆和矿物质颜料,朱红色的彩绘施于泥质黑皮陶的器表,黑红两色形成强烈的视觉反差。另外,彩绘颜料多为漆绘,漆能够加强陶器的防水功能,还可以掩饰陶胎的不足,增加陶器的装饰效果。良渚文化时期陶器上发现的各类刻画符号较为丰富,刻画符号有的明显具有简单记事连"字"成句的功能。良渚符号有抽象和象形两种类型。

(七)燕山南北地区的陶器

燕山南北地区的新石器时代遗存距今7000—5000年,以红山文化、赵宝沟文化、小河沿文化为代表。这一地区的陶器,除了大部分用于日常生活使用的炊具、储存器和饮食用具之外,还出现了用于祭祀活动或是具有原始宗教性质的陶器,如筒形器和陶塑等。这一地区的陶器主要有泥质陶和夹砂陶两种,泥质陶多为红色,夹砂陶多为灰褐色。陶器制作多采用泥圈套接法制成,有的经过慢轮修整。器表多通过压印、刻画、贴附、绘彩的方法施以纹饰。早期陶器多通体或大部分施纹,晚期陶器多为局部施纹。刻画纹饰主要有人字形纹、水波纹、网格纹、平行线纹、之字形纹等。其中,用压印或者刻画手法装饰的"之"字形纹富有特色。陶器的造型主要以平底筒形罐的数量最多,也最具有代表性。

（八）彭头山文化

彭头山文化因发现于湖南省澧县彭头山遗址而得名,年代距今8200—7800年。彭头山文化的陶器胎质以夹炭屑砂陶为主,质地较疏松。陶色以红色为主,胎芯多呈炭黑色,一般施红色陶衣。陶器烧制的火候不匀,一般红、褐色相间,局部少量黑斑块。陶器皆为手制,盘、钵、盆等陶器用泥片贴筑法制成,多为圜底,器形多不规整,还有深腹罐、双耳高领罐、釜、支座、碟、三足罐等。彭头山文化晚期,陶器器形发生了一些变化,造型由高变矮,装饰纹样简化,由通体绳纹变为局部装饰绳纹。

（九）皂市下层文化陶器

皂市下层文化因发现于湖南省石门县皂市遗址下层遗存而得名。皂市下层文化的年代距今7800—7000年。皂市下层文化的陶器以夹炭陶为主,除此还有夹砂夹炭陶、夹砂陶、泥质陶。陶器成型沿用泥片贴筑法,器形简单。由于烧窑技术的改进,晚期的陶器胎质较细腻,陶色由红色转为灰褐色或深灰色,陶器的表面多施细薄的红色陶衣。陶器的装饰手法变得多样,有刻画纹、绳纹、戳印纹、压印纹等。特别是出现了镂刻纹,镂刻又分为镂空和浅刻两种,多装饰于圈足盘和支座、器耳上。在一件器物上往往可见多种纹饰的组合,除了镂刻纹,还并用压印纹、刻画纹和戳印纹。

（十）高庙文化和汤家岗文化陶器

高庙文化因发现于湖南省洪江市高庙遗址而得名,年代距今7800—6800年。高庙文化陶器皆为手制,泥器制作为泥片贴塑,以夹砂陶为主。造型主要为圜底和圈足器,还有釜、罐、盘、钵、簋、碗、杯等。高庙一期遗存中发现了多件精美的白陶罐残片,从器物类型及热释光鉴定其年代上限为距今7800年,是我国发现最早的白陶。高庙文化白陶的胎骨致密坚硬,胎内均夹杂细小石英砂末,颜色纯白或微偏黄。主要有圈足的盘、簋和罐等盛贮器,器表或底部装饰有戳印或压印篦点纹组合成的精美的几何形纹、动植物纹、星象纹、祭祀题材等装饰图案,并发现了很少量的彩绘白陶。高庙遗址中发现了大型的祭祀场所,这些数量稀少、制作精美的白陶圈足盘等,不是生活中的日用器皿,应该是祭祀活动中所使用的祭器。

汤家岗文化因发现于湖南省常德市安乡县的汤家岗等遗址而得名。汤家岗文化的年代为距今6800—6300年。汤家岗文化陶器以夹砂褐陶为主,还有夹砂红陶、夹炭褐陶、夹炭红陶、泥质酱黑陶,并且有夹细砂白陶。陶器皆为手制,器表多进行打磨,少数陶器涂有黑褐色陶衣。陶器的器形主要有釜、圈足盘、碗、盆等。汤家岗文化陶器装饰有印纹、戳印、篦点纹、指甲纹、弦纹、刻画纹、锯齿纹、瓦楞纹、附加堆纹等。汤家岗遗址还发现了精美的彩色白陶器皿和用于制作的白膏泥。汤家岗遗址出土的白陶制作精致,纹饰多变而新颖。

(十一)大溪文化陶器

大溪文化因为最先发现于重庆市巫山县大溪遗址而得名,年代距今6300—5300年。大溪文化陶器品种先后出现了红陶、褐陶、灰陶、黑陶、彩陶、朱绘陶等。陶质主要有泥质、夹炭和夹砂三种。大溪文化的陶器早期均为手制,主要采用捏制成型和泥条盘筑成型两种制陶方式,晚期流行慢轮修整器形,小型薄胎的陶器已使用轮制。陶器纹饰以篦印纹、戳印纹、刻画纹等为代表。大溪文化陶器典型器物主要有釜、斜沿罐、小口直领罐、壶、盆、钵、豆、簋、圈足盘、圈足碗、筒形瓶、曲腹杯、器座、器盖等。其中以筒状和圈足的器形最具特色。筒形瓶是大溪文化最为典型的器物。总的来说,大溪文化陶器的器形一般较小,筒形瓶、高圈足器和器座都是为了抬升器皿的高度,也是为了用手来把持。这种器物设计应与人们的跪坐方式有关。大溪文化的彩陶具有自身的特色,彩陶器大多施红色陶衣,有少数的白衣红陶,彩绘以黑色为主,还有少量的赭色和白色。

(十二)屈家岭文化陶器

屈家岭文化因发现于湖北省京山县屈家岭而得名,年代距今5000—4600年。屈家岭文化分为早、中、晚三期。陶质以泥制为主,夹砂陶较少。陶器以黑陶为主,还有灰陶、黄陶、红陶和橘黄色陶。屈家岭文化陶器成型以手制为主,快轮制陶普及。烧成温度较高,达到900℃左右。屈家岭文化的陶器圈足器发达,三足器较多,平底器较少,不见圜底器。陶器表面多数为素面磨光,少量饰以弦纹、浅篮纹、刻画纹、镂孔等。有部分彩陶和彩绘陶,色彩有黑、灰、褐等。屈家岭文化中期的朱绘黑陶较有代表性。其特点是圈足较高,圈足的提高一方面是为了防潮,另一方面加高器皿的高度是为了更便于人们拿取。彩绘的纹样有旋涡纹、菱格纹、斜线纹等。屈家岭彩陶以薄壳彩陶为特征,由于烧制的火候较高,彩纹呈现出晕化的特殊效果。

三、晚期的陶器文明发展脉络

新石器时代晚期(距今5000—4000年),陶器获得繁盛的发展,这一时期的陶器文明也空前壮大。

(一)马家窑文化彩陶

马家窑文化因首次发现于甘肃省临洮县的马家窑村而得名,据放射性碳素断代并经校正,年代距今为5300—4050年,分为马家窑类型(距今5100—4700年)、半山类型(距今4600—4300年)、马厂类型(距今4200—4000年)及石峡下四个相沿发展的类型。

马家窑文化以彩陶著称于世,彩陶的数量众多,器形丰富,图案精美,花纹繁复,把中国彩陶艺术推向了巅峰。马家窑文化的陶器品种有从以饮食器为主发展到以盛储器为主的变化,器物造型也逐渐增大,这显然是随着人们定居生活的稳定,带来了生活习俗的变化,陶器的品种和造型也相应进行了改变。中晚期为了制作容量较大的器皿,人们改变了以往泥条盘筑的传统方式,而采用了泥条圈筑法来制作大型的贮藏器皿。这种制陶方式增添了陶器的贮藏空间,制作方法简便而且提高了陶器成型的效率。马家窑类型陶器的造型大部分左右对称,器形相对稳重。在晚期出现了少量的单耳造型的新器皿,有单耳的彩陶瓶和单耳的附加堆纹夹砂罐。陶器造型的改变,是根据人们的使用需求而变化的。单耳器的造型多是水器,因为倒水时只需要单只耳,因此另一只耳逐渐被淘汰。这一地区单耳陶器的流行,反映出这一区域农牧经济并重的特点。

马家窑类型彩陶多为橙黄细泥陶,器表多打磨光滑。彩陶基本采用浓亮如漆的单一黑色彩绘,有少量的白彩。彩陶的纹样主要有钩叶圆点纹、垂弧纹、网格纹、钩叶纹、线条纹、三角纹、大锯齿纹、旋涡纹等。一件器物上往往兼施几种花纹,图案常以连续的方式展开,结构紧密,繁缛而富有变化,纹样中以柔美而流畅的旋纹最具代表性。因彩陶数量较大,器形硕大,彩陶上花纹精美,格式多样。且马家窑文化的陶工制作彩陶时,能考虑到人们观看彩陶的常用视角,根据陶器的器形和大小来设计图案的位置。当时陶工能在彩陶的不同部位装饰主次、繁简不同的纹样,使彩陶的器物造型和图案花纹和谐得体,相得益彰。半山彩陶体现出完美的立体设计,在俯视或平视时都构成具有完美格式的图案纹样。这种注意从不同角度观看图案时的不同视觉效果的绘图方式,显示出陶工杰出的立体设计能力。设计采用以点定位的图案构成方法,由定位点可以朝四面八方自由地延展花纹,这种优秀的图案定位方法一直沿用于传统图案设计中。

马家窑文化彩陶由单色彩绘发展为双色彩绘,晚期还出现了以红色为底衬上黑色花纹的彩绘方法。彩绘的技法是由简单发展为精细、又变为概括简洁的过程。彩陶上的纹样也适应器形的变化,不断地产生新的图案格式,构成了马家窑文化彩陶精美繁丽的艺术面貌。马家窑文化彩陶是甘肃省彩陶最繁盛的时期,是我国彩陶最重要的一部分,是我国原始彩陶艺术中最辉煌的篇章,是新石器时期我国陶器文明之顶峰。

(二)陶寺文化彩绘陶

陶寺文化因发现于山西省襄汾县陶寺遗址而得名,主要分布在晋南地区,其年代距今4500—3900年。陶寺遗址先后发现了早、中、晚期的城址,中期还发现了宫殿区、祭祀区和大型的夯土建筑,陶寺文化的社会阶层分化严重,礼制初步形成,已进入属于早期国家形态的邦国阶段。

陶寺文化的陶器以彩绘陶为特色,泥质的陶盆、壶、瓶、罐、盘等均施有彩绘。彩绘陶先以黑、褐、红颜色为地,再用红、白、黄、绿色矿物颜料绘以图案。据学者们的研究发现,陶寺文化彩绘颜料的红色和白色颜料分别为朱砂和碳酸钙矿物,陶寺先民已经掌握了朱砂颜料的合成技术。彩绘的纹饰以几何图案为主,有云纹、涡纹、回纹、圆点、条带等,也有一些构思复杂的图画,如蟠龙、变体动物纹等,形成了绚丽斑斓的艺术效果。其中,彩绘蟠龙纹陶盘代表了陶寺文化彩绘陶较高的水准。彩绘陶的烧制火候较低,且烧成后涂饰的彩绘极易剥落。因此,这种彩绘陶器应当是一种用于礼仪活动的祭器而非实用器。陶寺文化的陶器体现出由彩陶向彩绘陶的转变,由实用陶向礼仪陶的转变。实用陶器和祭享陶器的分化,变得非常明显。

(三)龙山文化黑陶

龙山文化因首次发现于山东省济南市历城区龙山镇而得名,距今4600—4000年。龙山文化以精美的蛋壳黑陶最具特色,达到了新石器时代制陶工艺的顶峰。龙山文化遗址从发现以来,在山东省、陕西省、河南省等地又相继发现了众多同一时期的文化遗存,由于各地区的文化面貌不完全一样,时间跨度较长,分布区域也非常广泛,有部分学者提出将龙山文化通称为龙山时代。

这一时期,在陶器生产中,形成了完整的陶器制作工序,掌握了极先进的制陶技术,能够制作出精湛的陶器。龙山文化制陶从选料、制坯成型到烧制的整个工艺流程,都显示出了高超的技术难度。特别是制作精良的黑陶,更有"黑如漆、亮如镜、薄如纸、硬如瓷"的美誉。龙山文化的陶器薄厚均匀,质地坚硬,色泽纯正,造型优美,装饰素雅,种类繁杂,器形的耳、鼻、流等附件配置恰当。快轮制陶法在龙山文化时期得到广泛使用,并且将这一技术推向高峰。利用快轮成型的陶器,造型十分规整、器壁薄厚均匀,有的器壁薄若蛋壳,厚度仅0.3~1毫米,显示出专业手工业者制陶的最高水平。陶工们掌握了较高的还原焰烧制法和封窑渗碳技术,从而烧制出了漆黑光亮的黑陶。

龙山文化陶器的种类主要有杯、甗、盆、鼎、盘、罐、壶、豆、鬲、瓮等。陶制饮食烹饪器具的盛行,和当时人们食物的多样性以及饮食加工方式复杂性之间有直接的联系。龙山文化时期由于礼制的出现,一些具有实用功能的陶器,往往陶质细腻、制作精细、器表磨光、器形缩小,被赋予了礼仪用器的作用。大多数陶器的器表经过精心打磨和抛光,器表光亮平洁。装饰手法多样,主要有拍印、刻画、镂孔、竹节纹、附加堆纹等。色彩单一,胎色较深,因此,龙山文化的陶器多以造型优美取胜,多有带流的器物造型设计。龙山文化的陶器造型多样,品种繁复,为之后商代青铜器的造型奠定了基础。

(四)山背文化印纹陶

山背文化因首次发现于江西省修水山背而命名,是长江中下游和鄱阳湖地区新石器时代晚期阶段的典型遗存之一,距今约4300年。山背文化陶器以夹砂红陶的数量最多,还有夹砂灰陶、泥质灰陶、泥质黑陶和黑皮陶。陶器基本手制,少数经过慢轮修整。陶器的器形主要有鼎、鬶、豆、簋、壶、罐、钵等。陶器多为素面和磨光,部分饰有齿形弦纹。山背文化的陶器中出现了少量的几何印纹陶,这些印纹陶大部分是印纹软陶。尽管印纹陶的制作技术还不成熟,但是拍印的几何花纹已经摆脱了单纯的刻画工艺,它开启了之后在江南地区盛行的印纹陶的先声。

（五）齐家文化素陶

齐家文化是1924年由瑞典考古学家安特生在甘肃省广河县发现的齐家坪遗址而得名，时间距今4100—3600年。齐家文化上承马家窑文化，下启青铜时代的早期。陶器陶质多为夹砂陶，少见细泥陶。陶色以红褐色和橙黄色为主。陶器制作主要采用手制，也有少量的模制和轮制。陶器以素陶为主，彩陶很少。受到草原文化的影响，齐家文化陶器以双大耳罐为特征。齐家文化圜底陶器的重新流行和彩陶数量的减少，究其原因可能是与甘青地区距今4000年左右发生的洪水或者是地震等灾难有关，这些灾难促使人们从定居的生活方式转而进行大规模流动，改变了以往农业的定居生活方式，从而转变为半农半牧的流动生活。流动的生活方式显然已经不能够进行大规模的彩陶制作，而圜底的小型陶器更加适宜于搬运。

齐家文化陶器多为素面，装饰纹饰常见绳纹、篮纹、刻画纹、锥刺纹、堆纹等。虽然齐家文化的彩陶数量较少，但是却有了新的变化和地域特征。齐家文化彩陶的纹样主要以几何形纹样为特征，如几何纹样回纹、正倒三角纹、凹凸纹、菱格纹、网格纹等。几何图案的排列整齐规则，多根据陶器的造型分层，进行规律性的分隔，在整齐的图案带中产生变化，达到了较好的视觉效果。齐家文化彩陶上的动物纹样具有草原文化的风格。

齐家文化以后，甘青地区的寺洼文化、卡约文化、辛店文化等仍是半农半牧的生活方式，这些文化的陶器继续保留着齐家文化陶器的特点。齐家文化是中国原始陶器"西器中渐"的重要环节。

总体来说，我国新石器时代晚期的陶器文明包含了把彩陶艺术推向高峰的马家窑文化，以礼器为主的陶寺文化彩绘陶，轮制技术高度发展的龙山文化黑陶，以印纹软陶为特色的山背文化陶器和以素陶为主的齐家文化。在新石器时代陶器的整个发展过程中，在各个发展阶段上，往往有红陶、彩陶和灰陶三者共存，或红陶与灰陶两者共存的现象，这是陶器发展的连续性在陶器发展阶段上的反映。在红陶、彩陶、灰陶中，以红陶为最早，它几乎贯穿于整个新石器时代的全部过程。就全国范围而言，新石器时代陶器发展所表现出来的连续性与阶段性是很明显的。这是我国新石器时代陶器发展的一个基本规律。

第二章　中国新石器时期
陶器文明的特点

第一节　新石器时期陶器文明的区域差异

一、陶器文明的产生

陶器是新石器时代文化的关键符号,陶器造型的变化通常反映了文化的差异和衍生。中国陶文化在新石器时代中后期达到了鼎盛。

这一时期,中国制陶工艺技术相当纯熟,已由手工制陶发展到快轮制陶,这是新石器时代制陶术的一项重要成就。快轮制陶工艺出现后,可以制作出壁薄而均匀的器物。山东省龙山文化出土的漆黑光亮、壁薄如蛋壳的高柄杯,反映了史前制陶术的最高水平。

此时,人们对制陶材料的性能已有一定认识,有意识地选择不同的陶土来制作用途不同的器物,泥质陶主要用来制作密度较高的一些器物,如碗、瓶、甑等,仰韶文化彩陶、龙山文化黑陶则多是细泥质的。尤其是,黄河流域发明了高铝质白陶,长江流域发明了高铝质和高镁质两种类型的白陶,这对我国陶瓷技术的发展,以及由陶向瓷的转变都具有十分重要的意义,我国也因此成为世界上最早发明白陶的国家。

此期,陶器表面修整和装饰工艺更趋成熟。主要有陶纹、表面磨光、涂施色衣(又叫陶衣)、彩绘等方式。

此期,陶窑的构造都是地穴式的,即穴地为窑(东周之后才建到地面上)。并分为横穴式和竖穴式两种,能较好地控制温度。

制陶术的发展,在物理化学知识、高温技术上,为制瓷术、冶金术的产生打下了良好的基础。

在新石器时代,陶器几乎是当时物质与精神文化的总和。彩陶的出现,意味着人类的审美能力又登上了历史的一个新阶梯。彩陶艺术的光芒已辉映了新石器时代中期的历史环境,并敲响了高级文明来临的晨钟。从仰韶文化以及马家窑文化等彩陶的纹饰来看,那些流畅而又有力的线条,长达一圈,没有能够蓄色的工具来进行那种描绘,几乎是不可能的。由此可以推测,当时必定有专业的陶工和画工。

陶器本身是我国造型艺术的先驱,到目前为止,我国还没有发现比陶器年代更早、更完美、更典型的造型艺术作品。我国最早的人物画,是马家窑文化彩陶舞蹈纹盆;最早的动物画,是河姆渡文化的夹炭黑陶猪纹钵上刻画的猪纹,以相当写实的手法,活现出一头肥猪呆拙粗壮的特征。红山文化遗址女神庙中,不但发现了孕妇神像,还发现了一尊相当于真人原大的完整女性头像。女性头像各部位都塑造得十分准确,并以夸张,嘴唇外咧、微笑欲语,面颊有肌肉起伏感呈现。这一尊极富生命力而又高度神化了的女神头像,是我国第一次发现 5000 年前的祖先陶塑像。

"女神庙"中还有一些大小不等的塑像,从一些残迹可知,最大的塑像三倍于真人。体内有木制的支架,内外层泥质不同,其塑制方法与现代大型雕塑的做法很相似,预示着中国雕塑艺术的辉煌。

新石器时代晚期的陶器文化,为青铜时代的来临准备好了造型的场所,使它们在火光的焙烧中迎接冶炼铸造艺术形体的降临。

二、陶器文化的审美起源

由旧石器时代过渡到新石器时代,其主要标志体现在人类所使用的工具上,由打制石器即粗石器进步到了磨制石器。火的利用,使泥土改变了化学性质,从而发明了陶器,成为人类生产力发展史上的一次革命。正像陶器所昭示的那样,人类从此结束了单纯依靠自然力恩赐的历史。因此,陶器的发明,又被认为是新石器文化的一个标志。

新石器时代大约从11000年前开始,距今5000多年至2000多年不等结束。原始社会先民的陶器造型也经历了一个由粗到精的漫长发展过程。作为原始艺术之一,原始彩陶的造型和装饰是原始社会先民的结晶,体现了实用性与美学的结合。

我国以黄河中上游地区的仰韶、马家窑彩陶最具有代表性。如我国1953年发现的距今6000—5000年的西安半坡仰韶文化遗址,是一个相当完整的新石器时期氏族部落的遗址,其中发现了数十座房屋遗迹和多座制陶窑址等。

原始人制作陶器作为生活用品,它直接和人们的日常生活相联系。半坡人烧制的陶器,有各种不同的造型和用途,作为用来煮熟食物的炊具灶、甑(古代蒸饭的一种瓦器)、釜(古代的一种锅)等;原始人往往在作为饮具和储存粮食的钵、盆、碗、杯、罐等陶器上进行彩绘,其中动物形象较多,包括人面、鱼、鹿等,而以鱼纹最为普遍,如著名的"人面鱼纹盆",它鲜明地反映出了,在半坡人的生活里,审美与实用密切结合的生活内容。同时也告诉我们,当时人们对于美的创造和追求已经上升为一种自觉社会活动,随着人类发现美、认识美、追求美以及创造美领域的扩大,人们的审美视野和追求得到不断发展。[①]

三、陶器文明分布的区域差异性

分布地域广是我国新石器时代陶器文明在分布地区上最显著的特点,区域差异性也是。随着各地新石器时代遗址发掘的增多和考古研究的进一步深入,中国考古工作者把杂乱无序、错综复杂的各地区史前遗址分为几个大区系和几十种文化,这些文化都是从分布区系来进行命名、分类与区别的,使中国史前陶器文化发展脉络日益清晰地呈现在我们面前。我国新石器时期陶器文明的发展源流是从长江流域启程的,足迹遍布黄河流域、淮河流域、华南地区、北方地区及台湾地区。可以说,中国早期陶器的分布是"满天星斗"式的,除黄河流域外,淮河流域的青莲岗文化,长江流域的大溪文化、屈家岭文化、河姆渡文化、马家浜文化、崧泽文化、良渚文化,都在制陶领域达到了极高的水平。同时,即便在黄河流域,处于上游的马家窑文化和中游的仰韶文化、下游的大汶口文化与龙山文化之间,陶器的制作方式、形制、图案均存在重大差异。更细而言之,即便在同一个相对独立的文化区域内,如马家窑文化中的马家窑型、半山型、马厂型陶器,仰韶文化中的半坡型、庙底沟型陶器,相互之间呈现出的风格并不具有统一性。

我国的陶器地域分布以渭河流域为中心向四周呈扩散趋势,彩陶文化的源头始于大地湾文化,它向我们展示了距今8000—5000年黄河中上游持续时间最长也是最为原始的文化,分布在甘陕交界的渭河、泾河流域。大地湾文化的发现使中国彩陶摆脱了安特生"中国文化西来说"的观点,从而使中国文化回归本源。大地湾文化的发现要归功于对仰韶文化起源的探讨,

①佟月. 古代北方少数民族陶器审美形态探究[J]. 艺术品鉴,2018(18):3-4.

仰韶文化是我国原始农业迅猛发展的时期,不仅开启了中国考古学史的大门,同时也是陶器时代最璀璨耀眼的文化。仰韶文化分布在黄河中游地区,以河南为中心,向四周辐射发展,东至山东,西至甘、青,北达内蒙古长城一线,南抵江汉,持续时间在距今7000—5000年,分为半坡类型和庙底沟类型,这是彩陶出现迅猛发展的时期,主要以黑彩为主,也是中华文明孕育形成的重要阶段,比较典型的半坡类型代表作品是人面鱼纹彩陶盆,庙底沟类型的陶罐造型饱满,挺秀而稳重,以鱼、鸟、花、叶为主题,表现了人与自然的和谐关系与古代先民的聪明才智和艺术天赋,最具代表性的作品是鹳鱼石斧图彩陶缸。诞生于新石器时代晚期的马家窑文化主要分布于黄河上游地区、甘肃省洮河流域、青海省东北部的湟水流域一带以及河西走廊,距今5000—4000年,在时间上延续了3000多年,整个文化发展经历了石岭下类型、马家窑类型、半山类型、马厂类型四个阶段,无论是规模还是色彩的运用,抑或是图案的编排,都超乎人类的想象,有些图案的画法就算是现代的艺术大家也难以描摹,是彩陶艺术的珍品,折射着中华先民的智慧之光,被誉为"新石器时代的彩陶之冠"。由此可见,陶器文明在我国境内星罗棋布,尤其是彩陶文化在西北地区大放异彩,其中的仰韶文化就已经占据彩陶文化遗址总数的一半以上,世界上再也没有任何一个国家有如此之多的陶器出土数量。

第二节　新石器时期陶器文明的技术特征

一、陶器文明产生的物质基础

制陶是人类历史上第一个运用化学原理的材料合成技术,对能源和材料成功结合运用的典例,至今为止关于第一个陶器是怎样制作的仍然处在对考古遗迹进行探索和推测的过程之中,没有明确统一的说法,其中对陶器产生的猜测归结起来共有三种。其一,根据对原始先民遗址的考古,发现在其居住的半地穴居式房屋中央有个经过火烧过后的土坑,考古学家推测土坑可能是原始先民存放火种的地方,最后土坑演化成了土罐,土罐在保存火种时,受到高温的炙烤,有一部分变成了陶,人类发现陶这种物质具有耐高温、防水、硬度大等特性,便开始摸索制作陶器,因此陶器产生的原因可能是出于保存火种的需要；其二，人们将黏土捏制成容器并在太阳下晾晒，意外的火灾导致土器变硬，最后人们得出使土变硬的方法，形成了陶；其三，很多研究学者认为原始先民在进行炊煮食物时，将竹藤编制的篮筐表面贴满泥土，放在阳光下晾干后防水且不容易被烧毁，因此这种土锅是陶器最原始的雏形。①

恩格斯的《家庭、私有制和国家的起源》、摩尔根的《古代社会》、泰勒的《人类早期史研究》、柴尔德的《远古文化史》、普列汉诺夫的《论艺术》，还有马塞尔·莫斯的《论技术、技艺与文明》中都认为这种形成陶器的可能性最大：陶器看起来这么原始，可能陶器部分起源于编织品……最初，陶制品肯定一方面是编织品的替代物，一方面是石制容器的替代物——后者必然很重。一些著名的人类学家、考古学家、社会学家都倾向于将泥浆涂于编织篮的表层在火上烧制成陶的做法，但是也有学者质疑此说法：首先，涂满泥浆的编织篮并不能起到盛水防漏的作用；其次，食物煮熟的温度往往要低于泥土陶化的温度，也就是说如果等到泥土陶化后，食物早已经烧成灰烬了。因此仅仅靠烹饪食物的温度所烤制的泥土其硬度还没有经风干晾制而成的土器大。

历史已经距今上万年，我们无法回到陶器时代一探究竟，只能根据现存的遗迹进行猜测，以上的猜测都是建立在人们在社会生产实践中的偶然发现，可以说陶器的出现是建立在功利目的基础上的偶然发现，因此对于陶器是产生于人类无意识的偶然发现的可能性不能排除，随着史前人类对生活需求的进一步提高，陶器的诞生成了人类社会发展的必然趋势，尤其是在新石器时代中后期陶器的制作已经成为人类积极主动有意识创造的结果。

对特殊材质的需求是陶器的基本物质条件需求。在原始社会，一切生活用具和生产工具都要从自然中获得，由于生产和生活的需要，随处可见的石头和树枝以及兽骨成了最为简单的工具，人们对石头、树枝和兽骨进行简单的加工形成了工具——石器、木器、骨器。考古发现的各种石器都可证明原始社会经历过一个石器打磨加工形成工具的时代，石头、树枝和兽骨有一个共同的特征就是具有一定的硬度，树枝虽比石头易于加工，但是随着时间的变迁，已经腐烂于地下，现在已经无处寻踪，兽骨质地较脆，且不易加工，

①臧雅帆，王涛. 聚焦早期陶器探讨技术文明："陶器研究：技术、经济与社会学术研讨会"会议纪要[J]. 黄河·黄土·黄种人，2017(8)：17-21.

因此作为硬度最高的石头虽然不易加工,但是其质地坚硬且结实耐用,又是大自然中最为普遍的产物,因此在陶器诞生前期,成了原始先民首选的生产工具。从那时起,人类对"硬"的需求便根深蒂固,只有"硬"的材质才能支撑起人类的生产与生活,这种对"硬"的需求一直保存在人类的血液里世代相传,不仅成为生活所需也成了人类的审美习惯。即使在现代社会,也可从人们对硬度极高的钻石的偏爱程度来窥见人类最为原始的对"硬"的追求,虽然人们喜爱钻石不仅仅是因为钻石极硬,但是,我们至少可从钻石作为特殊石头的一种看到古代先民对石头的钟爱在我们血液中的遗存。因此也就在这种对"硬"的需求和审美引导下,原始先民偶然发现了土块在火中烧制变硬的奥秘,陶器便应运而生了。

如果仅仅有"硬"的需求,那没有什么比石头更对史前人类的胃口了,但是石头"硬"的优势也成了它不易加工的劣势,在生产工具极其简陋的原始社会,石头的加工费时费力,造型不易把握,因此原始先民们开始了对能使材料变软的探索,最为原始的火烤使兽骨变软仅仅只能达到刻画的效果,而不能轻易改变其形状,将木材放入水中浸泡对其整体形状也只能达到稍稍扭曲的作用,虽然人类在早期对物质造型的把握极其困难,但是却从未放弃对材料变软的探索。当人们发现雨后泥土变得具有可塑性后,经过不断的实践和探索,人类便得出了可将水和泥混合,再捏制成自己想要的形状,这就是陶器的前身,也可叫作未经烧制的陶器——土器,中华各个民族中都流传着"埏埴以为器"的说法。远古先民通过上述两个方面对材质的不懈追求,使陶器的诞生成为可能,陶器加工时"软"的特质易于塑形,烧制完成的陶器经过"火"的淬炼又很坚硬,制作材料又简单易得,可以说陶器是原始人类"软硬兼得"的所需之物,这种对材料"软硬兼得"的需求也成为后来金属冶炼与有机材料合成的指导思想。

此外,陶器的出现必定是建立在原始先民对于火的运用之上,并且当陶器能够被大量烧制时,对火的使用已经从开始的取暖、自卫、照明、炊煮到了可运用火进行冶炼的阶段。火的运用成功改变了原材料的化学性质,催生了陶器的产生,除此之外,农业生产和相对稳定的定居方式也使得陶器的产生成为可能,长久定居在某一地的原始先民,对日常生活的观察奠定了陶器产生的基础。而农耕文明的产生使得粮食有剩余,陶器的产生为剩余粮食的储存、盛放提供了方便,原始先民有了保存和盛放粮食的意识,使得陶器的诞生成为可能。最后,原始人类必须有一定的空间意识,才能使陶器形成一个可取物、装物的容器造型。因此,对于原始社会中一些怪异、落后的风俗习惯是可理解的,其中隐含着他们健康的理智及对自然的追求和向往。我们永远不能彻底地从原始人的角度出发用他们的眼睛来观察事物。火的使用、保存和盛放粮食的意识、容器观念等这些对于现代人来说轻而易举的事情却是我们的祖先经过长时间的摸索得来的。

其次,陶器文明与水的崇拜也密切相关。水是万物之源,水对人类文明的发展有着重要的贡献,世界上的许多河流两岸是文明的起源地,孕育了人类灿烂的文化,同时水也具有摧毁人类文明的作用,传说中亚特兰蒂斯就是淹没在水下的陆地文明,而水对于彩陶文明的贡献是巨大的,土只有与水混合后才有黏性,才能够成形,陶器的产生也是盛水的需要。

从陶器诞生所依赖的物质条件可以看出陶器的出现反映了人与自然的关系,是人类活动与大自然共同作用的结果。首先,人类对自然环境的认识程度和适应能力反映了其在环境中的自由程度。陶器出现的基础条件是对火的合理利用,人类显然掌握了火的特性并能够控制火的大小才能烧制出陶器。其次,人类的生存与发展还要依附于自然界,没有适合制陶的黏土,陶器也不可能产生。正是由于水、火、土的参与,陶器成了区别于自然物的人造物,因此通过火的烧制、水的黏合、土的塑造,陶器成为人类历史上第一个人工制成品,不同于石器的打磨和木器的雕琢只对用料进行了削减,制陶术改变了物质的性质成了崭新的人类创造物,是人类迈向文明的见证。

二、陶器制作技艺的过程性

首先是对于土的选取,不是任何性质的土壤都可以成为陶,可制作陶器的一般是较为细腻的黄黏土、红土、黑土、沉积土、高岭土等,由于各个地区的土质不一样,因此每个地区挖掘出土的陶器也呈现不同的颜色,这些泥土一般要经过几次研磨和淘洗,去除粗颗粒和杂质以免影响胚胎成型,再加入石灰粒、石英石、稻草末等防止在烧制过程中引起爆裂,未经淘洗的陶胎即使塑形成功也会在烧制中开裂。其次是塑土成型,按照制陶的发展历程来看一共有四种方法,最先的陶器都是手捏法制作的,即完全凭借手感捏制陶器的形状,所以初期陶器的形状极不规整,且造形较小,后期运用了模具敷泥法,使用类似葫芦的圆形自然物将泥敷在表面后放置窑中烧制,模具可在焙烧阶段被烧毁,也可是经过特地制作而得以循环利用,这时的陶器已经初具形制,但外表凹凸不平。泥条盘筑法是远古先民们常用的方法,将泥搓成条状后一圈一圈地向上盘筑,成型后用手将泥条的痕迹抚平。模制法和盘筑法经常混合使用,即将泥条沿着模具的形状从底端一圈圈向上盘筑,再抚平痕迹,从手捏法到盘筑法,是陶器制作的创新,这使得陶工可根据不同的功用自由地控制容器的大小和形状,并且当时人们还掌握了慢轮修整口沿的技术,所以大量陶器多素面及磨光;当转轮塑陶的方法被发明出来后,陶器造型更加对称,表面被陶衣包裹得很光滑,现代的塑陶技术采用的就是这种古老的转轮法,只不过由人力转轮变成了电力转轮,使得制陶效率提高了不少。再次是修饰阶段,在成型的陶坯表面装饰上各种纹饰,在彩陶之前,原始先民往往是用木头、骨、贝壳等在陶坯表面制作各种形态的皮印纹,在阳光或者是阴处干燥后进行陶器的烧制,彩陶出现之后,都是用带有颜色的矿物质在陶器上绘制各种图案,后进行烧制,这样形成的纹饰颜色鲜艳且不易脱落。最后才是烧制阶段,陶器产生的初始阶段主要是在露天平地烧制,这种陶器在烧制的过程中没有密封,烧制化的陶器不均匀,后期才转入不封口的窑中烧制。随着经验的丰富,原始先民逐渐意识到在密封的窑洞中烧制的陶器才更经久耐用。从材质的发展来看,起先是未经烧制直接晾干的土器阶段,再是掺入碎草和贝壳的夹砂陶,再是掺入硅质材料的红棕色素陶,最后是造型规整、绘有图案的彩陶。陶器的制作也是历经了很多阶段变得造型越来越完美、越来越耐用的。

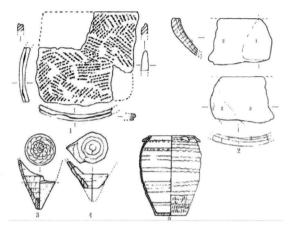

图2-1 泥条盘筑法

三、陶器制作技艺的连续性

如果将陶器的工艺价值分为形与色两个方面,那么中国东部的陶器明显重形,西部明显重色。前者可被称为艺术的结构主义者,后者可被称为艺术的表现主义者,对器形的再造能力和色彩表现力的强调表明了当时东西器具不同的艺术取向。而且在所谓的东西之间并不存在截然的分界,而是存在局部重合和外向延异的双重关系。这种重叠性与延异性并存的状况,不仅存在于所谓的东西文化圈的交接地带,而且任何亚文化类型之间都存在一种自然的交融和过渡,如马家窑——半坡——庙底沟,大汶口——青莲岗——河姆渡,仰韶——裴李岗——大汶口。由此来看,在文化类型内部,并不存在一个稳定的统一风格;在文化类型之间,也不存在截然的相异性,而是在彼此包含又彼此分离中形成一张审美之网,一个同中有异又异中有同的工艺连续体。

根据这种工艺连续体观念,可以在各种文化类型的陶器之间找到一些基本的递变规律:从陶器质料和烧造技术上看,从黄河上游的马家窑文化到中游的仰韶文化,再到下游的大汶口文化,在色系上具有一体性,同时体现出从浓重的红向浅淡的红、再到红白相间的递变过程。这一方面与陶器所用黏土的金属含量有关,另一方面也与烧造技术(氧化焰)有关。大汶口文化的陶器,除了红陶、白陶外,同时有大量黑陶出现。黑陶的烧制,除了土质之外,另一个重要因素就是在最后一道工序中从窑顶加水,产生烟熏效果。这种方式是来自大汶口文化的自创,还是来自南方(河姆渡、屈家岭文化)的影响,已不可知,但到龙山文化时期与东南沿海、长江中游在尚黑方面联为一体却是不争的事实。至春秋战国时期,从山东半岛的齐国到荆楚、再到吴越,仍然在器物制作上保持了这种传统(如漆器)。这到底属于土质、气候、烧造技术问题,还是因为区域性的审美趣味使然,确实已难以分清。能够得出的结论只能是,地理因素塑造了人的审美趣味,人的审美趣味也以黑色作为心理欲求。两者相互匹配,共存共生,在自然、工艺和人的审美取向方面实现了高度统一。据此,中国史前陶器,单纯从黄河流域来看,可理解为从中上游的红色向下游的红、白、灰、黑兼杂的弥散。从黄河与长江太湖流域的关联来看,则可理解为红与黑的变奏,其中的白陶与灰陶在红黑之间起到了自然过渡作用。

四、陶器装饰技艺的衍生性

史前陶器的装饰技法,特别是早期的技法,原始朴素,由此产生的装饰纹样有其特定的表现形式。因此,在以往的研究中,往往将纹饰与技法合二为一来命名,如绳印、描纹、锥刺等。这种命名模糊了工艺、技术和装饰之间的界限。因此,本节从纯工艺技术的角度,对史前陶器涉及的装饰工艺拟做如下划分。

(一)拍印

拍印是指用有纹路的工具在陶坯上拍、滚、压,产生纹路的过程。早期的陶器有的上面印有绳索线。张朋川(苏州大学校博物馆馆长、艺术学院博士生导师、美术考古与设计艺术史方向)先生推断,在人类掌握烧陶技术之前,就有藤编物,当陶器取代藤编物时,同样的形式可以产生同样的功能。依此观点,"绳纹印花的产生,源于对藤器质地较早于陶器的写实模仿,而非装饰"。可以说,拍印是随着陶艺的发明而来的一种装饰工艺。在后期的发展过程中,选择了陶艺应用技术的位置,组织感更强,体现出蒙眬的秩序感和节奏感,发展出精致悦目的一面。因此,拍印具有实用性与装饰性相结合的特点。

(二)刻画

刻画是指用锋利的工具在陶器表面雕刻、划线的过程。最早描绘的纹饰多为交错排列,似乎与印刷品出自同一来源。然而,在老官台文化的陶器中,图文之间的符号早已出现。描述过程也可能从记录的需要开始,并有其他来源。描述史前素陶是一种重要的装饰技术,在河姆渡文化、良渚文化、龙山文化、齐家文化等彩陶比例较低的史前文化中得到广泛应用。

(三)锥刺

锥刺是用锋利的物体或指甲在陶坯上刻画的过程。由于使用的工具相异,单体有菱形、圆形、半月形等,以条形、方形、圆形、三角形等形式聚集在一起,形成装饰模式。锥刺流行于仰韶文化的半坡时期,一般认为锥刺是刻画的变种,由其描绘发展而来。

(四)捏塑

捏塑指以徒手或很少凭借其他工具捏制器具的工艺方式。李文杰(中国国家博物馆研究员,考古学家)在考察甑皮岩遗址出土的陶器后认为"最早的陶器皆为捏制而成"。因此,同拍印一样,捏塑也是伴随着陶器的发生而出现的最古老的制陶工艺。在史前陶器的繁荣期里,捏塑与像生器物密切地联系到一起,整体模仿人、动物或人造物的陶器多是捏塑成型的。这些像生陶器艺术水平都很高,几乎每一件都是史前陶器的精品,体现出非凡的艺术创造力。此外,捏塑也是雕塑艺术的源头之一。

(五)堆贴

堆贴是指用与坯料相同的黏土在器物表面叠合、粘贴一定图案的装饰工艺。老官台文化陶器中有许多突出的圆形结构,堆贴产生的附加桩似乎与功能无关,而纯粹是装饰性的。

(六)镶嵌

镶嵌指把某一种异质物嵌入,或附加在已经成型的器物上作为装饰的方法。凌源牛河梁出土的一件红山文化女神像,眼睛以石头磨成的圆珠表现,它可能是陶器镶嵌技艺的先例。马家窑文化马厂时期,以骨珠镶嵌陶器的现象已经比较普遍,齐家文化时期又出现镶嵌以绿松石、玉做成的片状物的陶器。通过较为贵重的物质材料的附加提升器具的独特性,乃纯粹出于装饰的需要,反映了史前人类装饰意识的成熟和完善。

(七)羼和

羼和指在制陶原料里把不同的东西掺混在一起,伴随着炊器的制作出现。羼和砂石、熟陶屑或蚌壳末可以提高陶器的冷热收缩比,从而防止器物在火上炙烤时炸裂，主要表现为出于功能需要的制陶技术。从形式上讲，羼和砂石或熟陶屑的陶器体现出一种原始的、朴拙的美感。

（八）彩绘

彩绘是以带彩色的涂料绘制，通过画的方法表现装饰图案的工艺形式，是史前陶器应用最广、最为重要的装饰工艺，分先烧后绘的"彩绘陶"和先绘后烧的"彩陶"两类。史前陶器以先绘后烧的彩陶为主流。彩陶最早出现于老官台文化，当时的彩绘虽然只有宽带纹和简单的符号，但它使得陶器装饰所涉及的题材、范围空前扩大，因此，彩陶的出现，可以看作人类历史上一个重大的艺术事件，开启了一个普世参与的艺术时代，第一次将艺术的种子深播在人类的大脑里。

（九）磨光

磨光是借助平滑的陶磨子打磨未干的陶坯，消除陶器表面的毛刺、划痕、砂眼等各种缺陷，以提高陶器表面的光洁度的工艺。由于是在半干燥状态下进行的，磨光工艺既可以使陶器的壁面变得紧实，从而提升器物品质，也可以使陶器表面呈现亚光的釉质效果，提升美感。

（十）衬花

衬花以磨光为基础，是一种在单色陶器上表现多种光感以显示图案的工艺。其流程有磨光、划出主纹图案轮廓、去光衬地纹和局部修正等。衬花工艺表明史前人类装饰意识中追求质感差异和精益求精的一面。

（十一）镂空

镂空指在陶坯上透雕纹饰，以减缺的方式表现装饰图案的工艺。在仰韶文化贴塑人像的陶器中，人的双目和嘴多做镂空，可见，最初镂空可能源于对物象的模拟和仿制。在龙山文化、齐家文化中，镂空自然成为成熟的陶器装饰技艺而大兴，并且以圆、方、三角等几何图形为主。镂空表现出通透、灵动的装饰效果和空幻的美感，体现出史前装饰成熟的一面。

（十二）渗碳

渗碳是利用特殊的封窑技术，在陶器烧制过程中让窑中的浓烟渗透到陶器中使其乌黑光亮的工艺。良渚文化、大溪文化中都存在较成熟的渗碳黑陶，但渗碳作为一种杰出的装饰工艺引起关注始于龙山文化蛋壳黑陶，渗碳工艺可以使陶器呈现出质感细腻润泽，光泽沉着含蓄、柔雅沉静的特殊美感。

史前陶器所采用的装饰工艺的发生有先有后，许多工艺之间存在发展、衍生或启发关系。按照其发生的先后顺序和内在特征，我们可以把史前陶器装饰工艺划分为三个发展阶段。拍印、捏塑工艺出现最早，它们都脱胎于陶器的成型工艺，伴随着陶器的出现而产生，但很快即因施加的部位可选择性逐渐加强，体现出蒙眬的秩序感和节奏感。从这两种工艺的演化看，史前陶器的装饰表现出一种原文化倾向，即对装饰和形式美感的审视包含在器物使用功用的判断之中，有好用即好看、好看即好用的一体化倾向。在这种观念下，人们不可能清晰地将技术与形式、功能与观念之间的关系加以严格区分，因此，也就不可能区分出依附于陶器上面的纹饰，哪些是专为审美而作，哪些又是依托功能的实现而作。

随着制陶实践活动的深入，人的审美意识不断被强化，脱胎于上述工艺纹饰的形式美感被逐渐发现，被主动利用和扩展，成为史前人有目的、有意识的主动追求，于是史前陶器装饰工艺便进入第二个阶段，在拍印的基础上衍生出刻画、锥刺、堆贴，并且启发出彩绘、磨光等新的工艺手段。这些工艺与器物的成型已经没有多少关系，它们存在的根本目的是满足精神表达的需要。这些装饰工艺生成的装饰纹样、图像或出于图腾崇拜，或出于巫卜活动，或出于记录事件，都已经成为精神需求和表达的产物，有强烈的精神功利色彩。而当这种精神功利色彩开始消退，装饰成为纯粹的视觉适宜性的产物并向精细化发展时，史前陶器装饰工艺便进入第三个发展阶段，衍生出镂空、镶嵌、衬花、渗碳等。这些工艺产生的效果完全是为了欣赏，为了满足视觉的愉悦，已经彻底摆脱了功能的羁绊，而成为纯粹视觉美感的产物。这时，史前装饰艺术至少在观念上已十分纯粹，和我们今天所认为的基本一致了。

需要指出的是，在史前陶器装饰工艺发展的三个阶段中，我们并不能以普通进化论的观点来判断其艺术水平，不能简单地认为后者必然高于前者。因为，史前陶器"作为原始艺术，有混合性和复功用性，它的产生和存在是原始生活方式决定的，它的复功用性，就是艺术与生活不可分离的表现"。这种复功用性在第一阶段表现为装饰工艺等同于成型工艺，装饰纹样只是功能的附属品，其形式是功能满足之后的自然呈现。因此，这一阶段的器物反而充满了设计意识，最能体现物以致用的史前造物理念。复功用性在第二阶段表现出精神生产同物质生产一体化的特点。在我们今天看来,无比精美的装饰形式于史前人类而言,首先是表达精神意图的符号。诚然,在我们面对这些符号时其精神意图已经很难甚至无法破解,但是,出于人感知的共性,我们面对这些装饰纹样时仍然会被震撼、被打动。这一阶段的纹饰因为源于精神观念,所以最为神秘,也最具意味,具备强大的艺术感染力。复功用性在第三个阶段逐渐消失,装饰的施加完全是为了观看,为了制造人的视觉愉悦,虽然纯粹但丰沛的精神内涵已经被抽空,提供人们欣赏的心理空间被压缩,反而使得装饰本身呈现较低的水平和衰落的趋势。

从史前陶器装饰工艺发展的三个阶段可以看出,装饰可能源于实用的成型工艺,培育于功能的逐渐消退和形式美感逐渐发现的过程中,成熟于功能羁绊的彻底解脱。但是,装饰发展过程中功能的消退和形式美感的发现并不是线性的、此消彼长的,有时候也会交错反复。合理、适宜的感受会从使用向视觉自然延伸,逐渐演变成"悦目"的感受。反过来,悦目的心理感受也会通过关注纹饰背后的功能,产生更加合理、更加适宜、更加富于美感的形式结果。可见,在史前陶器这种"从非艺术向艺术过渡阶段的艺术存在的最早形式"中,美和实用往往依托于杰出的工艺交互生发,它们协同成就了史前陶器高超的艺术水平,也成就了我国史前文明的高度。陶器是缔造史前文明的技术媒介。

第三节　新石器时期陶器文明的艺术性

彩陶文化艺术虽然在新石器晚期逐渐衰落,但其所构建的艺术形式、造型法则、设计思想和造物艺术生命力并没有消失,到了新石器末期,玉器、青铜器、漆器等造物设计活动逐渐发展壮大,彩陶艺术文化在这些领域得到了传承,在大量早期青铜器造型和纹饰上可以看到陶器的影子。彩陶的艺术形式由纹饰、造型、功能、使用场景及方式和文化语义几个方面组成,彩陶的审美意象主要体现在彩陶的纹饰(线条、图案、颜色、构图样式)和造型样式(基础造型、仿生造型、功能造型)上。在接下来的论述中,将以彩陶器物的造型和纹饰两个方面对彩陶艺术形式和审美意象进行分析。陶器在表现形式上以其造型和纹饰为主要载体。①

一、陶器造型的艺术特点

彩陶器物的造型设计主要受到具体用途和制作工艺的影响,早期发现的彩陶主要有壶、罐、瓮、瓶、尊、盆、缸等,基本的制作工艺以手制为主,在发展的过程中,手制工艺可以分为捏塑法、泥片贴筑法、泥条盘筑法三种类型。泥条盘筑法是早期陶器的主要制作工艺,在黄河流域的仰韶彩陶文化中被广泛采用,其特点是成型快、便于控制、分层堆叠,现代增材制造的3D打印技术思路就源自于此。在龙山文化时期,制陶业有两个突出的进步。一是轮制技术发明并被普遍推广应用。轮制技术的应用,不仅使所制器物厚薄均匀、造型规整、美观,而且利用陶轮的转动直接拉坯成型,快速而便捷,极大提高了制陶效率,使制陶业日益向专业化和规模化方向发展。二是陶窑结构有很大的改进,龙山时期陶窑结构的改进主要体现在扩大窑室、延长火道、增多火眼、采用穹隆封顶等,制陶技术的进步,为彩陶设计艺术的发展提供了基本保证,器物的造型呈现多样化发展,器物的种类逐渐开始增多,在随后的发展中,有了手制、轮制、模制等制陶工艺,对原料的选择、淘洗和提炼更加成熟,夏晚商初时期出现了白陶、印纹硬陶和原始瓷。从工艺上来说,陶器的造型设计从史前时期的手工制作、捏塑、泥条盘筑,发展出模制、轮制工艺,例如三足袋状陶鬲,袋状的三足形制非常接近,就是因为采用了同一个袋状的模型所拍打而成。至此,史前彩陶的制作工艺发展成熟,人们可以按照自己的喜好、需求、功能等制造各类型陶器,陶器的造型设计艺术达到高潮,除了基本的陶器造型之外,各类模仿、仿生造型的陶器大量出现,常见的有人形、鸟形、兽形、植物等,并且在仿生造型的基础上,开发出一系列具有创新意义的器型,极大提高了当时社会的物质文化水平,并为青铜器造型设计奠定了良好的基础。

从陶器造型上看,诚如美国学者吉德炜所言,以裴李岗文化为界,黄河中上游的陶器几乎无一不是以圆形、短颈、鼓腹作为基本器型,而且鼓起的腹部一般更趋近于器物的下部,给人形体丰满、向下垂坠的重力感。与此比较,山东省大汶口—龙山文化的器型则用高而挺拔的三脚足将器具高高擎起,用收直、细挺的躯干向上呈现出杯体的开放结构。尤其是一些仿生类器物,如山

①冯剑婷.论新石器时期的陶器文明[J].美与时代:美术学刊(中),2015(10):136-137.

东省泰安市出土的红陶实足鬶、红陶兽形壶,山东省龙山文化的鸟形陶鬶、橙黄陶乳钉纹鬶、红陶锥足鬶、白陶鬶,几乎无一不以高高挑起的口喙部形成对使用者的迎合、趋近或召唤。这类器具给人以力的向上运动以及由此带来的轻灵、生动效果,与黄河中上游陶器由力的向下运动给人带来的稳定、坚实的印象,形成了鲜明对比。但是如上所言,这种东西差异的存在并不意味着两者之间有截然的分界。像裴李岗出土的红陶小口三足双耳壶,虽然没有大汶口文化的相关器型那么挺拔,但它稍微外侈的直口、细长的颈项、擎立的三足,却有效保持了整体力量感在上、下之间的平衡。与此相比,黄河上游的器具虽然大多数以圈足代替了三足,但三足器仍然存在,如甘肃省大地湾一期的彩陶三足钵和红陶三足筒形罐,只不过足部更粗短、腹部重力感更强罢了。由此看来,在以黄河流域为中心的东西之间,确实存在着越往东部器具越趋于高挑、轻灵的整体趋势,但它属于渐变而非突变,具有内在的连续关系。同时,黄河流域的陶器整体上以圆形为基本规定,越往东部越表现出更丰富的变体或多样性,但仍然在东西之间保持了渐变或循序展开的特征。

二、陶器纹饰的艺术特点

中国新石器时期陶器的纹饰图案,表现出农业文明的典型特征。其主导性的纹饰大致有四类,即水纹(旋涡纹)、花瓣纹、鱼纹、鸟纹,总体体现出温顺、祥和的自然风格,与人在自然环境中的定居生活具有高度的关联性。在中国新石器时代中晚期,像马家窑陶器上的旋涡纹、半坡陶器上的鱼纹以及庙底沟陶器上的花瓣纹和鸟纹,均可视为植物装饰的延伸形式,可据此想象出当时原始农耕部落日常所见的生活和自然景观。比较而言,农业民族定居式的生活环境,使人对周围生活环境有较高的熟悉度和亲和感,这是他将日常所见的生动的水流、树叶、花朵、游鱼、小鸟作为艺术表现对象的根本原因,整体体现出自然对人类宁静生活的合作与顺应。

陶器产生于火与泥的蜕变,早期的陶器基本上是素陶,没有相关的纹饰,只有在加工过程中手捏、刮削、压印、拍打器壁产生的一些不规则的印痕,这些印迹较多见的是绳纹、席纹。半坡遗址出土的陶器中,不少器物的底部有各种纹路的草席印痕,根据这些印痕,当时的编织方法可分为人字编织法、辫纹平直相交法、条带式编织法、缠结编织法、绞缠法、棋盘格或间格纹编织法等,可以看出当时人造物已经呈现多样化、多元化发展态势。随着人们不断发展的思维能力以及对自然的认知和理解的加深,审美意识逐渐诞生,人们开始有意识、有规则地在陶器表面刻画、绘制纹饰,彩陶开始出现简单线条纹饰,自此形成了灿烂的彩陶文化。可以非常清楚地看到,彩陶纹饰的图案基本源自各种自然物象,如天空(星座)、山川、河流、动植物等,这些纹饰都与人们的生活息息相关,人们在探索自然、理解自然、认知自然的过程中,将对自然物象的理解呈现在彩陶上。彩陶纹饰在形成与发展的过程中呈现出三个方面的特征。

(一)由写实纹样逐渐趋于几何纹样

半坡彩陶上的鱼纹,早期以鱼的基本形象为主,纹饰表现鱼的形貌特征,描绘较为写实,在发展过程中,鱼的纹样开始转向具有规则几何特征的纹样,勾画鱼的基本生物特征,鱼身纹被分解后演变成向多种方向的不同几何图形构成的纹样。

(二)由简单纹样逐渐趋于连续复杂纹样

半坡鱼纹和庙底沟鸟纹最初都是以单独的动物写生纹样出现的,在发展的过程中,庙底沟的鸟纹由具象向抽象、二方连续形式发展,出现了多等分、连续性的花瓣纹和旋纹,形成了组合形式复杂、层次分明、色彩对比等艺术风格。

(三)由单色纹样逐渐趋于复杂多彩纹样

彩陶文化发展到中后期,已经形成了明显的形式美法则和审美意象,图案纹样有单独纹样、分解纹样、复合纹样、连续纹样、衍变纹样、适合纹样等,彩陶纹样在设计的过程中充分考虑了视觉角度、色彩搭配、图案配比、纹样布局、纹样分割与定位等因素。马家窑文化彩陶罐在造型上多为圆腹,且上腹部较大,这样做的目的是增大纹饰绘制面积,纹饰基本绘制在罐体上部,可以最大程度地提高纹饰的视觉感受。

图2-2 一组纹饰都在罐体上部的仰韶文化彩陶

从陶器纹饰上看,虽然中国东部的陶器在造型上表现出多样性,并因此被认为具有更高的工艺价值,但这并不能使西部陶器的艺术魅力因此减色。易言之,在黄河中上游地区,彩陶纹饰强烈的装饰性不但解决了器型的单调问题,而且使其艺术特性得到了更卓越的显现。像马家窑彩陶的旋涡纹和波浪纹,流畅飞动的线条赋予了器物生命感,使原本倾向于静态的器型因纹饰的带动而被卷入或抛入运动。半坡和姜寨出土的陶盆上的鱼纹,既有绘于盆腹部首尾相接的游鱼,也有盆内底部的人面含鱼图像。前者赋予了陶器舒缓的运动感,后者则因其无法明言的象征性增加了器具的表意深度。庙底沟陶器最具表现力的是红底黑花,大朵大朵的五瓣花在器物腹部均匀分布,彩陶腹部的凸起更增加了花朵的饱满和雍容之感。除此之外,它的带有花朵变体性质的羽纹也增强了陶器的静穆气象。与这种纹饰、图案的多姿多彩相比,东部陶器的灰黑主调则总体传达出阴郁、黯淡的气质,多亏器型的多变才使这种偏于负面的风格有了一定的改观。另外,除了线条,西部陶器,尤其是马家窑文化的彩陶,也善于运用大面积的色块增加器物的审美表现力。像其中的半山类型的垂弧纹、菱形纹、竖带纹、方格纹、圆圈纹,虽有用线的轮廓,但线的重要性已让位于色块的涂绘。由此带来的色彩的浓郁感和铺张感,将一种类似于塞尚风格的色彩表达发挥到了极致,将这种彩陶称为色彩表现主义的大师之作不为过!但仍需指出的是,中国西部彩陶对色彩表现力的强调,并不能构成与东部陶器对立的充分依据。从色到形的渐变应该更符合历史的本相。一个值得注意的规律是,黄河上游马家窑陶器浓重的线条和团块式用色,到半坡和庙底沟渐趋变得细瘦、浅淡、疏朗,这种色、线表现力的弱化,其实为山东省大汶口—龙山文化中"形"的崛起埋下了伏笔。大汶口陶器红、白、灰、黑用色的非统一性,其实预示着色彩已不被视为陶器审美表现的核心,而是出现了艺术趣味从"色"向"形"的过渡或转移。

三、陶器整体装饰的艺术特点

中国是世界上彩陶出现最早的国家之一,经历4000多年的发展拥有鲜明的特点,且自成体系。装饰方法丰富,表现出很强的设计感和多样性,具体分析中国史前陶器装饰的特点,可以归纳为以下几个方面。

(一)器形与装饰图案并重

中国史前陶器造型多样而繁复,在不同造型的器物上或不同位置上附加装饰时选择的骨式也不相同,经常随着器形的变化而变化,其最核心的依据有两点。一是装饰选择在面积较大、最合适的部位以最适宜的骨式展开,二是充分考虑到观看者的视点和器物的位置关系。

一般情况下,装饰的骨架结构与器形相成相反。高度较高的瓶罐装饰图案往往从上至下被分作几段;而横向展开的又被分为竖组,作连续排列;陶器的器表成曲折变化和凹凸变化,装饰一般饰于凸处;陶器造型做收束变化的花纹常顺应器形向上向下或做靠拢或做由繁至简的收束变化。以盆为例,仰韶文化半坡类型的多尺寸较大、口沿宽并外侈,所以彩饰图案多处于盆边和盆内。至于庙底沟类型盆的高度被加大,并从口沿处向下先外扩,到一多半处又猛然内收,这种腹部曲折的盆子,饰彩的部位自然移至上腹部,并多做横向二方连续排列。马家窑时期的彩陶盆底部更大,口沿更宽,故而内彩发达、图案多以盆中心为发散点、分三组或多组旋动展开。另外,史前陶器的装饰非常注重人的观看视角,在人与器物的关系中,人是动的而器物是固定的,史前也没有桌椅之类的家具,陶器多被放置于平地上,视点多采取俯视,故而陶器装饰多以外侈的口沿和上腹为中心。同时,又特别重视对视点的多角度把握,例如,半山和马厂的彩陶罐,从上俯视往往是以口为中心的单独纹样,似大丽花层层盛开,而平视时则又是分层的二方连续,骨式清晰,层次分明。

(二)多种装饰手法并用

集多种装饰手法于一身是中国史前陶器装饰的一个传统。自老官台文化起,就出现印绳纹或刻画纹与彩绘配合的装饰物,仰韶文化中出现了精美的陶塑;马家窑文化不仅把彩绘发展到极致,在精美的彩饰下,马家窑器物还进行捏塑装饰,并且出现塑绘结合的独特形式,利用塑和绘两种不同的造型方式表现同一物象,习见的有人面和动物造型。这种把三维的塑和二维的绘结合在一起而摹写同一物象的手法体现了史前先民对视觉形式把握的宏观性和整体性特质。齐家文化中,彩陶比例降低,但装饰水平并未下降,堆塑、刻画、拍印、锥刺等方式往往出现在同一器物上,比如齐家文化中有一类宽耳器,耳饰外侈,极其宽大,本身就体现出强烈的象征意味,有礼器的特点,多数器型多含三耳、四耳,更有于宽耳上刻画、锥刺、镂空各种各样的图案者,装饰效果非常独特。

(三)不遗余力地再装饰

就艺术水平而论,中国彩陶"可谓中亚新石器时代末叶陶器之冠"。特别是马家窑文化陶器,装饰体现出精益求精、不遗余力的一面,许多器物装饰上再附加装饰。如半山类型,彩绘多饰以黑红双色,特别是在黑彩绘制的线条上一般再饰以细小的锯齿纹进一步装饰,使主体线条体现出特别的趣味;又如辛店文化对红色的主体纹饰以黑彩细线做多道平行的再装饰。马厂类型中的蛇纹和肢爪纹也多对红彩进行黑色包边的再装饰。齐家文化彩陶有的结合镶嵌,这种在主体纹样上附加装饰的多重装饰表现手法,对后来的青铜器装饰造成一定影响,也对热烈豪放的西北地区民间美术影响深远,西北民间剪纸的锯齿状线条就有可能直接脱胎于半山彩陶上的锯齿。

(四)特殊的骨式

半坡类型中二方连续的骨式已经很好地运用在彩绘当中,庙底沟类型骨骼多做斜列,并加入旋动和变化,使得图案于规整中取得一种动态的变化。这种动感的骨式结构在马家窑文化中被发展到极致。马家窑类型多采用以圆点定位的方法,一般为奇数,常以正三角形为骨式,图案既有某种稳定感,又能获得充分的自由,动而不乱,变化无穷。半山类型的旋纹在二方连续的骨式里多做相反相成的旋动,像转动的辐辏一样,充满动感。唐汪类型中的平置S纹,相互勾连,也充满动感。张朋川先生认为:"史前陶器上装饰花纹动感形成的根本原因源自史前人类对生命的敬畏与崇拜,动感是生命力的象征,也是自然的常态。"

（五）装饰成序列发展

中国陶器自成体系的最核心证明便是各文化类型中的典型纹饰都成系列地有序发展。半坡类型中的代表性纹饰是鱼纹，早期的鱼纹以写实为主，并且突出地表现鱼的头、齿、鳍等典型性特征。中期开始简化，出现以局部代替整体的现象，晚期通过各种方式分解、复合，转化为各式各样的几何纹。又如庙底沟类型的鸟形纹，早期无论是正面的鸟还是侧面的鸟都非常写实，中期鸟头被简化为圆点，羽翅被简化为钩曲纹饰，通过这种纹饰，鸟纹也被演化为形形色色的抽象纹饰。再如马家窑文化的旋纹，源自石岭下类型中的变体鸟纹，经过漫长的发展演变至马家窑类型时变为抽象的水旋纹，至半山时简化成围绕中心绕动的几何纹样。

主题图案成系列地有序发展，为类型学研究提供了便利，也为各考古文化之间的演进关系提供了实物例证，更加为解读其母题、语义，还原史前人们的认知和观念提供了材料。

（六）包含多种形式法则

史前陶器的装饰很少出现即兴式的或随意描绘的图案，大多数是经深思熟虑而绘制的，因此，装饰的体例和形式都有一定的序列性和稳定性，当然也有随机应变的一面。相同的装饰方式和图式在不同的器物中会有一些创造、变化和发展。总而言之，史前陶器装饰反映出当时人们已经能够较为熟练地运用多种形式法则。能恰当地运用点、线、面，制造曲直、斜正、疏与密、方与圆的对比，也能利用简与繁的变化突出主题，还能熟练地运用反复、对称、相错等较为复杂的形式法则，甚至能很好地制造共生、借用、正负形等独特的图形表现手法。

第三章 中国新石器时期陶器文明中的社会内涵

第一节 农业生产的发展

一、农业与陶器起源

《中国陶瓷史》一书认为,陶器的出现是和农业经济的发展联系在一起的,首先有了农业,然后才出现了陶器。陶器的出现与原始人类的定居生活息息相关。陶器主要作为容器和炊具之用,有的是为了储存食物和种子,有的是为了装盛水或酒,有的是为了烧煮食品等。总之,与相对定居的生活和集约化的采集经济有关。当然,农业生产也促进了陶器的发展。正是农业的产业创新,使定居、熟食、扩大活动空间、人口数量扩张成为世界历史的四大趋势,由此造成生活方式上的重大变革,呼唤着陶器作为新型容器,具备烹饪器、饮器、食器、贮存器这四大功能。因而,从世界历史总体趋势及一般规律来看,"农业起源—陶器发现"这两大创新之间,有着不可否认的因果联系。

陶器是远古人类由渔猎、采集进入定居式农业社会后的产物。它出现时间的上限——今天,大致被定位于新石器时代早期,即农业文明的发端时期。关于陶器与人类定居生活的关系,英国考古学家保罗·G.巴恩曾讲过,在新石器时代以前,陶制器皿没有出现的原因是很简单的,即居无定所的狩猎者和采集者一般不大使用沉重易碎的容器,而是需要轻便的、用有机材料制作的容器。陶器是与定居者同在的。进而言之,在人类历史上,最早的定居生活又必然依托于农业,因为农业生产方式依附于土地,而土地是一种无法移动的自然资源。这样,土地的非移动性也就决定了农业民族必然是定居的民族,陶器与人类定居生活的关联,也就是这类器具与农业建构的稳定关联。同时,陶器作为以泥土为材质的容器,它被制作的前提是人们对泥土本性的洞悉。就此而言,陶器不同于珠玉、宝石等来自大山的恩赐,而是从泥土中生长出来的器物。由此,自然性的泥土、人类的定居生活和农业生产的方式,构成了对远古陶器存在与生成状况的基本规定。

中国美学和艺术是农耕文明的产物。就陶器以泥土为材质的特性而言,它天然关联于农业,是农耕文明的直接产品。后世,这种经由泥土孕育、塑造而成的器具发展成美轮美奂的瓷器,可算作中国这一农业帝国给予世界最具本土特色的艺术贡献。就目前的考古发现看,我国的陶器制作起源于距今10000年左右的新石器时代早期,如在河北省徐水县南庄头、江西省万年县仙人洞、广西壮族自治区桂林市甑皮岩、广东省英德县青塘发现的陶器碎片,大致产生于这一时段。到距今7000年左右,河南省新郑市裴李岗,河北省武安市磁山、浙江省余姚市河姆渡的陶器制作均具有代表性。值得注意的是,我国社会早期的陶器制作虽然呈现出"满天星斗"式的多元状况,但在距今7000年至4000年的时段内,却在黄河流域表现得蔚为大观。除河南省的裴李岗、河北省的磁山及甘肃省的大地湾文化等早期形态外,黄河上游的马家窑文化(马家窑、半山、马厂文化类型)乃至稍晚的齐家文化,黄河中游的仰韶文化(宝鸡市北首岭、西安市半坡、河南省庙底沟、山西省西王村),黄河下游的大汶口至龙山文化,代表了这一时期陶器制作的最高水平。

如上所言,陶器产生和繁荣的一些基本要件仍然存在。首先,陶器的产生依托于农业文明在人与自然之间建立的更趋紧密和真正富有深度的关联。比较言之,采集、渔猎民族只与自然建立表层的联系,如采集野果和猎获野兽,都是浮现于地表的活动。只有农业民族才会将其实践活动深入土地内部,通过种植生产谷物,通过泥土加工制作器具。其次,陶器几乎是专属于农业民族的日用品。它笨重、易碎、浸水的特点,使其无法适用于渔猎或游牧活动,而只可能为定居的农业劳动者所使用。由此,我们不难找到新石器时代中晚期黄河流域农业的繁荣与陶器的共生关系,也不难发现农业民族对泥土的深度认知和实践参与之于陶器出现的重大意义。易言之,人与泥土的深度互动是陶器的成因,陶器则成为我国远古农耕文明最伟大的工艺象征。

中国新石器时期陶器的纹饰图案,也表现出农业文明的典型特征。其主导性的纹饰总体体现出温顺、祥和的自然风格,与人在自然环境中的定居生活具有高度的关联性。关于陶器纹饰与生产方式的关系,格罗塞曾在其

《艺术的起源》中讲："文明民族的装潢艺术喜欢取材于植物,而原始的装潢艺术却专门取材于人类和动物的形态。"他这里提到的"文明民族",指的就是农业民族,与此对照的是原始狩猎部落。如其所言:"狩猎部落由自然界得来的画题,几乎绝对限于人物和动物的图形。他们只挑选那些对他们有极大实际利益的题材。原始狩猎者多将植物食粮视为下等产业,自己无暇照管,都交给妇女去管理,所以对植物就缺少注意。于是,我们就可以说明为什么在文明人中用得很丰富、很美丽的植物画题,在狩猎人的装潢艺术中却绝无仅有的理由了。我们已经说过,这种相反现象是有重大意义的。从动物装潢变迁到植物装潢,实在是文化史上一种重要进步的象征——就是从狩猎变迁到农耕的象征。"格罗塞用植物和人以及动物图案来区分农业民族和狩猎民族的装潢艺术有些武断,但如果适当放大植物与环境的关联域,则依然对农业民族的器物纹饰特点具有描述性。在中国新石器时代中晚期,像马家窑陶器上的旋涡纹、半坡陶器上的鱼纹以及庙底沟陶器上的花瓣纹和鸟纹,均可视为植物装潢的延伸形式,可据此想象出当时原始农耕部落日常所见的生活和自然景观。狩猎或游牧民族"不常厥居",周边环境总是因为它的陌生而让人难以信任,总是因为它是人掠杀猎物的对象而让人保持心理紧张。这种生产和生存方式,必然使人将注意力高度集中于自然界凶猛(而非温顺)的动物,将人与自然搏击过程中体现的人的伟力、自然的异己性作为艺术的表现对象。由此,表现自然的温顺与凶蛮、可爱与可怖、亲和与神秘,也就成为农业民族与狩猎民族器具图案的基本分界。这一分界,在我国史前陶器纹饰和岩画、青铜艺术的差异中得到了清晰的印证。

陶器的技术创新,不仅对我国来说有重要意义,在世界文明起源史上同样如此,成为"新石器时代革命"的三大物质技术支点之一,文明时代起源的三大物质支柱之一。

(一)陶器是水源贮存的新方式

水是人日常生活、生存发展必不可少的重要资源。在没有陶器的历史条件下,人们没有日常使用的人工容器来贮存水资源,只能到江河边、湖泊边、水塘边、泉水边,捧水而饮。而陶器的创造,使人们第一次可以用人工容器在日常生活中贮存水资源。特别是在农业起源的历史前提下,人口压力空前增加了,人类活动空间也空前扩大了,水资源的贮存成了人类生存发展的命脉所系。可以说,蒙昧时代几百万年,人们都靠的是天然水源,陶器的技术创新使人类在日常生活中第一次有了人工贮存水源。

（二）陶器是推广熟食的烹饪新工具

熟食与烹饪是人类从蒙昧、野蛮走向文明时代的必要前提。在陶烹时代之前，大概有个石烹时代，人们要吃熟食，只有放到石板上直接烧烤，或者用烧得滚热的石头，投入食品中。在渔猎经济时代，对于动物、鱼类食品来说，这种石烹方式或许还是可以的。然而，随着农业起源之后，对于粮食谷物一类的新型食品来说，这种直接烧烤的传统石烹方式，显然是已过时的方式，由此限制了熟食的推广，成为一道难以逾越的重大沟壑。而陶器的发明创造，使人们有了一种新型的人造容器，可烹、可煮、可炖、可蒸，从直接烧烤走向陶器烹饪，从石烹时代走向陶烹时代，这是远古时代饮食文化的一大飞跃。可能从陶器时代开始，熟食才真正成为人类的日常生活方式。

（三）陶器是推动定居生活的新动因

人要定居，必须有固定的水源、固定的食物来源、固定的住所、相对固定的活动空间——这是人类定居生活的四大支柱。在没有农业与陶器之前，可以说一无固定的食物来源，二无固定的水的来源。蒙昧时代的原始人，是流动的群体，几乎如同动物种群一样四处流动，哪儿有食物哪里去，哪儿有水源哪里走，因而文化成果、社会财富很难积累下来、凝聚起来、流传下去，发生升华，形成飞跃。有了农业，又有了陶器，这就有了固定食物来源和水源，同时也有了相对固定的活动空间，同时产生了建筑固定住房的需要。从流动觅食的原始种群，走向安居乐业的氏族公社，这是陶器创新促成的文明起源的一大进步。

（四）陶器是人扩大生存活动空间的新手段

人的生存空间、活动空间、发展空间、交往空间、文化空间，是历史的、发展的，不能离开生态环境、自然条件、劳动工具、实践活动、生活方式的制约。其中水源的制约，是一个瓶颈性的关键因素。除了对空气的需要之外，水的需要可能是最迫切的了。人半天不喝水就不行，剧烈活动中一两个小时没有水喝就口渴难忍。因而，如果没有陶器作为人工容器来贮存水的话，那么人就得不时地到天然水源处饮水。这样，人的活动半径与天然水源的距离，通常很难逾越几千米这个界限。"下可取水，上可避水"，这是古人选择生存空间的第一标准。在无陶时代，天然水源成了决定人活动空间的首要制约因素,至今水仍是不可替代的生活必需资源。陶器的技术创新,使人有了贮存水源的新方式,人就有了人为水源、固定水源、移动水源,由此造成人主体活动空间的大扩展。

(五)陶器标志着人利用科学技术的智慧发展的新水平

在长期使用火的基础上,在农业起源的过程中,人们长期与土壤打交道,促使人们在陶艺创作中融合了"土—水—火"三要素,并全面创造自然界中没有的新器具。石器制造的实质,是人利用较为低级、较为简单的物理变化,来实现人弘扬主体性的目的;陶器制造的实质,则是人利用较为高级、较为复杂的化学变化,来达到人自身的目的。陶器制造过程的实质在于,人在黏土中加水后,再用600℃以上火的热力,排除若干称为"结构水"的分子,使其发生化学变化,从而变成定型、坚固、耐火的陶器。陶器制造业是人类第一次利用科学技术,自发地从农业中分化出来的手工业部门。陶器制造过程中,"用火技术—化学反应"这两大要领与技术基础,对随后产生的冶铜业、冶铁业产生了极为重要的先导作用和铺垫作用。

(六)陶器工艺是人发展主体性、创造力、精神文化的新天地

就石器而言,无论是旧石器,还是新石器,人们只能依据石料原型,适当加工改造。而陶器制造,是人第一次以黏土作为材料,供他自由地创造各种造型,自由地发挥人的创造力、想象力。在陶器产生以前,大概只有原始岩画,是人精神文化展现的最早空间,而随着陶器的发展、纹饰的发展、彩陶的发展,使得那个时代的五种原始精神文化都与陶器有关:原始雕塑、原始绘画、原始图腾、原始文字、原始宗教。特别是彩陶艺术,更是那个时代人类文化创造力、精神创造力展现的主要天地。

二、陶器促进社会分工

陶器时代是人类社会生产力发展史上的伟大时代之一。正是在陶器时代,人类摆脱了旧石器时代那种只能利用天然材料的被动生活状态,从漂泊不定的流浪、迁徙,变为较长时间主动的定居生活,从攫取性经济转变为生产性经济,从而发明了制陶业、农业和(附带的)养畜业、捕鱼业等。与定居

的陶器时代共生的"农业革命",被认为是人类进化史上继"火的利用"以后第二次伟大的革命。接下来就进入"社会大分工"的历史发展阶段。人类史前史上,在氏族内部手工业与农业的分离,是极其重要的一次"社会大分工"。原始先民的手工业,是一种专业化的生产劳动方式。它不像此前的采集和渔猎生产那样,从自然界收集和取得现成的物质用品(首先是食物);它也不像耕种田地那样,从农作物周期性地获得种植的粮食等产品。氏族内部的手工业劳动,是以专门的手工方式组织了一些专业的人员集合,利用特定的原材料制作出某种专门产品。①

实际上,在陶器时代之前,氏族内部就已经用石器从事劳动,氏族内部主要是用石器为自己提供生产工具。但是这种劳动完全只是个人性的行为,也没有专人分工负责,这些劳动行为用木质、骨质、石质等用具加工,加工完成以后,用来辅助个人或家庭的手工劳动。然而,随着空前的社会大分工的开始,手工业逐渐从农业中分离出来,有了一部分人专门从事手工业劳动,这一部分人组织氏族公社的部分成员进行分工合作,例如专职从事酿酒业、纺织业、制陶业等。从此以后,陶器便作为一种常用的工具出现,陶器的出现,一方面可以为大量的手工业生产提供工具,另一方面也给生活提供了便利,例如陶器可以用来盛水,又可以用来加热,且比木质工具更为精致。陶器的出现,在氏族内部形成了专门的手工技艺,有力地促进了史前社会大分工,社会上有专门从事制陶器的部分人员。因此"陶器时代"是历史上第一批新的手工业行业,使氏族内部的人们开始使用水火两种新的技术因素。

制陶需要一定的条件,考古学家通常认为,先民是在定居下来以后从事农耕的时候,才开始制陶的。定居生活、农业和制陶业,三者是相辅相成的。最初,制造陶器还仅仅属于家庭手工操作。例如,距今7000年以上处于母系社会阶段的李家村遗址(位于今陕西省汉中市西乡县城南),发掘出面积为数平方米的房屋遗址一处,小屋为圆形,屋后背水,室内地面夯烧坚固,室中有烧陶之窑迹(直径约1米),室外有陶窑坑和灰坑。这说明此户人家自己能够制作简单的陶器,供自家使用。但是,泥土成形为坯件,火烧转化成陶,这两方面都需要特别的技能。在不断的实践中,部分先民掌握了制陶的技术,他们逐渐以制陶为职业,成为制陶工匠,部分工匠将制陶技术世代相传,

---

① 寇少丽. 新石器时代平凉地区农业文化之考察——由平凉市博物馆馆藏文物说起[J]. 文物鉴定与鉴赏,2021(4):35-37.

成为不断流传的专门化手艺,这就是我国制陶业的起源。在不断的考古过程中,在大地湾发现了一期文化遗址,反映了较早一批开始制陶的技艺,也大约是在这个时候,开始了一次重要的社会分工,即手工业与农业的分工。

在氏族公社的先民中,掌握造型和烧陶两项技术的成员,有机会专门从事陶器生产,首先出现了耕种业与制陶业的分工。后世的社会分化,还出现了专职管理制陶的工官(见《考工记》和《周礼》等古籍)。制陶技术的积累和发展,不但表现在从业的工匠个体及群体身上,而且表现在制陶技术装备的出现——先后发明了陶窑和陶轮,特别是在龙山文化时期,普及高速而稳定旋转的陶车(快轮)。这两种制陶器的出现,是制造业的一大进步,它标志着先民从简单的手持工具到复杂工具的进步,在日常生活中,先民可以运用这两种工具辅助他们完成相关任务。只有专业化的规模性生产,才能有创新技术装备的需要,才能有工艺不断改进的良性循环。陶器的烧制只是聚落里少部分成员特有的专业。在考古学家发现的较早的陶窑遗迹里,可以发现陶窑制作有专门的地点,这个地点可以看作史前聚落遗址最早的手工业作坊。

尽管氏族公社的每个家庭都有制作手工艺的阶段,也就是说他们在从事农业劳动的时候,也从事手工业劳动,并且手工业劳动是广泛存在于每个家庭的劳动模式,这些手工劳动仅仅是为了满足每个家庭的需求,所以那时也是一种家庭手工劳动。这种家庭手工劳动的世代积累、传承和发展,形成了我国几千年的"男耕女织"、自给自足的自然经济模式。

在历史上,我国农村的农民始终掌握着很多技艺,比如盖房子、编织衣物、编织竹器,甚至自己动手修缮房屋,这都是在手工劳动中锻炼而获得的。不过在兼顾手工业劳动的同时,他们并没有放弃土地,农耕还是他们谋生的主要手段。就是说,仅仅家庭手工业本身,并没有造成农业与手工业分离,至多表现为家庭成员之间年龄和性别的分工。

陶器的生产制作需要有专门的技术配套,因此陶器的制作并不是每个家庭都会的,而是专门的手工业作坊劳动,一般只有在手工作坊中才会有配套技术、生产、原料等,而这些专门的配套技术需要长期的锻炼。由于手工业作坊的出现,才形成了手工业从农业的分离,导致了史前的重要社会分工。讨论问题时,如果把专门的手工业作坊看作问题的一个方面(形式方面),而把专门的手工业从业人员、他们具备的技术形态、作坊产品等看作问题的另一个方面(内容方面),那么手工业作坊的形式和内容之间,也是一种相互激励、相互促进的互动循环发展模式——有了作坊这种生产组织形式,更有利于专业人员队伍的汇集与发展壮大,更有利于制陶机具装备的创造与更新,更有利于陶器新产品的研发,而有了上述几方面内容的发展,也更稳定和壮大了作坊手工业生产这种形式。

陶器作为一种崭新的日常生活器具和生产工具,改变或决定了先民的行为方式。比如,陶炊器可以装水,可以烧火加热,于是中国的先民形成了饮用开水的卫生习惯,并且用陶钵和陶釜煮稀饭、煮菜汤、熬肉汤,用陶甑、陶鬲来蒸粟黍等饭食,养成了中国人很早就使用筷子吃饭的生活习惯,亦形成了中华民族的显著特征之一。从考古发掘聚落遗址的居处,可以见到史前先民普遍使用陶器。半坡时代和马家窑时代,人们日常生活用的器具主要是陶器。陶鬲是当时老百姓及农民、奴隶都常用的炊器和食具,几乎"人手一鬲"。而几乎每个家庭都会有盛水、舀水的容器,或者储存粮食的瓶瓶罐罐。总之,少不了陶器。还有,墓葬中出土的随葬品陶器(有些碎裂为陶片,可以复原),超过全部出土物总数的80%;有些大人物墓葬出土的陶器达到几十甚至几百件之多。陶器在先民生活中成为必需品。但是大多数家庭无法自己单独制造陶器,他们只能"以物易物"换取这种生活必需品。于是,史前社会必然存在陶器的产品交换。龙山文化遗址出现了大规模、集中的陶器作坊,也有一些小型的家庭作坊。陶器的出现也促进了社会的普遍交换,许多民众通过陶器换取其他的社会财富,这就完成了陶器的另一功用即交换价值,在交换的过程中民众可以为自己带来一定的收益。我国境内迄今发现最早的一批持续性发展的彩陶和陶窑,来自甘肃省秦安市大地湾一期文化遗址。1978—1984年,大地湾遗址(距今约6000年)考古出土了陶、石、骨、蚌器等文物近万件,发掘房址241座,灶址104个,灰坑和窖穴321个,窑址35个,墓葬70余座,壕沟9条。这在我国陶器考古中,无论就遗迹遗物的规模或是研究价值来说,都超过了西安市的半坡遗址。因此,大地湾遗址被称为中国"20世纪百项重大考古发现"之一。大地湾遗址迄今共发掘出4147件陶器,以及35座用于制陶的窑址。还有甘肃省境内另一些规模很大的史前陶窑场遗址,如马家窑文化较晚阶段的兰州市东郊白道沟坪遗址的一座窑场。大规模而又分组排列的窑场,充分显示了在原始公社制度下氏族成员有组织、有分工地进行生产劳动的情况。在这类窑场里生产的陶器,显然不仅是为了氏族内部的生活需要,必然有相当一部分产品用来同其他氏族或部落进行交换。在彩陶文化阶段,制陶不但发展成为作坊手工业,而且往往表现强势,并形成了史前占首要地位的陶器制造行业。彩陶文化属于陶器时代七个分期里的第三期,可以说,陶器制造业是手工业与农业相分离的史前社会大分工的第一行业。

第二节　精神文明的反映

一、陶器造型的文明解读

劳动是人类生物进化和社会进化的必要条件。陶器制作技术是通过劳动产生的,从石器到陶器的媒介技术进化代表了原始文化中的技术革新,正如现代社会从广播到电视到电脑的普及一样,不同的是远古时期的媒介技术进化远远低于现代文明社会技术革新的频率,正像摩尔根在《古代社会》中所说:"人类发展进度自始至终是循着几何比例的,虽不是严格遵守这个规律,但基本上如此。"[①]制陶术的发明和使用作为蒙昧时代和野蛮时代的界限,从技术史上对古代文明进行了划分,它不仅使远古人类的生产技术有所革新,同时也改变了他们的生活方式。马歇尔·麦克卢汉是一个泛媒介论者,他认为媒介就是人的延伸,任何媒介都是人的感觉和感官的扩展和延伸,由人创造和发明的一切工具都是媒介。

陶器作为人类史前时代最伟大的发明当然也不能例外,陶器是人为的产物,是人类发明的技术工具,就像是孩子始终携带着父母的基因一样,陶器造型从起源到发展都是以人作为参考物或者是以人的使用习惯为参考来塑形。作为一种媒介技术,其本身就是人类体外进化的延伸,从其作为容器本身的性质来说,延伸了人体的"容积",人除了自身能容纳(便携)的物体容积,通过陶器还可以方便地携带物品,便于远距离的运输;同时身体作为生命的容器,具有繁衍后代、延续生命之意,陶器作为容器在原始人的观念中也含有对生命的容纳之意。因此从其造型的本身特征来说,从开始的人形陶塑到人形陶器再到陶器完备的各种造型,原始先民对陶器造型的塑造

①摩尔根. 古代社会:上[M]. 杨冬莼,马雍,马巨,译. 北京:商务印书馆,1997.

始终不偏离"人"的基本造型,陶器和人一样有肩有腹、有口有耳,不得不说陶器是人类塑造的另一个自我的形态,是人类自我的延伸。陶器造型千变万化,但万变不离其宗,作为人的产物始终都带有人的自身感受,人的形体被无意识地作为陶器造型结构的主要参照对象,人形与器形相互映照,在陶器时代的不同发展阶段都有所反映。

(一)人形陶器:具象的人体媒介

陶器的造型多种多样,最具特色的要数人形陶塑的造型,人形陶塑是原始先民对于自我形象认知的具体描绘,是人体形态的衍生物。媒介是人体的延伸,人体是媒介的本源,世界各地人类起源的传说都同样指向神依照自己的形象创造了人类,除了神话传说,世界各地均出土了人形陶塑。如奥地利维伦多夫的维纳斯大地母神雕像、印度河流域的地母神陶偶、代表腓尼基人独特审美观念的至高神阿蒙神像等,仰韶文化中有一个著名的"红陶人面像"(如图3-1)极具特色,高颧阔面,长鼻梁,眉骨微微隆起,眼睛、嘴巴微张,像是一个母亲在叮嘱自己的孩子,这种形象随后出现在许多艺术品当中。这些传说和出土陶器都传达着这样的讯息:神用泥土创造了人,所以人成了神的延伸,现在远古先民充当了"神",将自己的形象和陶器造型相结合,是对自我形象的一个延伸,用人形陶器表现另一个自己,将人形陶器作为肉身的延伸物,作为一种媒介延伸的是人的具体形象。人将自我形象诉之于神,而后又将自我形象诉之于陶器,陶器将人性与神性结合成一体集中于器具本身,陶器成了延伸人性与神性的结合物。这种脱离了实用需要的人形陶器具有很高的审美价值。

图3-1 红陶人面像

而后原始先民充分发挥了想象力和创造力,不再单纯地塑造人或者陶器,而是将两者同时表现在一件器具中,使陶器在能容纳物质的前提下,又能体现人的面貌特征,形成独特的人形陶器。大地湾仰韶文化遗址的人头形器口彩陶瓶,又叫"人首口瓶"(如图3-2),这个人首口瓶将人的头部刻画于陶瓶口部,一头齐耳披发,前额有整齐的刘海,五官用镂雕的方式雕琢成小孔,目光深邃、鼻孔微张,腮帮鼓起作开口状,两耳成招风状,皆穿有小孔——是佩戴饰物的耳洞,脸部有树形花纹,瓶身以三角黑纹组成的二方连续图案布满全身。从人首口瓶的形态我们可以推测出远古先民的样貌、神态,以及当时流行的装束,他们的样貌和脸部所绘制的文身图案不能有所保存,但是却通过这种人形陶器得以让后世看到远古人的样貌,使人的形象在时间上得以延伸,作为媒介本身的陶器在此时就携带了大量的远古信息,它历经万年在出土后向我们诉说远古时代的故事。除了"人首口瓶",还有另外一种表现形态的人形陶器,它结合彩绘的形式和不同的雕塑手法将器型和人型集中于一体,如青海省乐都县出土的"裸体人像壶"(如图3-3),这个陶器是男女性的复合体人像,表现了两性生殖崇拜的特征,还具有女性崇拜特征的圆雕陶器,突出的乳房上扎有五到六个小孔,象征哺育儿女的乳汁,阴部被刻意地表现出来,圆滚的腹部向前隆起,女性特征被刻画得惟妙惟肖,双手向前举起,表情端庄而惊恐,像是进行神圣的宗教活动,表现母系氏族中女性崇高的地位,具有神秘的宗教色彩。由此,我们可以看出这种人形陶器并不是为了实用,而是具有某种宗教的用途,这里陶器作为媒介从实体人的延伸升华到宗教崇拜的精神层面,成了表达人类意识和情感的媒介。

图3-2 人首口瓶　　　图3-3 裸体人像壶

（二）陶器造型结构：抽象的人体媒介

1.陶器结构的球形化

人类完成四肢的进化后，他们开始仿造自己的形象制作泥人，泥人可以说是人类自我形象和肉体的媒介延伸。在墨西哥谷地的前古典期文化中，发现了大量烧制的小泥人，"这些小泥人通常是女性，可能是代表母神，是生长和生育的象征"。这些泥人的形象"又小又胖""四肢短粗"，每一个部位都是浑圆、饱满的造型特征，突出了粗壮的四肢和球形的乳房及腹部，明显的球形塑像特征正是对母神强大繁殖能力的崇拜。在纳亚里特州出土的孕妇陶制随葬品（如图3-4）凸显了以上这些特征："这位全身裸露的孕妇以分娩的动作跪坐着，手抚腹部，目光温柔，散发出强烈的母性光辉。明显不合比例的纤细手臂更反衬出孕妇隆起腹部的体积感，也使这件作品的目的性更为明确——祈求人类生生不息。"欧洲出土的丰乳肥臀的维纳斯大地母神雕像（如图3-5）和我国红山文化的孕妇陶塑像（如图3-6）极为相似，将五官、四肢、面目表情等极力缩小或者省略，夸张和渲染臀部、腹部、乳房等，远古人类因对女性生殖的崇拜，在对人物进行刻画时夸张放大和凸显腹部，对球形腹部的刻画影响了陶器最初的形制。圆球的造型是类似于孕妇怀孕时腹部的造型特征和功用，同时也包含着生命的周而复始、永恒和无限的象征，因此圆球形成为原始先民制造陶器最主要的造型（如图3-7），具有容纳、存储的功能。由此可以看出陶器造型是对女性圆形子宫的效仿和复制，是对女性怀孕腹部器官功能的延伸，原始先民从怀孕妇女身上得出了圆球形物能够作为"容器"的观念。

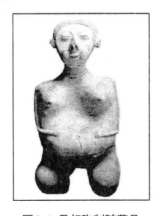

图3-4 孕妇陶制随葬品

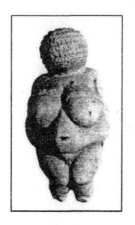

图3-5 维纳斯大地母神雕像

图3-6 红山文化的孕妇陶塑像

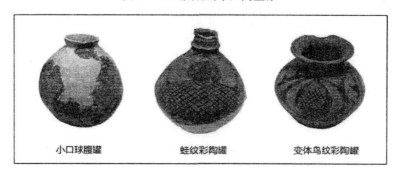

小口球腹罐　　　　　　蛙纹彩陶罐　　　　　　变体鸟纹彩陶罐

图3-7 球形陶器

　　制陶术对人类产生的一切影响始于陶器产生的源头——"容器"。"新石器技术的一个重要事实在于,这个时代的主要革新并不在于武器和工具,而在于容器的形成。"最初的陶器造型准则是围绕实用而制定的:容量大、易搬运、制作简单等,其中容器的概念是考量造型最主要的原则。芒福德认为容器的出现是由于农耕文化导致大量剩余粮食的出现,"剩余物品需要贮存和保管""贮存用具就成为不可缺少的东西了"。因此,容器是人类历史上除人自身外形成的第一种媒介,陶器作为容器的一种具体表现形式是人体自身最早的媒介延伸形式。芒福德容器技术的观点还认为具有刚性特点的武器、机器是男性文化的符号,而容器、有机体和生物学意义上的繁殖则是女性文化的符号,陶器、城市、谷仓等都是女性器官的延伸。"在女人的影响和支配下,新石器时代突出地表现为一个器皿的时代",母性崇拜对容器的影响一直持续在人类社会发展的进程中,从造字学上看"房""户""宫"等这些人类居住的建筑造型容器都和最为原始的母性文化有关,芒福德强调容器是技术的观点。"容器"不同于工具和武器,工具和武器的确是人的延伸,但在芒福德看来,"容器技术是女性器官的延伸"。可见女性是最为原始的容器,由此延伸出的容器都是以"人"为源头不断发展创造的。李泽厚先生指出,吃饭和生儿育女,这是人类的基本需求。因此,生存和繁衍是原始先民所追求的最为重要的东西,陶器既能存储粮食,又与女性怀孕的腹部有联系,有容纳生命之意,陶器充分体现了原始先民的这两大追求。从烧制的泥人到陶器圆形器型的过渡是从人的延伸到人的某一器官的延伸的演变,圆形的陶器造型成了女性怀孕时腹部的延伸(如图3-8)。陶器与女性有着很大的联系,反映了陶器沿袭了女性的本质属性——包容、容纳的特征,这不仅体现在女性子宫的存储功能上,同时也表现在女性对生命的滋养和保护上,因此陶器不仅在造型上延伸了母亲子宫的形状,同时延伸了女性身体功能的特点,陶器从造型和功能上成了女性身体延伸的媒介。[①]

图3-8 圆腹双足罐

①芒福德. 城市发展史:起源、演变和前景[M]. 宋俊岭,倪文彦,译. 北京:中国建筑工业出版社,2004.

2.陶器结构的人形化

从原始社会到现代文明阶段,人的身体成为永恒的表现对象的主题,陶器的造型特征建立在人类对人体自身感知和熟悉的基础之上,正是这种自身感知在潜意识的作用下被隐藏在人的内心深处,在陶器制作过程中便将对自己身体的抽象感知化作对自身塑造的具象描摹,将陶器人形化的抽象过程表现在由球形为特征的器形向带有人类身体曲线特征的修长形发展,逐渐形成了耳、肩、腹、足等与人体相近的局部特征,陶器的造型越来越拟人化。保罗·莱文森(美国媒介理论家、科幻小说家、大学教授、教育公司总裁、音乐人)认为:"人类技术开发的历史说明,技术发展的趋势是越来越像人,技术在模仿、复制人体的感知模式和认知模式。"我们无法还原远古时期先民们的审美思想,但是又不能用现代人的审美意识妄加揣测,结合人类意识刚萌芽的情况,猜想人类原始阶段的审美意识是从人体结构本身获得启发的,对陶器结构的命名也许就是从原始社会开始世代相承,成了约定俗成的术语。

我们可以看到早期陶器的造型都是以盆、碗等圆形造型为基础,主要是用来盛放更多的东西,后期出现了向外延伸的口沿和细颈深腹的陶器,并出现了三足器、双耳器等,陶器这种造型的改变明显增加了制作工艺的难度和制作用料的精准,实用功能在逐渐减弱,审美功能在逐渐加强。例如齐家文化中的敞口束腰三耳罐(如图3-9)的造型,将用于盛储部分的罐身塑造成两件陶坯的拼接体,口沿敞开的面积远大于罐底,夸张的三耳极力地向外扩张,充满了空间张力的形式美感,装饰效果大于实用价值。盉和鬲(如图3-10、图3-11)的造型也是将三足塑造成女性饱满的乳房状,因此又叫作袋足,三足鼎立,向外扩张,形成造型独特的袋足陶器。从圆形造型的陶器发展到有口、有肩、有腹、有足的陶器造型,陶器被人性化地抽象,陶器的造型结构特征模仿人类的结构本身这一现象一直保存至今,我们可以看出人的各种体征在陶器造型上得以体现和延伸,在陶器造型从实用到审美的转化中起到了关键作用。

图3-9 敞口束腰三耳罐

图3-10 陶盉图

图3-11 陶鬲

　　陶器造型是身体每一个器官的延伸。它是女性隆起的腹部和乳房的延伸,是人体耳、颈、肩、腹、足的延伸,陶器造型本身就是依托人类自身的特征形成的。"'媒介是人的延伸'首先是指各种媒介是相应的人体器官的人工存在形式。"马歇尔·麦克卢汉的延伸论建立在德国哲学家恩斯特·卡普"器官投影论"的基础上,提出"技术不再是人体之外的一个'影子'式的存在,而是人体器官延伸而来的一种非肉质的'新器官',是对人体体力和器官官能的放大和强化"。从陶器造型对人体特征的延伸我们可以看出,球形器型是对女性孕育生命这一功能的放大,而一些类似乳房的袋状足陶器是对母亲具有滋养生命功能的放大。将人体器官的特性投射到陶器造型本身,反映了在生产力水平低下的原始社会对母性的崇拜,作为主要生产力的人在面对自然的强大力量时是那么脆弱,人类需要在自然中求得生存而不至于种族灭亡,需要依靠女性不断繁衍后代,对女性的生殖崇拜就应运而生。因此陶器造型对人类尤其是母性特征的延伸是出于对生命的渴望,也是为了某种宗教崇拜的需要。从具象泥人的整体化延伸、聚焦到由生殖崇拜引起的女性球形腹部的局部延伸,再到抽象的人体结构耳、颈、肩、腹、足等部位的抽象延伸,陶器造型经历了从整体具象到局部抽象再到整体抽象的过程,每一阶段的造型特征都生动反映了原始先民在探索人类与自然的关系中所做出的努力。①

二、彩陶纹饰的文明呈现

彩陶纹饰纷繁多样,从具象的象形图案到抽象的几何图案,这些距离我们上万年的纹饰没有人能说清它的确切含义,它们有什么特殊的含义?它们为什么被绘制在陶器之上?它们的用途是什么?正是这些天问构成了彩陶文化的神秘性,也正是这些不知是何的纹饰引起了许多学者的猜测和推理,人们对彩陶进行探索和揭秘,对彩陶纹饰做出各种各样的解读也进一步推动了对彩陶文化的探索和研究。世界各地出土的彩陶中,会出现对某一形状和某一动物的相同偏爱,同一种纹饰出现在世界各地不同的陶器之中,从某种程度上显示了人类文明的共通性,从另外一个层面上说,这也可能是人类最本源的观念,这种最本源的观念来自在自然中面临的生存压力以及对世界认知的初始阶段。因此,笔者认为彩陶纹饰是原始先民对世界把握的一种方式,在那个生产力低下的原始社会中企图通过这种对"物"的描绘,将万物的技能集于人的一身,使人有能力面对自然界的生存困境,或者将这种人与物的结合体塑造成"神"的形象进行膜拜,希望这种超自然的力量能够庇佑自身不受伤害。总之,这种对"物"的描绘是对人类所不具有的力量

①李曦珍,楚雪,王晓刚. 媒介是人的进化式的延伸:达尔文"进化论"视阈下的麦克卢汉"延伸论"透视[J]. 甘肃社会科学,2011(4):139-141.

的具象体现,通过这种假想人类拥有了某种器官功能而变得强大,并得以在生存条件极端恶劣的情况下能够延续种族。因此,彩陶纹饰作为媒介,承载着原始先民对自我的想象,是人体器官功能想象式的媒介延伸,这种想象式的延伸是一种消极心态的结果,因为在困境中无法得到解决,只有通过这种想象才能得到心灵的慰藉。

(一)纹饰的起源

陶器最为原始的纹饰产生于人们在劳动过程中无意识的"痕迹",当人们在劳动过程中发现自己可以通过某一对象作用于另一对象并且产生"印痕"时,便开始有意识地去模仿这些痕迹,最后将这些痕迹赋予一定的意义。从反映原始先民意识上升到装饰审美层面来看,一开始陶器的纹饰是在素陶表面不施任何色彩的刻画纹,如篮纹、席纹、编织纹等。也就是说陶器的纹饰是人类在生产实践的劳动中偶然发现的产物,这种看似在人类无意识的情况下所产生的客观的"纹",如果没有原始先民的偶然发现(这种偶然发现实则暗藏着原始先民的特殊需求以及对纹饰的好奇),就不会有后来对纹饰有意识的创造。对纹饰有意识的创造,我们很难说是原始先民的审美需求。因为在陶器诞生的早期,保全生命以保证种族的延续是最重要的使命,连生存都存在问题的原始社会不可能还对自己所使用的器具有审美的需要。所以我们猜测,彩陶上纹饰的诞生是原始先民想要掌握自然,把握万物的一种方式,面对不可捉摸的自然万物,原始先民企图通过描绘的方式来控制它,类似于古代封建社会出现的"蛊术"。当然对于陶饰的起源有多种猜测,比较集中于编织印痕模仿说、图腾崇拜说、自然模仿说三种说法。虽然彩陶纹饰起源于劳动过程中的偶然发现,但是当彩陶纹饰被刻画于陶器表面时,就成了人类精神本体有意识的创造活动,"从无意到有意的过程,体现着从本能向意识觉醒的变化"。随着人类实践经验的积累,有能力对自然的客观环境进行一定程度的改造,同时生存技能也有所提高,纹饰更多地体现出一种艺术创造,才形成了所谓的艺术审美观念。综上所述,原始先民对于纹饰的创造经历了以下几个阶段,即无意识的发现—有意识的描摹—宗教性的刻画—艺术性的创作。"可见陶器的装饰图案和纹样,常常具有时代性、民族性、宗教色彩和文化特征。"

1.宽带纹的诞生与演变

彩陶纹饰的演变与发展始于宽带纹(如图3-12),大地湾一期出土的少量彩陶中,在陶器口沿外部常常绘有一圈红色宽带状的条纹,大地湾文化出土的陶器主要以素陶为主,彩陶纹饰较为单一,色彩也比较暗淡,但是宽带纹作为其主要纹饰却频频出现,展示了彩陶诞生的最初原貌。考古工作者纷纷对宽带纹的起源进行猜测,有的认为宽带纹是受一些动物花纹的影响,例如蜜蜂、蝴蝶等,是为了装饰陶器本身而出现的;有的则认为是陶器的制作者在制作陶器时,不小心割破了手指,染红了口沿,后受其启发,形成了宽带纹;还有的认为红色宽带纹带有一定的巫术宗教意味,在山顶洞人时代就有在死尸旁撒上红色矿石粉的习俗,并且从出土的原始部落遗留下来的装饰物来看,穿孔部位都涂有红色,可见红色不仅仅是原始人类为了满足审美需求出现的颜色,同时也是为了某种巫术信仰而约定俗成的色彩。

图3-12 宽带纹

红色所具有的特殊意义一直延续至今,尤其对于我们中华民族而言,已经成了民族的代表色系。它曾经作为帝王服色,象征着高贵的血统和大国威仪;曾经作为封建社会新娘的嫁衣,表达着喜气祥和的气氛;也曾经代表革命烈士的鲜血染红了鲜艳的党旗。如今,红色已经成为生活中不可或缺的色彩,追其根源还是陶器上那一抹鲜艳的红色宽带纹。宽带纹并不是仅仅出现在彩陶诞生时期,可以说,它跨越了各个文化时期,贯穿着陶器时代的始终,是彩陶纹饰中普遍存在的花纹形式。而且不仅仅是我国土地上出现了大量红色宽带纹,世界上其他地区也频频出现了红色宽带纹(如图3-13),在其带状的基本造型中,不断发展演变,例如不断将其宽度加宽,在内部以纹饰的组合形成似断非断的带状,而有的则与其他纹饰进行组合与并用(如图3-14)。总而言之,宽带纹贯穿着彩陶文化的始终,它的演变和发展跨越了民族和地域的界限,使最为简单的纹饰产生奇妙的变化。

图3-13 宽带纹与其他纹饰组合

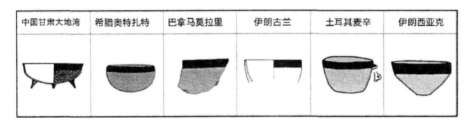

中国甘肃大地湾	希腊奥特扎特	巴拿马莫拉里	伊朗古兰	土耳其麦辛	伊朗西亚克

图3-14 世界各地新石器时代早期红宽带纹彩陶

2.纹饰的绘制

彩陶纹饰与素陶纹饰不同,素陶纹饰是在陶器表面通过按压、雕刻等手法形成简单的图案,彩陶则是用软笔进行着色绘画,从出土的彩陶中可以发现,彩陶的纹饰色彩主要有黑彩和红彩两种颜色。在早期的大地湾文化中主要以红彩为主,紧接其后的仰韶文化则是以黑彩为主,到了彩陶的鼎盛期——马家窑文化将黑彩的魅力发挥到了极致。红彩主要选取的是自然界中的红色赤铁矿粉,而黑彩主要选取了自然界中的磁铁矿、黑锰矿。原始先民将采集到的矿石粉碎并研磨成粉,再加水调和成浆,成为颜料。根据对出土彩陶纹饰的仔细观察会发现,在纹饰中会有细小的类似毛笔的笔触,因此推测原始先民是使用了类似毛笔的软笔进行彩陶纹饰的绘制。彩陶纹饰的绘制与彩陶本身的造型息息相关,彩陶器体表面不仅仅是绘制纹饰的画布,造型结构也决定了纹饰的走向、分布、排列、大小等。因此我们说彩陶是将纹饰与造型合二为一的最早的艺术品。原始先民笔下的彩陶纹饰在器物造型上的分布完全符合人类视角的欣赏模式,除了器形的影响因素之外,纹饰图案的分布总是在人的视线所达之内(如图3-15),如深腹小口的瓶、钵等器形,图案总是分布在视线比较集中的口沿或者腹部,以仰韶文化最为典型,大圆鼓腹的瓮下半部分因俯视时被滚圆的腹部遮挡,因此纹饰一般出现于上半身。而对于大口浅腹的盆,人的视线总是集中在盆底,因此纹饰绘于内底部,而器形较小的陶器更便于拿在手中把玩,人的视线将整个陶器都纳入视野之中,因为离视野较近,耐看程度要求要高,花纹绘制的精致程度也较大型陶器要高,因此除了与地面接触的底面,往往通身绘彩,并且极为精细。为了使陶器本身更为符合人的视觉习惯,彩陶的纹饰多数呈横向出现,这样使以球形为主的陶器显得更为饱满与和谐。

由此也可看出陶器的装饰图案也是根据人的视觉感知范围进行精心设计和安排的,在这里需要强调的是,不能以现代人的视角去审视远古社会的陶器,那时没有很多有高度的"家具",一些器具基本上是摆放在地面上的,因此人的视角基本是俯视陶器的状态,与我们摆放在桌子上的陶器有所不同,所以陶器的纹饰才会集中于人的视觉所能看到的"俯视图"部分,也就是陶器的上半部分。

图3-15 不同造型的陶器纹饰的位置

（二）纹饰的类型

彩陶纹饰一般被分为象形纹饰和几何纹饰。几何纹饰是指由点线面通过重复、交叉、反复、排列等手法组合而成的几何图形，而象形纹饰是原始人类通过对自然界万物当然也包括人类自身的多次观察，把握其主要特征，凭借记忆力对纹饰进行抽象描绘而形成的图案。与我们现在的实物写生不同，象形纹饰的塑造不是针对某一具体对象的刻画和描绘，而是人的抽象思维的结果。这些形象的创造有些是为了记事，有些则是塑造一定的形象表达一种观念或信仰，例如图腾。在彩陶诞生的早期，主要是以象形纹饰为主，随着彩陶数量的激增，几何纹饰开始居于主导地位，占到彩陶出土量的90％，尤其是到了马家窑文化时期，几何纹饰将彩陶的发展推向巅峰，充分展现了原始先民卓越的创造力和独特的审美需求。当然，几何纹样和象形纹样的区分不是绝对的，有些几何纹样是从象形纹样抽象而来的，"一些具有原始巫术图腾意义的象形纹饰，后期逐渐简化形成了抽象意义的几何纹饰，不仅将纹饰布满陶器全身，而且不减其原始的象形之意"。一些学者就认为具有代表性的几何纹饰是由象形纹饰演变而来的，例如旋涡纹是由鸟纹演变而来、曲线纹由蛙纹演变而来、三角纹由鱼纹演变而来，等等。但不是所有的几何纹样都是象形纹样演变的结果，象形纹饰是几何纹饰产生的基础之一，只能说两者都是原始先民对自然界事物进行再现和把握的结果。彩陶纹饰的发展和变化主要在仰韶文化和马家窑文化中得到了重要的体现，大地湾文化、河姆渡文化、齐家文化、龙山文化等虽然也出现了彩陶，但是在数量和质量上都无法与仰韶文化和马家窑文化相比，因此将两种文化类型的几何纹饰与象形纹饰整理成表（见表3-1），从中可以看出彩陶纹饰的发展和变迁。

表3-1 仰韶文化与马家窑文化纹饰对比表

文化分期	象形纹饰	几何纹饰
仰韶文化半坡类型	鱼纹及其变体鱼纹 人面鱼纹 水鸟衔鱼纹 写实蛙纹	旋纹、绳纹、线纹、锥刺纹、宽带纹、三角纹、波折纹、网纹
仰韶文化庙底沟类型	写实蛙纹 写实鱼纹	以连续的钩叶、圆点组成的带状图案凸边三角或加圆点组成的几何图案

文化分期	象形纹饰	几何纹饰
马家窑文化马家窑类型	写实蛙纹 简化鱼纹 人形纹("五人"舞蹈彩盆)	条纹、宽带纹、圆点纹、方格纹、 旋涡纹(双耳尖底瓶)
马家窑文化半山类型	拟蛙纹 折肢纹 人形纹	菱形纹、旋涡纹、圆圈纹、葫芦纹、 同心圆纹、波折三角纹
马家窑文化马厂类型	人像(男女同体裸雕人像) 人面纹 蛙纹	四大圈纹、波折纹、连续回纹、 井字纹、三角纹
马家窑文化石下岭类型	鸟纹及变体鸟纹 鲵鱼纹 叶状纹	绳纹、旋纹、划纹、锥刺纹

1. 几何纹饰的视觉取向

从陶器几何纹饰的视觉取向中,我们可以看出人类的感官影响着媒介的功能和形态。几何纹饰种类繁多,由于其单体结构的多样性使得其组合起来形成了千变万化的结构,它比象形纹饰更容易描绘和掌握,因而它们往往出现在彩陶繁盛时期。马家窑文化时期几何纹饰的类型最为丰富,纹饰的类型与器形的结构进行了紧密的结合,彩陶的颈部最为典型的是横条带纹、横向锯齿纹等,而腹部则以四大圈纹、回纹、旋涡纹为主,在敞口的盆、钵、碗的内部则以十字纹、旋涡纹、圆圈纹为主(如图3-16)。可见,原始先民充分将纹饰的特征在陶器的造型上体现出来,这样的分布特点,不仅使纹饰得以发挥出最大的魅力,从视觉角度来看,也使陶器造型更加饱满或者修长。首先,人对彩陶的视角以及彩陶器形状大小会影响到彩陶的花纹格式。其次,主要纹样总是绘制在陶器的中心轴上,并且强调一种对称美。我们可以发现绘制几何纹饰的彩陶上总会有一个主要纹样,例如四大圈纹(如图3-17)中的每一个圆形造型,将陶器的"耳"作为等分线的话,圆形图案总是处于等分线上,并且从平视图来看,正对着我们的是处于陶器两耳之间中心线上的圆形。由此可以看出,主要图案常绘制于人的视角最容易触及陶器器形的位置,即陶器的几何中心处,而辅助图案常常绘制于不太显眼的位置。最后,纹饰一般绘制于彩陶凸起的部分。人的眼睛只有在光的指引下才能看清物体,彩陶凸起的部分(鼓起的腹、上翻的口沿等)能够碰触到光,视线最容易聚焦,而凹进去的部分(陶瓶的颈部靠口沿处、内凹的下腹)处于

— 100 —

背光,视线到达这里模糊不清,因此基本不施彩或施以简彩。

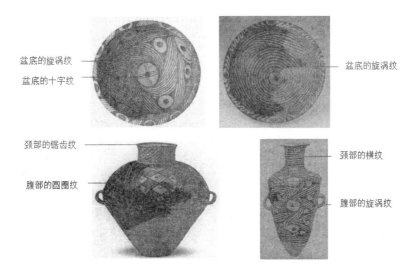

盆底的旋涡纹
盆底的十字纹
盆底的旋涡纹
颈部的锯齿纹
颈部的横纹
腹部的圆圈纹
腹部的旋涡纹

图3-16 陶器不同部位的不同纹饰

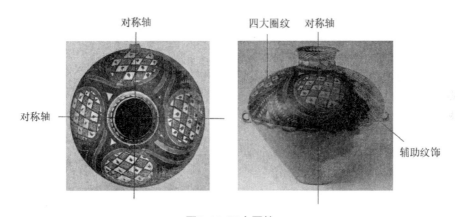

对称轴
四大圈纹 对称轴
对称轴
辅助纹饰

图3-17 四大圈纹

通过以上三点可以看出,彩陶纹饰的造型、排列、组合方式都是按照人的视觉感知进行绘制,马歇尔·麦克卢汉从"媒介讯息论"的认识论意义上指出不同性质的媒介对人的感官造成不同的感知比率[1],这是从宏观层面论述不同媒介形态对人类整体感官模式的影响,仅仅从陶器纹饰和人体视觉的关系来说,陶器纹饰的形态深受人的视觉感知模式的影响,由于人的视觉感

①麦克卢汉. 理解媒介:论人的延伸[M]. 何道宽,译. 南京:译林出版社,2011.

知具有趋光性、范围性、聚焦性等特征,导致了陶器纹饰的形态必须符合人的视觉习惯。纵观人类媒介技术历史发展的趋势,人类发明的每一种媒介都是符合人类身体的结构功能的,以满足人类的使用习惯。因此,从整个宏观的角度来看,不同性质的媒介对人的感官造成不同的感知比率,但是具体到某一种媒介时,人体自身的结构功能会影响媒介的功能和形态。

　2.象形纹饰的器官功能延伸

　　各个文化时期的彩陶上不约而同地出现了鱼纹、鸟纹、蛙纹等动物形象特征的纹饰,这些生物与原始先民生活在同一片大地之上,原始先民对其的生活习性了如指掌,它们的特殊技能令原始先民所羡慕,因为拥有了以上动物的特殊技能便能提高在自然中的存活率,于是这些生物的形象便作为纹饰绘于陶器之上。彩陶纹饰纷繁复杂,其流变和发展又经历了漫长的岁月,纹饰中体现的图腾崇拜、生殖崇拜、自然崇拜已经不言而喻,在体现了崇拜特性的同时,彩陶纹饰也是人类对于生存技能有所突破的向往,是对人类特殊技能的媒介延伸。

　　鱼纹纹饰解读:鱼纹及其变体鱼纹是仰韶文化半坡类型的典型纹饰,对鱼的描绘是对鱼能在水中自由生活的向往。当原始人类在捕鱼时,观察鱼在水中自由而敏捷的反应,也希望拥有像鱼一样能在水中出入自由的技能,当洪水暴发时也不用四处逃散,对鱼纹的描绘是原始人类对水下生存技能的向往,是对人体水下技能的延伸表现。早期写实的半坡鱼纹,鱼身、鱼尾、鱼鳍等各个部位都活灵活现,并且都用曲线描绘得很逼真,到了晚期曲线变成折线,鱼纹开始向抽象的几何体转变,由初期的单体鱼纹转向复体鱼纹,变成了二方连续图案或者是四方连续图案(如图3-18)。由鱼纹看我国古代的太极八卦图,类似于一白一黑之鱼首尾相连在水中嬉戏的场景(如图3-19)。相传伏羲画八卦、定阴阳就是观物取象所做,这里的物就是以黑鱼和白鱼为原型,故《周易·系辞》曰:"一阴一阳之谓道。"这种图案形态最早揭示了阴阳矛盾的形态和万物演变的过程,是二元对立的前身,也是太极八卦最早的雏形,可见当时就已经有了阴阳互补、相辅相成的意识和观念。

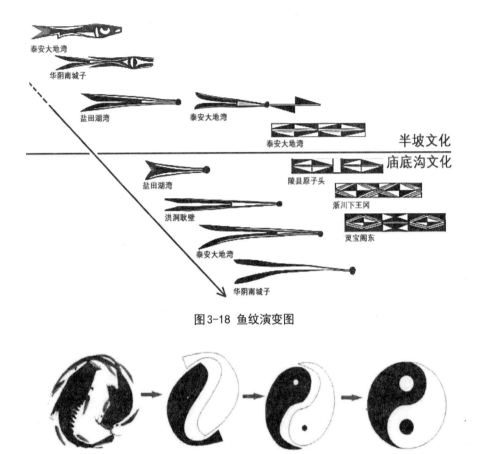

图3-18 鱼纹演变图

图3-19 阴阳八卦演变图

鸟纹纹饰解读：鸟纹及其变体鸟纹是庙底沟类型的典型纹饰,鸟纹寄托的是远古人类对于天空的向往。在原始社会,人们对于天空宇宙一无所知,拥有四肢却没有翅膀,因此,从古至今能够像鸟儿一样翱翔于蓝天一直是人类的梦想。一直以来,人们将这种飞天梦寄托于神话之中,才有了诸如敦煌飞天、嫦娥奔月的传说,直到飞机的诞生,人类才将梦想转化为现实,真正体会到了腾云驾雾的感觉。陶器上的鸟纹也是人类飞天梦的思想寄托,在远古社会的现实生活中无法实现,于是他们就将鸟的形态绘于陶器之上,以鸟纹媒介为依托,实现飞天梦。初期的鸟纹,都描绘了鸟的具体形象,后期的鸟纹突出了眼睛和嘴巴,身体和翅膀抽象成弧线和三角状,也有人把这种图案最后抽象为较细的线条(如图3-20),鸟纹和太阳纹结合衍生出太阳金鸟的形象是有关神鸟传说的雏形。

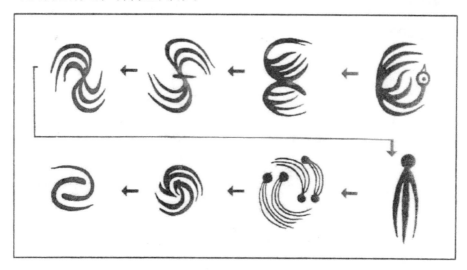

图3-20 马家窑类型鸟纹正面侧面演变图

蛙纹纹饰解读：马家窑文化中蛙纹及其变体反映了最为原始的生殖崇拜。因为蛙有较强的繁殖能力，原始人类以蛙纹为纹饰是希望拥有像蛙一样强大的繁殖力，在面对自然灾害时不至于遭遇种族灭绝；另外，蛙是水陆两栖生物，既能在陆地上弹跳自如，又能在水里像鱼自由自在地穿梭，蛙的这种技能是原始人类最为羡慕的，如果原始人类拥有了蛙的这种技能，就能够扩大活动空间又不惧怕自然灾害。因此，蛙纹是人们对繁殖能力和生存能力的延伸媒介。蛙纹经历了更多阶段的变形，半坡和庙底沟的写实蛙纹体形硕大，四肢伸展，背上的网格内有密密麻麻的小点，表示蛙强大的繁殖能力，后期蛙纹的抽象演变中，有一个阶段也被称为"神人纹"——将蛙身圆滚的身体抽象为一根竖线，竖线的一端以圆圈代替作为头部四肢成折线，而到了后期连头部的圆圈也省去，以陶器的口部代替了原先的头部，最后蛙纹四肢增加到多条，由于四肢的数量过多无法画满整个陶罐，便将其旋转90度，变成了多腿的龙，有学者也将中华"龙"图腾的产生归结为蛙纹的演变，其后一条直线象征的身体也逐渐消失，变为只有四肢的折肢纹，每个折肢上还有细小的无规律摆放的竖线，最后变成了折线纹（如图3-21）。处在"蛙纹"和"神人纹"模棱两可的境地的发展也进一步地说明了从蛙到人的"进化"，是原始先民对"人蛙一体"器官功能提升的想象。此时，这种纹饰不是蛙也不是人，而是人与蛙结合而产生的"神"的形象，我们还可以看到很多纹饰中,这些生物纹饰以人形纹、人面纹组合的形式出现,如人面鱼纹,这都反映了远古人类希望将自身与这些生物相结合,拥有更多生存技术的愿望。法国社会学家列维·布留尔将人与外界事物可以相互渗透形成独特认识的过程,称为人与物之间的"互渗性"。从人面鱼纹来看就是原始人将人与鱼相互渗透所形成的思维过程,既是人也是鱼,既不是人也不是鱼,它是人与鱼相互结合所形成的结合体。

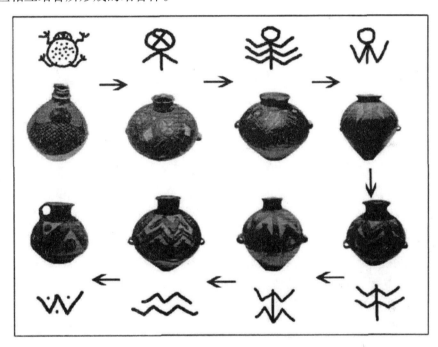

图3-21 蛙纹演变示意图

由此观之,这些动物纹样本身就是人类身体器官功能的延伸,只不过这种器官功能是远古人类所希望拥有而不是人类原本就拥有的器官。远古人类还不具有在人的肢体上表现飞翔、游泳等功能的能力,当然也不知道这些生物具体是依靠什么特殊的本领使其能够在天空翱翔,在水底畅游,以为将动物形象加以描绘久而久之就会产生相应的技能。这些对动物本身的刻画实际上想要表现的是现实世界中动物的生存技能,人类用图像的方式去表现它们,是希望自身也能拥有上天入地的本领,以此完成对自然的征服。另外一种解释是彩陶纹饰是对人类生存技能的延伸,原始人类将这种特殊的而自身又不具有的生存技能通过动物纹饰表现出来,透过现象看本质,表面上是表现了这些动物的形态和人类本身,本质上刻画的是一种超自然的存在,也是原始先民想象中的存在——神,是原始先民通过想象和创造出来的人和动物的结合体,通过对此的膜拜以祈祷自身在面对自然的威胁时能够转危为安,延续种族的发展。

第三节　宗教信仰的形成

陶器作为原始先民精神意识延伸的另一要点就是其作为宗教媒介的功能性内涵。如果说陶器在造型和纹饰上是人的身体及功能的延伸,并与人类的感官有着密切的联系,那么作为生死媒介的陶器一定是远古先民精神的延伸,这种精神意识以宗教崇拜的形式表现出来。芒福德认为人类早期的宗教仪式聚集地除了有着很好的"自然条件"外,还具有一些"精神的或超自然的威力",正是这种精神的威慑力吸引各方人口向此处聚集,因此具备"磁体"的功能。安葬形式是远古人类最重要的宗教仪式,同时也是人类区别于其他动物性需求的主要特征之一。陶器在宗教仪式中是连接生与死的媒介,首先是作为瓮棺连接着生死的两极,其次作为各种巫术和宗教仪式的"法具"和"礼器"进行阴阳转换,最后是作为陪葬品表现着远古人类"事死如事生"的观念。因为陶器的造型来源于孕育生命的子宫,因此通常认为陶罐拥有灵魂,陶罐就是装载生命的容器,人从子宫中诞生,死后也要归于象征子宫的陶器,以便获得来世的重生,因此陶器成为转换生死的媒介,具有浓厚的宗教色彩。陶器不仅延伸着人的物质,更重要的是延伸着人的精神,远古先民没有意识、精神和创造欲望,就不会有陶器的发明创造。因此,陶器看起来是物质的载体,其实它的主体是精神,它是精神的物质载体。"彩陶艺术所体现的美的意识,是先民们将自己心灵情感通过一定物化方式感性显现的结果。"[1]

一、作为儿童灵魂永存的生死转换器的瓮葬

由于远古先民所生产的剩余产品不多,作为日常用具的陶器还是少数。在出土的陶器中也很少有陶器中装有谷物,"彩陶的绘制是极其费工费时的劳动,这似乎与其同时代的生产力发展水平很不相适应,其中一个很重要的

---

①韩丛耀,陈兆复,邢琏. 中华图像文化史:原始卷[M]. 北京:中国摄影出版社,2017.

原因是宗教崇拜的需要"。尤其是到了繁盛期，出土的大部分彩陶来自墓葬，所以陶器最典型的用途还是作为陪葬品、祭祀用具和葬具，葬具主要是针对十四岁以下的儿童瓮葬，直到汉代瓮葬都很流行。"当时社会流行的葬法主要有瓮棺葬和二次葬。前者主要是将一些夭折的孩童直接放入葬具安葬，后者主要是将死后的成年人先埋入地下，待肉体完全腐烂后再挖出来，将骨殖放入葬具，然后安葬。这两种葬法所使用的葬具完全相同，都是用陶制作的坛罐，故称为'瓮棺葬'。"瓮棺一般由陶盆和陶钵组成，孩子夭折后将尸体竖直放入陶钵内，并故意在陶钵上留有小孔，并盖上陶盆，瓮棺上的小孔是供灵魂进出的通道，有的人也解释为这是供孩子复活后呼吸的通道，著名的人面鱼身彩陶盆就是儿童瓮棺上的陶盆，"许多人把灵魂看作实际的物质存在，因此在一些坚硬的物体里为灵魂的出入作一个小孔的习俗极为流行"。孩子的尸体基本埋葬在居民区内，成年人的尸体基本葬在公共墓地，缘由是刚出生不久的孩童对居住环境还不熟悉，死后的灵魂不易找寻家的方向，而成年人则对周围环境很熟悉，不用担心灵魂飘无所依，孩子在瓮棺里就像是回到母亲的子宫里，小孔是母腹的肚脐，刚从母腹中出来不久的幼儿死后重新回到大地母亲的腹中进行重生，在一定程度上种子的发芽、大地的丰产都代表了婴儿的复活。"圆形的彩陶本身就是一种生死'转换器'，生命形态的转换及人的回归或再生都仰仗于它。"史前人类认为将种子埋入土中可以发芽、苏醒和复活，那么将人埋入土中也是一样，既然大地能让万物死而复生，那么人怎么可能例外呢？因此，人要归于出处，向死而生。这种墓葬方式一直流传至今，在今天我国云南省境内，还可以从留有小孔的魂罐中窥见史前遗迹。

在这里彩陶成为连接生死的法器，作为一种媒介具有帮助死者复活的功能，是转换阴阳的宗教媒介。其缘由可能是彩陶与葫芦有很深渊源的缘故，从制作工艺上，在没有快轮法的情况下，葫芦可能是制造陶器的模具；从图腾崇拜上，葫芦多子易存活，有顽强的生命力，其造型像是孕妇鼓起的肚子，是生殖崇拜的象征。从古老传说中，女娲和伏羲曾被葫芦所载，免受了洪水的灾害，繁衍了华夏子孙，延续了华夏文明，彩陶作为葫芦的延伸是人类起死回生的诺亚方舟的隐喻。因此，将夭折的孩子放入形似葫芦的陶瓮中，是给予夭折的幼儿重生的希望，在此后越来越多的陶器作为殉葬品出土，印证了陶器对于原始先民的起死回生的重要意义。

二、作为宗教传播仪式中的天人感应器的彩陶礼器

"陶器尤其是彩陶在新石器时代的制作和使用,绝非像以往所认为的那样是一些日常实用容器或所谓的装饰艺术,它们是为神圣的目的被创造的,至少可以暂时将陶器尤其是彩陶归于'礼器'的名下。"作为礼器的彩陶往往是制作精良和纹饰精致的黑陶和白陶,白陶烧制温度较高,是瓷器的前身,黑陶薄、轻、光亮,一般不做日用器具,一黑一白的祭祀礼器也象征着阴阳两极,象征着人与神的差别。中华民族是礼仪之邦,礼器是中华文明的重要标志之一,学界一直将青铜器作为礼器的源头,其实在陶器时代就出现了以白陶和黑陶作为祭祀礼器的情况,这是中华民族"礼"的最初物质形态。

"礼"作为中华文明精神的表现形式,起源于陶器时代,并以陶器为依托呈现出了一系列的规章制度和典范。"礼"的意识形成蕴含在社会群体的阶级分化之中,从陶器墓葬中可以看出一二,例如在大地湾文化时期、仰韶文化半坡时期,随葬品分布比较平均,说明没有阶级观念。大汶口文化中晚期、崧泽文化中晚期的一些墓葬群中,发现随葬品的数目和大小并不呈现均等的分配,说明"礼"开始在先民心中有所体现,并开始萌芽。到了龙山文化、良渚文化、陶寺文化时期,也就是陶器时代的末期,不仅在数量和质量上有所差别,同时也出现了专用的陶制礼器,阶级分化明显,"礼"的观念已经逐步形成。陶器时代"礼"的观念为青铜时代"礼"的发展奠定了基础,到了青铜器时代,青铜器作为礼器将祭祀礼仪推向顶端,但是青铜器只是作为贵族的祭祀用具和陶器合用,平民无论是日用还是祭祀都用陶器。

"礼"起源于陶器时代人们的发明和创造。《礼记·礼运》对"礼"的起源与发展做了概括的描述:"夫礼之初,始诸饮食,其燔黍捭豚,污尊而抔饮,蒉桴而土鼓,犹若可以致其敬于鬼神。"原始先民抟土为桴,筑土为鼓,用以盛食敬神,祈求神灵赐福。因此,礼的本源在于简陋的社会生活条件下,原始人敬奉鬼神以祈神佑的原始祭祀活动。最早的祭祀礼器起源于原始社会的饮食器,而那时的饮食器主要是陶器,原始先民用自己的饮食器作为供奉祭祀的礼器,林少雄(上海大学上海电影学院教授、博士生导师)先生将陶器的原始宗教功能概括为"亲人"和"敬天"。"亲人"除了以上所提到作为瓮棺的陶器与原始先民的生命观相连以外,还用作供奉祭祀招引灵魂,远古先民们认为人死后灵魂会在空中飘荡,必须将灵魂召回才能获得安宁,美味的食物成

为最好的招魂引导,如果没有一定数量和不同形态的陶器,这些美食佳肴是无法盛放的。早期盛放祭祀的器皿可能是随意的,后期祭祀典礼愈加趋向于规范化,产生出一套严密的祭祀程序和专门器具。"敬天"则是为事神祈福,属于超自然的灵魂崇拜,万物有灵的超越现实的虚构性,使原始先民认为神灵和人一样需要享用食物。在这里将神的形象人化,因此献上自己最喜欢的食物,希望能够得到"神灵"的庇佑,在"敬天"祭祀过程中,也要用到这种专供祭祀的陶罐。这些陶罐某种意义上来说是作为一种宗教礼器的存在,而后人们的抽象思维进一步发展,玉取代了食物,以食器盛玉事神,象征了珍贵的价值和美好的品德,原始先民的观念从"飨味"到"飨食"的变化中形成了"礼"的雏形。

"礼"与"乐"是不分家的,与原始社会的礼器一样,"乐"也是起源于原始社会的陶质食器,"陶缶""陶鼓"最初都是饮食器具,"缶,瓦器,所以盛酒浆,秦人鼓之经节,象形。"(《说文·缶部》)"鼓人掌教六鼓、四金之音声。以节声乐,以和军旅,以正田役。教为鼓,而辨其声用。以雷鼓鼓神祀,以灵鼓鼓社祭,以路鼓鼓鬼享。"(《周礼·地官》)远古时代人们不仅盛玉事神,同时也敲击食器发出声音以乐娱神,因敲击"陶缶""陶鼓"可以奏出美妙的音乐,符合原始先民对祭祀活动的需要,在逐步演变和改良后,成为巫师沟通神灵所使用的法器。中国礼乐文化起源于陶器的产生,而陶器也是"礼法合一"的根本所在。它们原是原始社会的饮食器皿,随着饮食文化逐步向规范化、系统化发展,祭祀用具也走向了正规化,从而形成了中国独特的礼乐文化。而后儒家将中华礼乐文化推向了高峰,礼乐文化从陶器饮食器具中走出,"礼"成为一套约束人的行为准则,教化人的道德规范,明辨尊卑的等级秩序;而"乐"则是修身养性之道,互亲互爱之礼。因此,一个是以外在规范人的日常生活和等级,一个是以内在讲求"仁""善"拉近人与人之间的距离。

陶器作为礼器和法器最初都是一种沟通天、地、人、神的媒介,原始先民通过这种方式以使自身与超自然的力量——"神",进行沟通和感应以便能够达到最大的和谐,获得生存下去的条件。因此,这些陶器无形之中就承担了沟通天地、人神、社会与自然的重要媒介功能,因而也就具备了宗教的功能。随着人类进入文明社会,这种礼乐精神进一步完善,进而成为整个社会伦理观念和美学思想赖以构建的基础,并一直对中国文化发展产生影响。在封建社会时期,统治阶级逐步完善了供奉祖先和神灵的宗教祭祀活动(也就是"礼"),以便名正言顺地用"君权神授"的思想巩固统治地位;而"乐"也从原始先民的祭祀活动成了统治阶级享受的舞蹈和音乐。"人们通过'礼'这一象征符号将自然上天观念秩序进行阐释与具象,又通过'乐'这一操作系统对'礼'的内容进行审美的演示与调谐",从而达到"天人合一"的理想境界。

在当今现代社会,随着各个国家和地区之间联系和交流的不断加强,"乐"的分类更加细化,各门各类又形成了完善的体系;"礼"的文化却受到西方文化的冲击面临着消逝的危险,正是认识到传统文化在人们生活中的缺失,我国才通过各种手段加强人们对"礼"的认识,提升人们的文化素养,加强社会主义精神文明的建设。综上,从彩陶法器到彩陶礼器,陶器不仅充当着原始社会的物质生产资料,而且作为法器和礼器成为宗教活动中的事神、娱神的天人感应器,并在此基础上逐渐发展出了中华文明的礼乐制度,对后来我国封建社会下的政治制度和礼仪文化都产生了深远的影响。

三、作为灵魂不灭阴阳媒介的陶器陪葬品

随着生产力水平的提高,原始人"事死如事生"的观念使得陶罐作为陪葬品的趋势呈上升状态,在出土的马家窑文化墓葬中,随葬的陶器多寡不一、功能不同,"反映出社会地位的不同和贫富差别以及社会男女分工的差异"。那些用于陪葬的陶罐放于人的脚下和两腿之间,把人的造型摆成婴儿在母亲子宫中的造型,叫作"屈肢葬",预示着重新回归和复活,也是希望象征母亲子宫的陶器使人们能够起死回生。在阿兹特克社会中,残忍的人祭被认为是维持宇宙秩序和保证生命持续的必要做法。人们相信众神在创造太阳和月亮时便以身为祭,因此他们也必须这样做。人祭的现象在中美洲的古代民族中颇为流行,从祭天、祭祖发展到用人作为陪葬品。在中国古代社会中,帝王将相的逝世往往用人陪葬,他们相信轮回转世后,这些陪葬的人能够供帝王支配,成为其臣下、妻子或者奴隶,后来陶俑的产生取代了人的陪葬,这种转变也是人类社会文明进步的体现,最为著名的就是秦始皇兵马俑,陶俑成了人的延伸,代替有生命的人去陪葬,对统治者来说也解决了劳动力不足的问题。世界上的许多古代民族信奉生死轮回,在那个生命得不到保障,死亡率极高的原始社会,生死由天,人的生命往往极为短暂。短暂得让原始先民相信死是一种新生,而墓葬形式是最原始的"万物有灵"和"灵魂不灭"的观念的体现,很显然陶器和陶俑就是一种使得灵魂能够得到

安息或者永生的媒介载体。不论是陶俑还是陶器本身都寄托着复活重生、生命轮回的意义,因此陶器对于远古人类来说是一种转换生死、沟通阴阳的媒介,所表现的是远古人类的一种生死轮回观。从原始社会到奴隶社会,人类认为死是人要步入的下一个生命轮回,因此重视厚葬。而用陶俑代替活人殉葬的方式不仅表现了古人独特的生死观,同时也为后人保存了大量的文化遗产。直到宋代以后,纸质明器兴起取代了陶质明器,并一直延续至今。随着时间的推移,人们越来越多地将日常生活的审美观念带入制陶的过程中,这种用于祭祀的宗教崇拜意识逐渐向日常生活中的审美意识转变。

第四章　中国新石器时期
陶器文明中的生活内涵

第一节　审美观念逐渐形成

审美意象需要具备基本的三要素,即形式要素(规律、原则、模式)、情感要素(想象、联想、象征)和心理要素(愉悦、兴奋、满足、激动),只有满足以上三种要素的对象才具备审美的基本标准。彩陶艺术的审美意象,可以通过器物上的纹饰、纹饰的绘制方式、构图形式和情感表现进行解读,通过对以上因素的研究,可以触摸或感知到史前社会的文化形态、社会组织、生活形态及人文面貌。彩陶图案由史前工匠人工绘制,早期陶器中普遍存在的纹饰有编织纹、网纹、水涡纹、花卉树叶纹等,而且这类纹饰具有象形写实性和几何性特征,反映了这一时期人们在探索自然的过程中,对于自然物象的理解、对人类自身感官系统的认知。彩陶纹饰其实可以看作一种载体,将人们对自然、自我所理解、体会、感触到的运动(力量、速度、协调、柔韧、灵敏)和生命(秩序、协调、均衡、发展)用刻符、造型和画笔形式表现出来,由此构建了丰富的审美意象,体现在形式、情感和心理三要素方面。

关于新石器时期彩陶纹饰的审美内涵,在之前对彩陶纹饰的分析中,我们可以知道先民的审美观念是通过长期的实践生活产生的。当先民处于意识发生时期,审美意识萌芽是通过对自身周围事物的获取,让自身有了美的观点,比如先民对自身的生理构造特征产生了兴趣。因此,这些就成了初期的审美对象。随着先民活动范围的扩大,审美对象发展到了日常生活中的事宜,比如日常饮食、祭祀活动等。审美对象的增加使先民的审美观点越来越深入人心,自身周围的事物已不能满足审美的需要,于是出现对神秘自然环境的审美对象的获取,比如高低起伏的地理环境、波澜不惊的山川河流、变化无穷的雷电风火等自然现象。我们可以从中得出这样的结论,原始先民审美意识的产生是先民们对日常生活中"观物取象"思维的一种结果,更是先民们对日常生活进行审美化的结果。

彩陶纹饰的多样化,让我们从中知道这些纹饰的来源都是先民在日常生活中对事物的摹绘,加上自己的逻辑思维抽象变形出来的结果。纹饰的表现形式是先民加入了自己的审美观念,并对纹饰进行概括提炼,从中透露出先民们的精神折射和审美意趣的集中呈现。除此之外,从纹饰在彩陶器形上的位置我们可以看出,先民是有意识地把纹饰绘制于陶器最突出明显的地方。新石器时期的先民,生产力低下,生活环境恶劣,原始先民过着天为盖地为庐的生活,因此原始先民在日常生活中都是席地而坐,那么他们在装饰彩陶的时候很少把纹饰绘制于视线之外的陶器底部,而是多绘制于一眼就能看到的陶器腰部或者器口。从纹饰的绘制位置可以推论出这种现象的产生是因为先民自身对美的追求和表达,彩陶不仅要有实用价值还应赏心悦目。

一、陶器的审美需求

陶器文化时期,人的生存环境与食物来源较之以前有了较大改善,但生产力低下,人对事物的认识能力有限,自然灾害时常破坏人的生存环境并危及人的生命。人们极希望有一种"超自然"的力量来解脱自然的束缚并表达虔诚的祷告之心或驱邪之意,这种"超自然"的神来之物便借由原始巫术礼仪和图腾活动来表达,图腾也由此而产生。图腾的进一步发展形成了符号化,这些抽象了的符号以较为自然的形式见诸陶器纹饰中。

我们有理由相信,人类早期的图形与纹饰同他们的基本欲望直接相关,那些看似具备某些现代意义的几何纹饰绝非只具备装饰的审美功能,更多的目的是实现生存。辽河流域新石器时代陶器的纹饰,经历了从自然的模拟到抽象的概括再到特殊的符号化的过程,其寓意或是表达某种原始的精神理念,或是氏族标记,或是某种崇拜的灵物等。在这种悦目的纹饰中,我们可以读到先民们原始的炽热生命情感和自强不息的精神状态,这或许是陶器纹饰具备神秘感和艺术魅力的缘由所在。陶器纹饰因极高的艺术性和概括力而为世人所称赞,其真实的价值并不在脱离精神内涵的形式上,而在审美的规律从未离开过它应表达的那种复杂心理和原始理念。如果说在生产力低下、食物相对匮乏的陶器文化时期,先民们为纯粹的审美目的而创造了多样化的陶器纹样,显然会带给我们难以理解的困惑。先民们很早就认同灵魂永恒的观点,他们认为人可以再生,万物有灵的观点也未曾使他们怀疑过。无论在内容、形式和审美观点上,辽河流域新石器时代陶器纹饰都在表达北方先民们感知到的某种共识,这种认知的精神性来自他们的信仰和观念,在通过视觉表达时具备了一定的审美规律和形式法则。装饰于器物上部和内绘的纹饰反映了当时席地而坐的生活习惯和实际的审美要求,较多的曲线呈对称性的排列是他们对纹饰概括的结果。原始民族和原始文化之间存在某种特殊的关系,在早期原始人类的精神世界里,图形与纹饰是表达这种关系的重要方式,这种形式不仅有别于语言和文字,在精神性的表达方面更高于后者。

陶器纹饰变化发展的内在驱动力是功能的作用,是陶器纹饰本身的可塑性与人的需求欲望的不断发展。这里的功能,既是指满足物质需要的功能,也是指满足精神需要的功能。人对陶器功用的追求与人的创造性的契合,是陶器产品层出不穷的主观因素。由于陶器适应不同的需要(物质和精神的、不同时代和场合的),促使陶器花样繁多、历久不衰,正是在这个发展过程中,使陶器纹饰凝固了人性,物化了心灵,它曲折地折射着人的精神世界。岁月无情,那些创造了不朽陶器纹饰艺术的北方先民已离开我们很久,作为物质形态的原始陶器也终将逝去,但其艺术的精神性却绵延数千年而不曾被我们错失,这正是一个民族、一个社会前行的文化动力。

二、陶器的审美特征

(一)写实性与象征性

新石器时代陶器的纹饰中洋溢着充沛的生命意识和浓郁的生活情趣,有着某种原始意味和民间色彩,它沟通着远古与现代,使人们从中感受到原始艺术精神之美与历史文化意蕴之浓,其中的历史感、神秘感和特殊的美感令人遐想无限。

1.依附于功能目的的实用性

人类对于颜色线条的感知和运用,始于石器时代。在旧石器时代,原始人体装饰就已存在,北京猿人等考古遗址中就有人体装饰遗存和表现出对色彩线条初步感知的物证。到新石器时代初期,人类对色彩线条的运用已逐渐增多,那时人仍是施彩和描画线条的主要对象,如人体装饰、文身等,都是人对于自身的装饰,理论家把这叫作"人着色于自身"。考古学家发现,人类用颜色画身和文身是很早的,当初可能是有实用目的,如在身上涂抹色彩油脂,以防昆虫或动物侵咬,或是为了吸引或吓唬对方,等等。但是,这一实用的过程可能同时具有装饰作用,也可以满足某种精神上的需要,于是文身或画身逐渐成为自觉的追求。这说明,原始人对色彩线条表现出兴趣,有了用色彩线条表达某些情感的欲望,这种欲望最初可能出于一种本能的冲动和生存的需求,然后逐渐产生了关于色彩线条美的意识萌芽。联系原始人类的思维方式来说,色彩线条的利用或许有更为重要的心理或生存方面的需要。因为"象征性色彩在具备物质的一种属性的同时,又具有作为共通语言的象征性和逻辑性。例如,红色是人类血液的象征,同时也是生命的象征,这是从古至今各民族的共同观念"。随着生产、生活和某些精神需要的变化发展,人类开始了"着色于物"或"绘形于物体"的时代。陶器纹饰艺术,就是人类较为自觉地而且逐渐自如地运用色彩线条表达较为丰富情感的重要标志。陶器纹饰的绚丽多彩表明人类对于色彩线条的利用又达到了新的水平。

2.朴素原始的象征性

在新石器时代,原始先民把色彩线条施绘于陶器之时,是在进行一种"艺术对象"的转移,是人将原先自身装饰中的某些意识,"转移"于器物;人类开始像装饰自身一样装饰器物,在器物身上寄托自己的情感。这种推测的逻辑起点是陶器的纹饰与陶器的造型在"目的"和"功能"上并不完全相同,陶器造型更多的是要考虑到实用的方便;而陶器的纹饰则同时为了、甚至主要是为了精神的需要而创造,或为了美观好看,或为了某种心灵的象征,或者作为其他"替代物"。在陶器的器形上赋彩画线,就是一种典型的"着色于物体",它与人的超实用性意识相关。这也说明,陶器纹饰的有意描绘,伴随着审美意识的出现和发展。从"着色于自身"到"着色于物体"或"绘形于物体",人将着色于自身所产生的咒术性效果通过色彩线条移到了物体上,使颜色和物体同时产生了特殊功能。人把器物当作自我进行装饰打扮,它是"形体和彩色在象征意义上的新展开",从中反映的是人的本质力量的对象化。这是人对色彩、泥土和火的利用,也是一种按人的愿望对对象的征服,它无声地表达了各种意识、感情和情绪,于是颜色线条变成了语言、思想和感情本身。只是到后来,色彩线条所具有的咒术性逐渐消失,色彩仅仅附属于器体,起到了单纯补充形体和象征的作用。陶器从最初的素面陶,到有了色彩和纹饰,在艺术发展史上有重要意义,它是人类美的意识萌芽,是原始文化的特殊体现。正是从艺术发展史的角度来说,新石器时代陶器纹饰具有史前艺术发生学的价值,对后来的装饰工艺发展有着重要的影响。

(二)对比中求平衡

纹样的构成方式的完善化,使陶器更进一步地向着在对比中求平衡、在统一中求变化的方向发展,从而将陶器艺术水平推向了新的高度。这些陶器纹饰,不仅在整个布局上重视对比和照应。同时,在每一个具体纹样的刻画上也非常注意变化与和谐。这里值得提出的是曲线的广泛使用与平涂色块的巧妙布置。

1.线形的丰富变化

总的看来,陶器纹饰中除了具象性纹样之外,几何纹饰呈现出以直线型、折线为代表的直线型风格。而在这一时期曲线增加甚至取代直线的主导位置;圆点也被扩大、变化,从而成为纹样不可缺少的组成部分。曲线显示了比直线更加丰富的表现力,它与直线结合使用,更具有魅力。

2.色彩的丰富变化

色块与陶色一起组合成色彩的多维层次。这两方面,为这一时期的陶器增添了绚丽斑斓的光彩。纹样空白处的陶质底色总是与刻画部分一起构成纹样,所以空白也是纹样的组成部分。由于这种对比手法及色块造型对于具象纹饰有较大的局限性,因此,这种很早就出现的手法直到几何纹饰发展起来才被重视和广泛应用。涂色的曲线形平面与只用线条勾画出来的曲线形给人以不同的感受,前者强烈,后者平淡;前者丰富,后者单调。前者还造成了涂色与底色的对比,从而引起人们在视觉互补中得到两种视觉对象。如图4-1中红山文化出土的陶器纹饰,用曲线勾勒的线条纹饰与陶器底色形成对比,形成强烈的视觉效果。同时,陶器纹饰中还可利用线与点的组合形成丰富的效果,一些纹样当它们由单线条画成时,往往只能使人感到这是一些简单的圆、弧或其他几何图形,甚至只是两点间的连接曲线。但是,当把对等部分经色彩平涂之后,人们就很容易看到更为丰富的纹样了。

图4-1 红山文化陶器纹饰

新石器时代陶器的纹饰多利用平涂色块与陶色的对比,相互补充、相互映衬、相映成趣。并且,还利用线条的曲直变化,点的排列点缀连接成图案,造成奇妙的艺术效果。图案与敦厚而有变化的器形、细密而光洁的陶质结合起来,显示了陶器纹饰艺术的高超水平。

三、陶器的审美价值

1.原始陶器最初的目的是使用它。然而,从原始陶器的造型和装饰来看,它是出于美学的动机。因此,原始陶器兼具使用价值和审美价值。可见,尽管原始人创造陶器的目的和动机原本是功利的使用目的,但在创造的过程中,人的本质力量无处不在,人性得以展现,从而显露出其审美价值,彰显其艺术特色。同时,人的本质力量的体现是以审美意识或审美潜意识为中介的。审美意识(有时以潜意识的形式出现)是由生命产生并贯穿一生的,它不仅是个体意识,也包括集体或群体意识。因此,当人类在没有工具的情况下生活时,这种本能总是显露出来,并在生活中装点美。

更原始的表现是男性阳刚、女性阴柔的审美信息传递。弗洛伊德将其归结为性本能,可称其为艺术的原动力;周易将其归结为万物生息之源;《周易·系辞上》称其"一阴一阳谓之道",正是由于这种原始人类心理本能的审美意识中介作用(大多是隐性、潜在的),原始人在创造陶器时,自然而然地下意识地传递审美信息,赋陶器以生命。生命、智慧、力量和技能,对原始人和现代人不都一样美丽无比吗?一镞石箭一瞬间射向猎物使之倒地,采集果实、狩猎时的跳跃、奔跑,熟食与火的发现,对不断完善自身的人类是何等的满足、自豪和喜悦。这种审美体验充满了人类发展中不断完善自身的方方面面。

由此可知,原始陶器即便很"粗糙",从审美的角度讲,从艺术的本质讲,它同现代意义上的艺术品没有本质的差别。它所体现的是人性原始的审美意蕴,非但不"幼稚"反而更淳朴、更自然、更深沉,因之更本质。尤其是陶器造型的随意性所造成的"有意味"的美感,充分体现出人性的、情感的真诚。从结构到比例,完全是人类追求自身完美的写照。到了周、汉时期的装饰纹样陶器、兽形耳陶器等,就更充满了审美信息的传递。①

现代人之所以视原始陶器为艺术品,这是第一个原因,即原始陶器双重价值中的审美价值从客观上提供了被现代人视为艺术品的前提条件。如前所述,我们对艺术创造同非艺术创造进行区分,目的是从功能上给定创造物的基本性质,以断定其价值属性,进而借助艺术发展规律证明陶器价值的转化。

2.创造物的功能既包括它的用途,也包括创造者的动机。功能的变化同时使创造物的性质发生变化,即价值属性发生变化。艺术发展随历史的流变和文化的发展而形成时序性,同时赋审美以时序性,即审美意识随时序产生差异。也就是说,由于时空的变化,审美意识发生变化,客体功能也因此随着发生变化,其价值也就随之而变。

随着人类文化的发展,艺术求美心态越来越明显,在创造使用工具(陶器)时,尽管宗旨离不开使用,但对器物的造型诸外观美的追求却越来越占成分。这样在创造物的用途上既具使用性,也达到了审美享受、愉悦身心的目的。时序性赋予创造物,或使用价值领先,或审美价值领先,或二者并行。这一点在敦煌石窟诸像上更为明显。石窟诸像的用途无疑是出于宗教活动的目的,而创建者的动机明显是求美心态。所以今天我们将敦煌石窟造像、

---

①邓清远.上古艺术审美的释悟:通灵感物味象[M].长春:吉林大学出版社,2018.

壁画称作艺术,原始陶器也经历了这样一个过程。由于人类审美需求的本性,创造物求美由隐性意识向显性追求转变,乃至日趋领先也就成为必然。换言之,这是人类追求自我实现、自我完善的必然结果。根据传统需求理论,生理需求、安全需求、归属与爱的需求、自尊需求、自我实现需求、审美需求和认知需求是依次排序的,审美需求被认为是高级需求。人类每上一个层次都会更接近人类自由的层次。

亚伯拉罕·马斯洛对人的需求的这种解释,所揭示出来的恰恰是一种"无意识的自觉"。人类的审美活动同自我实现的需求一样是更充分、更本质的无意识的自觉。"一位作曲家必须作曲,一位画家必须绘画,一位诗人必须写诗,否则他始终都无法安宁。一个人能成为什么,他就必须成为什么,他必须忠实于他自己的本性。"这"本性"必是审美或包含审美。

事实上,人类文化发展的全部历程中各种需求总是遵循由低到高的序次,却又交叉出现。而且高层次的需求始终贯穿于作为基础的低层次的需求。例如母爱,母亲抚育她的孩子,除了生理因素之外,保护孩子是出于安全和爱,希望孩子"成龙"、得到尊重、被社会承认,实际上是自我得到尊重和社会承认的潜在表现和补偿,也是自我实现需求,进而实现审美需求的结果。世界上有三种情况下的人是最幸福的,一种是医生手术后救活了一个病人时;一种是艺术家完成了作品欣赏他的作品时;一种是母亲劳苦了一天之后哺乳她的孩子时。这三种情况都是自我实现和审美需求的终极体验。

审美需求的明显出现,通常情况下依赖于前几级需求的满足。但如上所述,审美需求本质上或潜在或明显地贯穿和左右始终,有时在生理、安全、爱和尊重似乎无法充分满足的情况下也会出现。笔者曾见到一名乞丐在野外路边树下,蓬头垢面,手捧一本《风华正茂》杂志,边看边笑,津津有味,自得其乐。事后经观察和调查此人精神正常。审美伴随和左右人类创造的始终,人类在创造具有使用价值的物品时审美会必然得到充分流露,且随着历史的流变愈加突出。

原始陶器到了今天,当其不再具有使用价值时,它自身所由审美需求而具有的审美功能突现了出来。这时我们说原始陶器随着时序流变发生了位移,主要特征变为审美价值,其功能具备了艺术特征。

3.原始陶器之与现代的这种情况,如同敦煌石窟造像之与现代,尽管二者在制作技艺、动机目的诸方面不尽相同,但其本质却是一样的。人类的审美需求虽在原始陶器生产中混同于或潜藏于使用目的之中,但它更本质、更恒久、更普遍。现代人通过原始陶器制品,从中体会到了原始人类审美、艺术创造的本质力量,得到了审美共鸣、沟通,从中潜在地意识到人类基于自身完善、自我实现的伟大的审美创造能力,对美的追求——自由的象征。

马克思用"最蹩脚的建筑师"与"最灵巧的蜜蜂"相比,认为人类高明于蜜蜂,因为人类在动手之前"已经在自己的头脑中把它建成了","他不仅使自然物发生形式变化,同时他还在自然物中实现自己的目的"(这里的"目的"当然也包括审美目的)。正是这种"有意识的生命活动",使人类从自己打制的陶器或其他物品上,既看到了对象的使用价值,又看到了自身意识的实现,看到了智慧、力量、技能,即人的本质力量。

现代人从原始陶器中直觉地、潜在地感觉到了人类自身的伟大,人类对自由的追求,得到了审美共鸣。之所以产生共鸣,是由于在原始陶器中蕴含的审美意识和求美(自由的象征)表现,经历了由原始状态的隐性潜在抒发、追求、随时序流变,直至供现代人欣赏的显性审美过程。在成为现代人审美对象的原始陶器中,现代人隐性地、潜在地抒发、感叹、赞美人自身的伟奇、精巧、对自由的追求和不断的超越。这一事实贯穿人类整个发展史,由原始人波及现代人,由原始文化波及现代文明,在人类追求自我实现、自我完善和自由进步的过程中,我们看到了一种进化与历史的统一。人类自由越发展,现实对于我们人类就越是丰富,而这也就是自由本身丰富的内容,是人类追求自由本身生命力的成长。从原始陶器对美的表现也使我们看到了形形色色的真与善的统一。作为结果,它们包含着自由的开端,而又比开端更为丰富,丰富性便是多样性和能动性。它使人类在由必然王国走向自由王国的过程中,愈来愈远离限制和束缚的状态,走向进步。

综上所述,原始陶器被视为艺术品的原因有三:①原始陶器本身具有使用和审美价值;②随着历史的流变,原始陶器的使用价值与审美价值随之变化,审美价值位移而成为主要功能;③现代人从原始陶器中看到了人自身的伟奇,通过原始陶器所呈现的美——自由的象征,得到审美共鸣,因而产生了审美再创造。

第二节 娱乐形式逐渐丰富

一、基于陶器的娱乐信息传达

原始的娱乐形式活动、文化,在我国新石器时期的陶器这个载体上,最具代表性的展现就是在其装饰纹样上的一类——舞蹈纹。舞蹈纹对于此类信息的传达与其所包含的文化意蕴,尽显新石器时期我国社会风貌中的主要娱乐形式。同时,愈加多样的陶器功能类别,也从工具性使用的角度展现着当时社会娱乐风貌的愈加多样化。

1973年,在青海省大通县出土的舞蹈纹彩陶盆(图4-2),现藏于中国历史博物馆,是马家窑文化中的典型代表,纹饰位于内壁上部,主题纹饰绘了十五位舞人形象,五人一组,牵手共舞,头饰(似为发辫)摆向划一,尾饰(尾部翘起物)也朝向一致,极富韵律感。舞者形象是由单色平涂绘成的,画面简洁,生动而流畅,展现了原始先民们群舞的欢快场面。这件舞蹈纹陶盆是了解原始社会生活极为重要的一件文物,这是首次发现。除此之外还有其他一些舞蹈纹原始彩陶器,主要有以下10件(见表4-1)。

图4-2 青海省大通县上孙家寨马家窑类型墓葬出土的舞蹈纹彩陶盆

表4-1　主要的原始舞蹈纹陶器信息

编号	图像	出土时间/年	出土地点	主体纹饰	文化类型
1		1973	青海省大通县上孙家寨	5人一组牵手共舞，共3组，头饰（似为发辫）摆向划一，尾饰（尾部翘起物）朝向一致	马家窑文化
2		不详	现藏于甘肃省临洮县马家窑彩陶博物馆	5人一组牵手而舞，共两组，人物头饰和尾饰同上，盆底有5道圈线，圈内绘有3条鱼，围绕的三角区域绘有网纹	马家窑文化
3		1985	广东省曲江县石峡遗址	纹饰为陶拍印制而成，连续拍印，阳纹，所绘5人为3人一组，牵手而舞	石峡文化晚期
4		1986	甘肃省酒泉市干骨崖墓地	用叠置的三角形表现舞者的头部和躯体，造型简化，18位舞者，分3组，每组6人	四坝文化
5		1991	甘肃省武威市新华乡磨嘴子遗址	舞蹈纹饰分两组，每组9人，舞者脑后无头饰，有长尾饰，牵手而舞	马家窑文化

续表

编号	图像	出土时间/年	出土地点	主体纹饰	文化类型
6		1994	甘肃省会宁县宁头寨乡牛门洞村	内绘15人，分三组，头均向右。头饰在头顶右前方，略扬起，上下身匀称，腿跨度大，尾饰较短，牵手而舞	马家窑文化
7		1995	甘肃省同德县宗日遗址	两组舞人牵手而舞，舞者臀后无发，尾饰一组13人，一组11人	马家窑文化
8		不详	不详（流失日本）	橙黄陶黑色彩，绘15人，分3组，脑后无"发辫"，胯部突起一短斜线，每组5人，牵手而舞	马家窑文化
9		不详	现藏于三晶堂彩陶博物馆	泥质黄陶，高足曲腹，15位舞者，一组7人，一组8人，牵手而舞	马家窑文化
10		2003	青海省大通县大通河下游	黑彩绘于壶的中部，5位舞者，一组3人，一组2人，携手起舞，舞者的双腿被省略，头部为圆形，内有白色大圆点和环绕的小圆点	马家窑文化

　　青海省文物管理处考古发掘报告中写道："舞蹈盆的整个画面,人物突出,神态逼真,用实线条表现,笔法流畅划一,重在写实。给人以深刻的印象,是先民们劳动之暇,在大树下、小湖边或草地上,正在欢乐地手拉手集体跳舞和唱歌。"这是对上孙家寨出土舞蹈纹彩盆最早的报道和最朴素的解读。此报告指出舞蹈图案的生活场景和内容是先民(马家窑人)在以舞为乐、庆祝丰收。从表面上看这一分析有其合理和正确的一面,但是经过反复咀嚼后,笔者觉得其解读过于简单和直白。据常仁侠(著名艺术考古学家、东方艺术史研究专家、诗人,中国艺术史学会创办人之一)先生介绍:"五位舞者,双臂舞动,动作和谐,让我们仿佛看到了原始社会群舞的缩影。五人完全是裸体的。缅想当时原始人还没有冠服衣履,更无所谓'礼'的局限,所以他们泰然自若地面向大自然,融入大自然,在明朗的天宇下,紧紧地互挽着手臂,毫无拘束地表演古中国的踏歌,为庆贺他们劳动的成果而欢欣起舞……在彩陶盆上的舞人,无舞具也无乐器,又无服饰,只以有节奏的强烈的动作,表达其内心激动的力量。"在解释人物图案装束时,常先生主张"舞蹈者为裸体",舞蹈行为为"泰然自若"的"欢欣起舞"。此处释义过于简单,特别是解释"更无所谓的'礼'的局限"可能只是背离了舞蹈图案的初衷,是一种脱离了时代背景的舞蹈的理想化和艺术化的解释。

　　1995年,青海省同德县宗日遗址出土一件马家窑类型舞蹈盆,"舞蹈纹彩陶盆,通高12.5厘米、口径24.2厘米、底径9.9厘米。细泥,唇外侈,腹略鼓,内外黑彩;外彩为单钩纹、三角纹及斜条纹;内彩为两组连臂舞蹈纹,一组13人,一组11人,两组舞蹈纹之间以线条纹和圆点纹相连"。从24人下身圆鼓一致的图案看,为集体"舞蹈"统一着装(裙子)的动态瞬间。与青海省大通县上孙家寨舞蹈图相比较,最大的区别是人物服饰的简繁不同,两个舞蹈纹盆中"舞蹈"者服饰一简一繁的绘画记录,不仅仅是不同区域服饰的差异,还可能与祭祀活动内容有一定的联系。换言之,祭祀活动内容不同,"舞"者的"行头"也会有一定的变化,或者说是祭祀礼仪的需要决定了"舞"者服饰的差异。

　　近年来,关注舞蹈纹彩陶盆表现的集体舞活动形式或集体共舞现象是舞蹈纹研究的一个重要内容。因为它是解读舞姿内容和功能的关键,或者是揭示舞姿初衷的有效起点。与集体"舞蹈"相关的"互挽手臂舞""环形舞""连臂舞"等名称不断出现,使舞蹈纹的研究逐步细化,推进了舞蹈纹研究向纵深发展。与此同时,舞蹈纹研究还积极寻求与人类其他类型的文化遗存(主要是早期岩画表现)共舞形式的比较研究,这种研究方式不仅开阔了研究者的视野,而且拓展了舞蹈纹研究的领域。汤惠生(现为南京师范大学社会发展学院副院长、文博系教授、博士生导师)先生对"臂章舞纹"进行了特别的解读,罗列了大量国内外出土的以袖章舞为装饰的陶器、岩画和民族学资料。比如1995年青海省黄南藏族自治州宗日马家窑文化墓葬出土的舞蹈盆,纹饰亦为内彩的手拉手人群,甘肃省马家窑文化也出土过一件类似的舞蹈盆。在两河流域、古印度乃至欧洲新石器时代的彩陶上同样也发现过这种连臂舞。他认为"环形舞"和"连臂舞"是世界范围新石器时代彩陶、岩画艺术形式中的常见主题,反映了祭祀、生殖等原始文化内涵。此外,青海省民和县阳山墓地出土了不同纹饰的陶鼓。我们知道,马家窑文化有三个明显的发展阶段,即马家窑类型、半山类型、马厂类型。半山类型中,成熟陶鼓器物的普遍出土,一方面说明陶鼓器物的发展有内在的继承关系;另一方面则佐证了舞蹈纹盆图案所描述的情景,即在"舞蹈"仪式活动中,不仅有舞、有歌,还应当有音乐和节奏,至少有鼓点节奏的相伴。汤惠生先生认为,这种具有音乐节奏的祭祀仪式圆形图案具有原始"平均""公共""分享"的内涵。通常情况下,人们对历史的解读与古人创作(包括思想)不可能完全吻合,只能是接近。因此,对古人遗迹、遗物的解读只要达到符合历史时代基本概念的要求,获取解读的方向与路径不偏离历史时代特征即可,马家窑文化为新石器时代文化,而这一时代的社会原本就具备"平均""公共""分享"的时代特征和文化背景,在这种特定的社会范畴内,其共性的社会符号可以粘贴到每一种社会现象上,舞蹈纹彩陶盆连臂舞图案同样也不能例外。

目前,所发现舞蹈纹陶器,据考证,绝大多数属于马家窑文化。甘肃省酒泉市干骨崖墓地发掘出的陶壶据考证为四坝文化类型,比马家窑文化晚了1000多年,用倒瓜子形表示舞者的头部,躯干瘦长,细腰,双手交合于腹部,下身长裙曳地;有些采用几何线条构图,用叠置的三角形表现舞者的头部和躯体,造型相当简化。在甘肃省临洮县马家窑彩陶博物馆的馆藏中发现的一件舞蹈纹彩盆,主题纹饰和上孙家寨的舞蹈纹彩陶纹饰相似,舞蹈人物有头饰,且整齐划一朝一个方向摆动,臀部也绘有一斜短线,人物五人一组,共两组,牵手而舞,人物比上孙家寨彩陶盆少一组,盆内侧也有斜线纹和柳叶纹,斜线纹的数量五条一组,也比上孙家寨彩陶盆少,在盆的底部有五道圈线,圈线下的盆底绘有三条鱼,三条鱼围绕的三角区域绘有网纹。陶盆为泥质黄陶,陶彩为绛红色。从纹饰、器形、胎质几方面来看,和上孙家寨等地发现的其他四个舞蹈纹彩陶盆相近,应当也属于马家窑文化马家窑类型,纹饰图案比较写实,应当出现于马家窑类型的早期。

二、陶器的舞蹈文化类型

(一)生产劳动舞蹈与原始的娱乐活动

人类最初的舞蹈,只是一种模拟式的艺术,一种模拟人们劳动生活实践不同动作的艺术。人类最早的工作是狩猎和采集。"当猎人有冲动去体验用自己的力量打猎带来的快乐时,他会再次从事模仿动物的动作,创造出自己独特的狩猎舞蹈。"这大概是人类最初的舞蹈形式。《尚书·益稷》就有关于原始人类狩猎舞的描绘,如"鸟兽跄跄""箫韶九成,凤凰来仪""击石拊石,百兽率舞",等等。这个简述生动地表明,古代人们在敲击石块的"音乐"声中跳跃,模拟各种飞禽走兽的舞蹈,轻而重,慢而急。居住在内蒙古自治区额尔古纳旗的鄂温克人,在狩猎之余,往往聚集在一起,通宵达旦地欢舞。他们往往由七人到二十人手拉手组成一个圆圈,围着篝火,载歌载舞。这种舞蹈的特点是激烈、紧张、迅速,形如以猎人追赶野兽的步子来跳的舞。这正反映了原始人类狩猎成功后喜悦跳跃的情形。[1]

随着社会的进步和人类长期的生活实践,原始的劳动舞蹈形式逐渐地发展为体操式的舞蹈,并成了人类生活中不可缺少的组成部分。《吕氏春秋·古乐篇》所载的《葛天氏之乐》,就记述有葛天氏之乐的"三人操牛尾,投足以歌八阕"的乐舞,它包括有《载民》《遂草木》《奋五谷》《总禽兽之极》等八段歌舞。其中除了关于狩猎的舞蹈外,《遂草木》《奋五谷》等都是激励农耕、祈愿农业丰收、草木茂盛、畜牧兴旺,表现农牧劳动生产的舞蹈。考古工作者曾先后在青海省大通县上孙家寨和甘肃省武威市磨咀子马家窑文化遗址中,发现了描绘史前舞蹈形象的彩陶盆。前者的舞蹈图案是绘在一件高14厘米,口径29厘米,腹径28厘米,底径10厘米的泥质红陶盆内壁。它是以竖向弧线隔成三组舞蹈图案,每组五人,舞者手拉着手,动作协调,舞姿优美。头上有辫子或其他饰物,手臂上有饰物,身体上有织物。后一舞者画于彩陶盆内壁,高约14厘米,直径29.5厘米,腹径28.5厘米,底径约11厘米。整体造

---

①赵晔. 内敛与华丽:良渚陶器[M]. 杭州:浙江大学出版社,2019.

型与前者相似,只是内壁被竖弧分为两组舞纹,每组九人。图案中的舞者有尾饰,没有头饰。他们手牵手,动作和谐,愉悦的氛围和场面与前者一致。对于这类图案的解释,论者中有图腾说、祭祀说、庆功说、繁殖说、巫盆说等不同意见。从图案中我们可以发现人们相牵的手前后欢快地来回摆动,从舞者活泼轻盈的跳跃和转顾,致使发辫和尾饰向后飘起来分析,这一系列有节奏的舞姿,既充满了浓厚的生活气息,又有抒情的意味。从一定程度上讲,这类图案应是劳动者在劳动之余,为秋实的丰收而踏歌。无论对现存原始部族生活的考察,还是对原始社会文物遗存的考证,都一再证明了这一点:由于以身体娱乐运动为特点的舞蹈,是人们在自发的、趣味性的、自由的身体活动中,对自身的肌体功能进行的某些简单的调节、改善,因而,人们有什么样的生活体验,才会产生什么样的舞蹈类型。在人类靠狩猎而生存的阶段,占主要地位的舞蹈是模拟各种动物形态和表现狩猎劳动过程的形式;而表现农业耕作的舞蹈形式,只能出现在农耕时代之后。不过,我们细揣前面所述陶盆上面的这类舞蹈图案,其舞者随风飘动的尾饰和发辫,缓慢而有节奏的步伐,双手轻盈而谐和的动作,充分体现了其自然、亲切和优美的特点,已经是经过精细加工和组合的一种步伐规范的体操式舞蹈了。它既是为劳动收获在欢舞,同时又在装饰上透露出模拟禽兽形象而舞的特征。这与当时以农业耕作为主,兼狩猎时期的人类生活方式也是相一致的。

　　劳动舞蹈的产生和兴盛是人们在劳动之余,通过欢舞活动而抒发、宣泄自己感情和欲望的一种"本能"体现。原始人在狩猎归来、农业丰收等活动中,通过舞蹈的形式,表达他们美好的愿望、劳动的欢乐和丰收的喜悦,借以减轻或解除肉体的疲劳,增加精神上的快感。从它的这一特征出发,通过对其在人类的生产劳动中产生和发展的过程进行分析,这类舞蹈活动对原始的体育娱乐形态的发展,有着两方面的作用。首先,从最初的狩猎活动中所产生的自发性的舞蹈活动,作为人类进行的一种身体活动的原始动机和目的,并不是有计划地改善自己的肌体机能,而是由于生命体产生的自发调节需求,即人们通过身体活动使整个肌体产生一种精力充沛的愉快感。最初的自发性的舞蹈活动,多是个体带有近乎本能性色彩的冲动和发挥,因而所进行的舞蹈类的娱乐性活动的动因,也是个体生命活动的需求,活动时间和频率也由个人爱好和兴趣决定。而更主要的特征是活动效果难以预计,具有自发、随机和偶然性,没有科学指导。其次,随着原始人类生活和生产方式的进步,人类的舞蹈活动开始由具有狩猎生活特点的带有自发性的舞蹈,发展为具有一定规律的,以表现农事耕作为主的舞蹈。而且在经过最初的无数次带有自发色彩的舞蹈娱乐活动的基础上,人们已逐渐认识到这种舞蹈对身体能产生良好的作用,发现了不同组合形式的舞蹈娱乐活动可以使身体素质增强及娱悦身心。如马家窑文化中彩陶盆内壁的舞蹈纹图案,所表现的就是一种具有相当水平的、群体性的组合形式的舞蹈活动。从对这类舞蹈性娱乐活动的分析,我们认为它已是具备了满足身体享受,获得愉快和兼顾个人爱好并由个人支配的自由运动。从最初的带有近乎本能性冲动所产生的,具有自发特点和兴趣的狩猎形式舞蹈娱乐活动,上升为具有集体组合特点的,以表现农事耕作为主的自觉的、有目的地改善体质、满足身心愉快的健身性舞蹈活动,正是原始体育形态发展、演化的特征之一。

(二)生殖崇拜舞蹈与原始的娱乐活动

大量以劳动实践为题材的原始舞蹈,有力地揭示了劳动和原始舞蹈的渊源关系。同时,这类原始的舞蹈活动也构成了原始体育文化中娱乐形态的主要内容。但就原始的舞蹈活动来说,其形式并非都直接来源于劳动实践本身。作为原始人类所进行的一类有目的的身体活动,舞蹈被激发的诱因是复杂的、多元的。其中原始人类中的繁衍生理本能及强烈意愿的驱动,同样也成为原始舞蹈活动形式产生的动因之一,这一形式就是以史前人类的自身生产为主题的社会性活动——生殖崇拜舞蹈。

原始先民的生殖崇拜,很早即形成为男女相聚,以"性"为中介的歌舞游乐活动。近年来,无论是文物和遗迹的发现,还是原始舞蹈遗存的考察与研究,都为我们提供了许多反映生殖崇拜舞蹈活动的资料。对于新石器时期的陶器来说,关于舞蹈盆的深层意义最终还是要从纹饰上寻找。盆内壁的舞蹈纹表现了原始先民在某个仪式中舞蹈的场景,盆外壁的纽结纹则可推测为是对舞蹈纹含义的补充。纽结纹的寓意与农业生产有关,除此之外它还有更深的含义。人类的所有生存问题归根到底都是为了繁衍生息,期盼农业的丰收也是为了族群能拥有足够的食物,这都与人类对生殖的崇拜心理有关。蛙丰满的肚子让人联想到孕妇的体型,而且蛙的繁殖能力很强,蛙每次的产卵量都十分惊人,可多达万枚,所以原始先民认为蛙神是掌管生育的神灵,并想以祭蛙的形式从蛙神那里获得庇护。彩陶中关于蛙的纹饰很早就出现了,到马家窑文化时期的蛙纹经过变化抽象,最终发展为拟蛙纹和折肢纹,并成为马家窑文化彩陶的基本纹饰类型。纽结纹演变自在水波中划动的蛙足,原始先民们以蛙足代表蛙,将纽结纹绘制于盆外壁,实际上是暗示舞蹈图案与蛙有关。这种纹饰的组合方式在宗日遗址出土的舞蹈彩陶盆和二人抬物彩陶盆上也出现了,说明当时的人们对繁衍问题十分重视。同时被认为是新石器时代遗迹的内蒙古自治区阴山原始舞蹈岩画上,就有性别特征十分明显的男女相悦、彼此爱慕意味的对偶舞形象和将男性生殖器画得很大,带有男性崇拜意味的舞姿造型。1988年,在新疆维吾尔自治区呼图壁县康家石门子发现的生殖崇拜岩画,是目前仅见的一处以此为主题的大型舞蹈岩画。这是一处原始社会后期的作品,其规模颇大,蔚为壮观。在面积120多平方米的整个岩壁上,画匠们用浅浮雕手法刻出了数百个大小不等、身姿各异的舞蹈人物。其主体部分是一列巨大的裸体女性舞蹈像和一个斜卧的男性形象,男性人像通体涂朱,特别刻画了勃起的生殖器,指向女性方向。在此组画的下方,为两个性别特征十分明显的舞蹈人物,男性人物手持勃起的生殖器直接指向对面站立的女性人物。在这隐喻男女交合图像的下面,则是两组各为数十人排列在一起的小型人物,做十分整齐划一的舞蹈情状。考古学家认为,这块巨大的岩石位于一座雄伟的山上,有一个不断渗水滴水的泪泉,山在向阳坡上。 即使在严冬,郁郁葱葱的草地也不会被雪覆盖。这一神奇的环境,必为原始人类进行各种仪式的理想场所,"这处岩雕画面,是新疆地区的古代先民,存在生殖崇拜,并进行生殖崇拜活动的一个重要标本","在这幅岩刻中,原始舞蹈的灵魂、动力,就在于对异性的追求,在于对两性生活的描述和歌颂"。此场景,如同凝固在原始舞台上的大型群舞模型,展现了巨大的男性生殖器下,小人在同样的节奏中翩翩起舞的情景。利落的躁动和热烈欢快的心情,似乎在赞美父亲的力量所带来的部落繁荣。

上述丰富的生殖崇拜舞蹈形象资料,向我们反映出这样一个问题:史前时期的舞蹈活动,如果说是原始人类顺理成章、合情合理地获得愿望的载体的话,那么那些令人陶醉、迷狂甚而热情似火的原始求偶舞、择偶舞,则正是以生殖崇拜为主体的社会性活动的最好方式。而这种方式也正是原始人类娱乐性身体活动的内涵载体之一,并且在一定程度上通过这种娱乐方式炫耀了人类自身旺盛的生命力。

作为原始运动文化中的一种娱乐方式,生殖崇拜舞蹈活动的主要特征是性选择。至此,不仅史前岩画中丰富的史料为我们提供了生动的证据,而且在当代少数民族中流传的一些古老的原始舞蹈传统和习俗也得到了充分的体现。如苗族的"跳花山"，布依族的"跳花会"，白族的"绕山林"，彝族的"跳月"，佤族、阿昌族的"串姑娘"，侗族的"芦笙会"等，都是表现异性相爱一类的舞蹈。流行于土家族的"毛古斯舞"，不仅体现了原始的狩猎日常，也表现了一些男性崇拜内容的场景和动作，如"露水""撬天""提肩""提腹送臀""转臀""左右摇晃"等。这既是一种性崇拜的体现，在一定程度上又可以说是一类具有不同组合特点、不同的运动动作和活动内容的身体运动形式。在活动的内容、特点上，可以说与史前岩画中反映的生殖崇拜舞蹈活动有着极大的相似性。在舞蹈活动的过程中，男女可以借此对各自的优势，如女子的灵巧、机敏、聪慧、美丽，男子的强健、勇猛、洒脱、英俊等，做出最好的展示。在这类舞蹈中，理想而美好的人体是体魄健全、第二性特征发育良好的人体；而其舞蹈活动中的娱乐性特征表现，更是史前人类原始体育生活中不可缺少的重要部分。

（三）宗教祭仪舞蹈与原始的娱乐活动

对原始人类而言，在他们的意识处于一种实有与虚幻、清晰与蒙眬的混沌状态之时；当他们征服与支配自然界的强烈愿望因缺乏卓有成效的手段而难以实现之际，或是出于不甘心、不情愿，或是出于不得不在许多方面向自然界的威力妥协和屈服的时候，一种如醉如狂、火躁激烈而又身心贯注、严肃虔诚的崇拜、祝祀仪式中的舞祭活动就开始了，这就是史前人类最初的宗教祭仪舞蹈。史前人类的诸多宗教表现形式，如自然崇拜、图腾崇拜、灵魂和祖先崇拜、祭典及巫术等，均为这类舞蹈活动提供了存在和发展的条件，并在一定程度上成为人们满足自身享受和需要的又一身体运动娱乐形式。带有原始宗教性质的祭祀舞蹈活动和其他性质的舞蹈活动一样，在当时既是一种艺术形式，又是一种人们身体活动的娱乐形式。尤其是当原始人全身心地投入作为对已亡者的祭祀为主题的舞蹈活动中去时，人们对生命的渴求，对自身存在的强烈意识达到了极点。人们渴求生的希望，渴求美好的生活，通过舞蹈形式向意想中的"神"祈求。而人们就在这种希望的祈求中，通过舞蹈实现了身心的愉悦。

在史前的有形史料里，带有原始宗教性质的舞蹈形式还有一类是巫术舞。巫是原始宗教的一种表现形式，而巫术则是进行原始宗教信仰的技术。这种技术从某种程度上讲，多是以巫术舞的形式表现的。《尚书·伊训》曰：

"敢有恒舞于宫,酣歌于室,时谓巫风。"疏云:"巫以歌舞事神,故歌舞为巫觋之风俗也。"郑玄《诗谱》云:"古代之巫,实以歌舞为职。"均明显地点出了巫术舞的特点。

近几年来,考古工作者在广西壮族自治区花山发现的原始岩画,为我们提供了极为形象的具有宗教崇拜特点的舞蹈资料。在其中的一幅蛙形舞图的岩画上,有一突出的身挂腰刀,头上有饰物的骑马人物形象,这一形象比周围的人高大,应是酋长之类的人物。在其周围,画有几列人物形象,有正有侧,皆呈手舞足蹈状,有的有头饰,有的长辫曳地。人物形象比较程式化,整个舞蹈动作皆成蛙形特征。据研究,花山岩画所描述的形象,为壮族先民古骆越人。古代的骆越人原既有以青蛙为图腾崇拜的习俗,时至今日,这种习俗还在壮族中流行。如壮族在过"蚂蜴节"时跳的一种"蚂蜴舞",其跳法之一即是用竹子扎成青蛙形状,诚如舞"鲤鱼灯"那样迈着舞步,步伐模拟青蛙跳跃的形态。这与花山岩画上表现的两腿旁开半蹲,两臂向上弯曲张开,似蛙形正面及侧面的舞蹈形象,有着异曲同工之处,同时也反映出了二者的渊源关系。

除此以外,陶器作为一种祭祀活动用品是其功能之一,是一种重要的随葬品,也是最能反映当时原始宗教状况的器物。其上的彩绘纹饰毫无疑问地成为最大的亮点。纹饰具有了美的形式,可以提升人类审美能力,同时它的产生也是人们记事交流和经验传播的需要。舞蹈纹之所以被人们看重,就是因为从它的画面中人们看到了原始先民舞蹈的生动写照,而这出自当事人之手的图像在可信度上是无可置疑的。就如青海省大通舞蹈彩陶盆上五个舞者一组,手牵手,朝着同一个方向,动作整齐地舞动着身体。青海省是古羌人居住的地方,虽然过了几千年,许多从古羌族分化出的民族至今还保持着类似的舞蹈形式。对巫术仪式的研究表明,巫师主持各种祭祀仪式中大多要采用舞蹈形式,所以甲骨文中对"舞"字的解释常和"巫"联系在一起。

从史前有形史料反映的原始形态的巫术舞蹈特点看,这类舞蹈形象在表现整个舞蹈的画面里,都处于显要位置,并有一套相应的程式化动作和姿态。有的学者在分析这类舞蹈动作时,认为"巫舞的手势就是在举行祈祷祭祀礼仪时,作为人与神、神与鬼、鬼与人相互沟通的媒介,传达信息的外在符号,表达思想感情和意图的图像标记。巫术舞蹈通过各种动作,表示达到了悦神、表达感情和象征神力的作用。这种巫术舞蹈,由于是作为一种仪式中沟通人和神的手段来表现的。因而,除了具备一定形式的手足动作外,还要有节奏及歌唱、音乐的配合,在娱神的同时,更起了娱悦舞者身心的作用"。

(四)史前战争舞蹈与原始的娱乐活动

对于原始人类来说,除了被视为人与神沟通的原始信仰手段的原始宗教之外,还有一个重要的内容,那就是原始战争。人类的史前期,由于生活资源的匮乏,人与人之间对某一猎获物的争夺,群与群之间对某一狩猎区域的争夺,以及血亲复仇一类的争斗是经常发生的。这就酿成了人们之间力量和智慧的较量,也就产生了原始社会的战争。随着这些争夺和兼并的原始战争的发展,原始的带有战争色彩的活动也就成为史前人们生活中的重要组成部分,而其中表现原始战争场景的,带有娱乐性特色的舞蹈——原始战争舞蹈,就是其主要内容之一。

闻一多在《说舞》中说:"除了战争,恐怕原始部落的人们只能通过跳舞来感受团结,它也是对于战争最好的准备之一,因为操练式的跳舞有许多地方相当于我们的军事训练。"这种操练式的原始战争舞蹈,在广西壮族自治区花山的岩画中,也有着形象的描绘。

在这庞大的岩画群中,有一个非常典型的宏大场景:以一幅高大醒目的肖像画为中心,肘部向上,掌心朝前,双腿"骑马蹲裆式",几个、数十个甚至一百多个带有手势、动态一致性、面向中心的小侧身或肖像人物整齐地排列在左右两侧。中央的人像厚重鲜红,姿态稳重有力,是一位腰间佩剑,手持匕首的部落首领。在他周围,那些高举双手,身体向后翘起,双腿弯曲,似乎正在急切地跳舞,应该是他们的部落武士。他们喜迎领袖凯旋,或是祈求胜利。整个画面可以说是受某些观念制约的程式化集体舞蹈活动场景的凝练和固化,应该是一场盛大的原始战舞仪式。对原始人类而言,战前誓师、预祝胜利或为庆祝凯旋而欢乐歌舞,既是训练战斗技能的形式,又是进行娱乐活动的原始战争舞的一种普遍样式。因此,武和娱乐在这里得到了进一步的体现。实际上,史前人类这种原始战争舞即是后来的武舞。《释名·释言语》云:"武,舞也。征伐行动,如物鼓舞也。"可见,武字的初义就是手持兵器在跳舞。当时,人们在身心两方面为战争做准备,有一部分就是通过这一类舞蹈活动达成的。在战争作为生活组成部分的远古时代,每一个猎人同时必须是一名战士。成为体魄健壮、勇敢善战的战士,也就成为男人的共同意愿,成为人们渴求的荣耀。而原始战争舞蹈作为一种娱乐活动形式,同时有着操练战阵、激扬士气、发扬蹈厉、以示其勇的作用。

1972年,在甘肃省黑山地区发现的用平凿浅切线描在狭窄山谷两侧黑色岩石上雕刻的舞蹈岩画中,还有一幅反映战舞的"练习图",这是原始时代在我国西北地区狩猎游牧部落的遗存。图中描绘了近30个人物,大致分为三排,上、中、下排人的数量不同,人们的头饰雉鸡羽毛各不相同,但都肩宽阔腰,显示出武士健壮帅气的体格。三列人物的动态各异,于变化中又有一定的规律,或两手叉腰、双腿直立,或拍手曲臂、双腿半蹲。一个个都精力充沛,威武雄壮,不仅喜欢以舞蹈娱乐的形式练武,也喜欢用练武的内容来跳舞娱乐。就原始人的动机而言,这种原始的战舞可能是出于誓言动员、训练战斗技能或庆祝英雄的动机。但随着社会的发展,随着人类文化的进步,这类反映原始战争的舞蹈活动,也就成为原始人类主要娱乐活动形态的一部分。许多史前影像史料中所表现出的舞蹈程式化和集体化特征从侧面证明了这一点。1965年,在云南省发现的沧源岩画中,有一张表现原始战舞的图画,其娱乐性颇为明显。其中,有一群男性人物拿着盾牌和不同长度的各种武器。他们面朝前,伸臂举手,五指张扬,直立或蹲下,气势磅礴,英姿飒爽。值得注意的是整个画面不仅没有战争的对象——敌人的形象,而且那些手持武器的舞蹈者,与成排的徒手舞蹈者、抛球者、倒立者、牵牛者和长尾有角动物等组合在一起,实在不似狩猎、放牧或单纯显现原始战争的场面,而是一场以表现原始战争为主要内容的大型娱乐活动。因此,表现原始战争的舞蹈,除了透露给我们以各式各样的誓师、祝捷、军事技能的训练和对英雄人物的颂扬这类"武"的形态,更主要的还是对原始人类娱乐活动形态的体现,是一种以"武"的形式,对史前人类原始体育娱乐活动的形象反映。

在寻找中国纷繁复杂的原创舞曲的过程中,我们已经看到人类娱乐文化的各种动态形式,在远古时代就已经形成和发展了。对史前战争舞蹈而言,"是表现和描述他们生活中具有重大意义的情感和动作",因而,这种人类的人体文化形态,不仅是对原始人类战争的反映,更主要的是它已渗入原始社会生活的各个层面,并发挥了其特有的不可替代的娱乐意义。表现原始战争的舞蹈形式与前文述及的反映生产劳动的舞蹈、生殖崇拜舞蹈及宗教祭仪舞蹈一样,在延续各自文化形态的过程中,更直接地把人类的情感、把自己身心的快感融入舞蹈活动中,创造和发展着人类身心自我康健的体育文化。

三、陶器舞蹈纹饰中的文化内涵

要正确把握和诠释彩陶壶舞纹的初衷,首先要了解(还原)舞纹壶创作者所处的时代。也只有这样,才能更贴近手工艺品舞纹壶的制作者和使用者的创作要求和使用意图。关于马家窑文化,《青海省志·文物志》写道:其社会在原始社会晚期处于母系社会向父系社会的过渡时期,当时人们的生活物质来源基本以农业为主,他们还从事牲畜养殖和狩猎。

一方面,马家窑人过着安定的生活,宗族社会结构得以确立,表明这一时期"礼"在宗族活动中正走向主导地位。父权制的形成因素很多,但通过建立"礼"和通过"礼"实现父权应该是父权制建立的核心因素。马家窑文化是母系社会向父系社会过渡的时期,马家窑部落社会礼仪文化得以在出土的彩盆中连臂踏歌和谐动作的图案中体现。

另一方面,5000年前的马家窑先民,正处于对自然、本民族的能力和活动的"科学"认识不断增长的时期。舞彩盆的创造者不仅建立了天地、昼夜、生死、男女对立的思维体系,而且将这种思维方式运用到了生产生活中。就彩陶的生产而言,它是人们对水和火的认识的产物。从陶胎的生产、烧制到彩窑改造技术的使用,生产者对彩陶的理解与现代人没有本质区别。这种对立和统一在学术研究中被称为原始文化的二元逻辑,是早期人类(包括马家窑人)认识自然的基础。不同的是,早期人类并不清楚自然现象的成因。我们的祖先在寻找自然现象成因时,以尊重自然现象、祈求自然现象为前提的心理活动,往往采取庄严有序的祭祀仪式。这种"科学"(或氏族社会唯一的"科学")一旦被解释清楚,就会成为主宰自然现象的"神",在古人的意识中迅速出现和放大,成为支配人类社会的力量。

在青海省黄南藏族自治州同仁地区,我们仍然可以找到古人追求精神生活的影子,他们对精神生活的渴望远比对物质生活的渴望强烈。在"六月会"(每年农历六月十六日至二十五日),隆务河滨人山人海,南起唯洼,北至麻巴乡的群吾村,二十多个村子的藏族人、土族人络绎不绝,全部盛装,先后举行以祭祀山神、二郎神为主要内容的盛大集会,聚集在村庙附近的集会场所,挥舞着龙、凤、虎、狮等图案的旗帜。在祭神仪式上,人们请神、煨桑、牲祭、供奉、放"风马"、诵经,特别是表演大型民间舞蹈。舞蹈是手舞足蹈,场面宏大、庄严、神秘,让表演者着迷,甚至陷入迷狂状态。此刻,舞者——"巫"是人与神沟通的使者,四肢的集体舞动完全融入祭祀活动。舞蹈已成为"巫"传达人的心愿、向神祈求、向世人回馈神的心愿,以取悦众神为目的的一种手段。当地人认为如果神喜欢,这个地方就会和平,人和动物都会繁荣。这里的"喜欢"有特殊的含义,传达了祭祀活动的期待和寄托,以及人、巫、神之间的完美交流,最终达到共同的喜欢(包括农业生产和幸福生活),农业五谷丰登,人民繁荣昌盛的愿望得到了肆意的表达。

在同仁地区的"六月会"活动上,祭祀舞蹈的表演形式与"锅庄舞"相似,但不同的是"从表演情况来看,舞蹈表演中没有歌曲"。这种没有歌曲(祭祀)的舞蹈,可能与舞蹈模式所表达的内容基本一致。随着社会的发展,如今的"六月会"民间祭祀活动的娱乐成分越来越多,穿插武术、杂耍、二重唱等。因此,无论是在历史上还是在现实生活中,祭祀仪式虽然都是以祈求丰收的形式举行,但祭祀的内容远远超出祈求丰收的范围,涉及五谷丰登的方方面面。

在李泽厚先生看来,原始歌舞"是一种狂热的巫术礼仪活动。后世的歌舞、戏剧、绘画、神话和咒语……完全融入这种无差别的巫术和巫术的混沌统一中。古代的礼仪活动……如痴如醉,虔诚野蛮,热情诚恳"。阳山发掘报告认为:"虽然我们不确定当时生活中出现的鼓是否也是陶器,但鼓这种乐器确实出现了。许多原始艺术史学家认为,鼓作为原始图腾民族乐器之一,一般比其他乐器出现得更早。人类对音乐的认识也是从节拍开始的。作为节拍乐器,鼓在原始宗教中不仅被用作与上天交流的工具,而且成为人类音乐艺术发展的里程碑之一。"马家窑文化中陆续出土了舞蹈纹彩盆和陶鼓,表明马家窑文化时期原始舞蹈和节奏音乐的表现较为成熟。研究表明,舞蹈与音乐密切相关,舞蹈离不开节奏音乐。换句话说,没有节奏音乐就没有舞蹈。从这个意义上说,舞蹈纹彩盆不仅是黄河流域生命舞(包括艺术舞)的始祖,也是原始舞蹈与节奏音乐并存的实物见证。

长期以来,学界对原彩陶舞纹的解读一直存在诸多争议,对舞纹中人物的装饰也有多种不同的看法。代表性的有:李泽厚先生认为上孙家寨彩陶舞纹是一种具有严重巫术功能的图腾活动,舞纹中人物臀部的斜物为"操牛尾",而头上的装饰是"干戚羽旄"。金维诺(中国美术史家、敦煌学家、中国美术史教育奠基人)先生从古老的传说出发,认为彩绘陶盆上的舞蹈图案是表现原始文化生活的舞蹈娱乐活动,具有祈求(或庆祝)丰收之意。它们是通过人类的再创造模仿鸟类和动物的形状和动作而形成的,舞蹈装饰也是以模仿鸟类和动物的形状为基础的。从考古和民族学的角度,结合舞蹈图案,王克林(现任山西省考古研究所名誉所长、山西省考古学会理事长、山西省文物局专家组成员,从事中国新石器时代、夏文化、晋文化考古学研究)先生认为图案中所绘的人物是女性,图案表达了为庆祝或期待丰收而举行的仪式活动。戴春阳(考古学家)先生认为,图案所体现的内容是一种祭祀水神的祭神活动,是在祈求五谷丰登。从民俗学和考古学的角度,结合花纹装饰,邱立新(西北民族大学美术学院教授、硕士生导师、中国美术家协会会员、兰州市安宁区美术家协会名誉主席)先生认为舞蹈花纹是一种生殖崇拜活动,花纹中人物臀部的斜物为男根。汤池(中央美术学院美术史系教授)先生认为,舞蹈图案代表了氏族成员在狩猎活动中的狩猎舞蹈。综上所述,舞蹈形式有图腾舞、娱乐舞、巫术舞、娱神舞、狩猎舞和生殖崇拜舞六种。舞纹中人物的装饰主要有两种,一种是牛尾等装饰,另一种被认为是男性生殖器。

由于缺乏具有明确意义的考古相似文物,各种关于舞蹈图案的文化意蕴和舞蹈人物服饰的解释的猜测都难以下定论,这使得对舞蹈图案的解释呈现出百家争鸣的状态。舞蹈陶纹上原始先祖究竟因何而舞呢?"遥远的图腾活动和巫术礼节,早已被埋没在不可复制的时代,具体的形式、内容和形式很难确定。而一个本该永恒的时刻,却在不知不觉中来了又去。或许,只有流传下来但被后人歪曲、增删的古老'神话、传说和传奇',才能帮助我们思考古代的巫术礼仪和图腾活动。"

史前时代的舞蹈多与生产劳动和原始宗教有密切的关系。当狩猎满载而归,或者农业丰收,或者进行各种祭祀仪式等,人们都会进行歌舞活动,如狩猎歌舞、丰收歌舞、娱神歌舞、祈雨歌舞、祭祖歌舞等。在对青海省大通县孙家寨等的舞蹈彩陶盆的众多研究成果中,许多观点认为舞蹈图像的内容是先民在为祈求农业丰收而举行的仪式。同时盆外壁上的纽结纹含有水纹的意义,水是与农业生产息息相关的,雨水的丰沛与否直接影响了作物的产量。由于蛙是水陆两栖动物,既可在陆地行动又适应水中呼吸,每每雨水来临,蛙总是用欢叫声最先通报,这就是先民们对蛙崇拜的原因。纽结纹中蛙纹含义和水纹含义结合在一起,更凸显了舞蹈盆与祈求农业丰收的寓意。

原始祖先为什么要跳舞来祈福或庆祝五谷丰登?在旧石器时代,原始先民无法正确认识自己接触的许多事物及其相互关系,从而形成了一种比较杂乱的意识。列维·布留尔在《原始思维》中说,原始思维中存在着主体与客体、社会与自然、人与动物、生命与无生命、世俗与神圣之间神秘渗透的原始逻辑思维模式。当时,由于人们还不能猎杀巨型动物,人们崇尚动物灵性,用简单的比喻把自己的灵性视为动物灵性,从而产生了万物有灵论,使原始祖先只具有原始逻辑,并逐渐建立起模拟动物的动作及其外貌形象特征与征服动物的狩猎实践之间的神秘联系,进而演化出各种"法术",即幻想以特定的动作影响或控制客观物体。打猎前,举行仪式,穿戴带有鸟的羽毛、牙齿和动物的角的服装,模拟被狩猎的鸟类和动物的动作,是初学者提高打猎成功率的一种精神武器。后来,由于石器制造技术的进步和意识的增强,人们对如何用精神制服动物的幻想和意识增加了,有经验的猎人终于想出了用精神制服动物的法术。在原始法术的基础上,巫术得到了发展。不同的是它主要幻想依靠某种"神通"对想要的物体施加影响或控制,模拟和装扮这些事物或现象,是感应和召唤"神通",其背后的深层心理动机是对"神通"的渴望和征服。舞蹈是这种渴望和征服的主要手段。为了诱导和召唤具有神通的神灵,仪式的启动总是伴随着装扮、模拟、迎宾、取悦、祈神等各种舞蹈情节。

史前人类的一切活动都是建立在生存活动基础上的,包括社会意识。在那个洪荒年代,人们为了生存创造了现代人看来既神秘又愚昧的意识观念,其中原始宗教也是他们自我慰藉心灵的方式。在那个时候,什么对生存最重要,什么就是宗教的主要内容。生活在黄河两岸的马家窑居民,已经从事旱地农业生产,降水影响农业收成,洪水威胁人类生命,使他们不得不求助于对水和蛙的崇拜,经常要举行祭祀仪式祈盼风调雨顺、人畜兴旺。祭祀活动中舞蹈环节是先民们全身心投入祭祀的体现。巫师既是主持巫术祭祀的人,本身又是善舞的能手,舞蹈亦是祭祀仪式上不可缺少的内容。人们沉溺于富有节奏的舞蹈动作所带来的快感,对之投入强烈的热情,他们相信充溢于舞蹈者之间的快感可以感染其他观者,也可以感动神灵。马家窑居民就是用舞蹈去安抚生殖力强大的、可以驭水的蛙神,祈盼他们虔诚的祭祀会得到回报,以保佑他们的家园和同胞。制作舞蹈纹彩陶盆,就是要将人们在与蛙有关的祭祀仪式上表演的舞蹈记录在彩陶上，先民们可能认为这样做可以使祭祀不受时间限制，一直持续下去。

第三节　生活形态逐渐有序

一、陶器塑造与生活的关系

陶器是为了生活的需要而生产的，同时陶器的塑造又来源于生活。作为实用性与艺术性相结合的统一体，陶器既为人类的物质生活服务，又反过来丰富人类的精神文化生活，而精神文化生活的发展又促使陶器塑造不断产生变化。充分认识和深入理解陶器塑造与生活的关系，对繁荣陶器工艺美术创作具有积极的意义。这一形式的产生和发展与人的社会生活紧密联系。陶器造型的使用功能决定了它是人们为了日常生活的需要而出现的，并且随着社会生产力的发展、人类生活条件的提高而发展。陶器造型以自己独特的形式，给人们带来美的享受，丰富人们的精神文化生活。凭着审美的要求，人类创造了各种类型和形式的陶器造型来美化自己的生活。因此，陶器造型既是人类的物质生活的需求品，又为人类的精神文化生活服务，它的出现、形成、发展、丰富、提高都与人类的生活有着不可分割的关系。

（一）陶器因生活需要而产生

新石器时代，人类从游荡的社会生活发展到定居生活，从吃生食的野蛮生活到用火烹煮熟食，特别是农业的发展，使人类摆脱了束缚。采集和狩猎经济中的自然条件提供了稳定的温饱和住所，食物成为人类生存的主要基础。因此，生活给人类带来了问题，需要大量的容器、炊具和餐具，尤其是炊具。《太平御览》引《周书》指出："神农耕而作陶"，反映了农业与陶艺制作的关系。因此，陶器是以农业为主要生活条件的聚居生活而出现的，农业生活为陶艺手工业提供了有利条件。"在许多地方，也许在一些地方，陶器的制造是由于在编制的木制容器上涂上黏土，使之能够耐火而产生的。"人们开始用火取暖，改变黏土的理化性质，制作硬陶，这是古代文化史上划时代的发明。

陶器这种基本的存在形式一出现就与人类的生活紧密联系着。如大汶口出土的陶背壶,腹部浑圆饱满,能增加盛水的容量,四个小环形的耳设计在较低的部位,使用起来安稳,又便于穿绳背带,并且颈部较长,在背水行走时水不易溅出,是山东省、苏北一带流行的取水器之一。根据当时生活要求而创造的许多陶器造型,还有用于炊煮食物用的釜、鼎、鬲等,三足支撑容器主体,便于用燃料加温;用于贮藏食物的瓮、罐,容量大,放置平稳;盛装食物用的杯、豆、盆等,造型轻巧,提携方便。从古代陶器造型的基本形状可以看到,都是为生活的需要而创造的,而且每种陶器的各个部分也是出于使用的要求而制作设计的。

从原始陶器发展到现代的日用陶瓷器皿,都是遵照陶器塑造中的主要原则来进行的:着重于功能效用,考虑其在生活中的作用。以碗为例,实用目的决定了各种碗基本相似的造型,从形式上确定最合理、最便于就餐的样式——口面较大,立面较浅,底部较矮的边脚,口沿向外。再如茶壶的造型,从古至今,其样式更是丰富多彩,但都离不开盛水的容量、喝茶的方便、倒水的流畅、壶嘴高低符合连通器的原理,茶壶把的空间适宜于手握持方便并符合力学原理,以及重心平稳、提携轻便等原则。总之,陶器是人们的生活资料,从功利的广泛意义来看,任何一种类别的日用器皿的基本造型都是基于生活的需要、使用上的要求而产生的。

(二)陶器塑造来源于生活

我们由陶器的出现和发展中可以看到,从最新的新石器时期的陶器到现代千姿百态、品种繁多的器型,都是人们借助于生活中的某种形体,进行概括提炼、变化而形成的。有的近似自然形体,趋于"具象";有的则偏重几何形体,趋于"抽象",无论是具象的还是抽象的形体,都来源于生活,是在生活的陶冶中创造出来的。

考古学家考证出人类最初是受鸟巢的启示而开始编织器物,陶器又在编织器物上得到效法。普列汉诺夫在《论艺术》中说:"当陶器出现的时候,它们被赋予以前普遍使用的编制用具的形式和外貌。"在半坡出土的陶器上,曾发现不少编织的印痕。自然界植物开花结果,坚硬的果实外壳形状启发了人类,不但被当作工具、器皿使用(如葫芦瓢),同时还把瓜果外壳的自然形体作为制造陶器的样式,在便于使用和制作的情况下,改变其部分自然形状,而创造出当时的陶器造型。著名的半坡出土的鹿纹陶盆和人面鱼纹陶盆,呈半圆的球形,是模拟半面西瓜形而制作的。东晋的青釉羊头壶,是模拟动物来造型的。就现代陶瓷造型看,仍有许多器型是受自然形体启发而制作的,如葫芦瓶、海棠盘、荷叶碗、竹节杯、冬瓜瓶等。这类造型也往往是生活的用品,如喇叭花形的壁瓶、山形笔架、桃形水盂等,这类形式为丰富陶器造型、美化生活环境、陶冶人们的情趣起到了一定的作用。①

由模拟自然形体发展到概括自然形体,再由变化到脱离自然形体,运用各种线和平面、立面的形体组合的抽象形式也是与现实生活分不开的。如茶具的造型是由直、曲线结合而成的形体,这种形式不是设计员主观凭空臆造得来的。恩格斯在《反杜林论》中说:"形的概念也完全是从外部世界得来的,而不是在头脑中由纯粹的思维产生出来的。必须先存具有一定形状的物体,把这些形状加以比较,然后才能构成形的概念。""线、面、角、多角形、立方体、球体等观念都是从现实中得来的。"所以,社会生活是陶器塑造的源泉,而多样性又是生活的妙谛,丰富多彩的社会生活不断地给创作设计以新的启迪。随着时代步伐的前进,将有更多千姿百态的陶器为人类服务。

(三)陶器的塑造与精神文化生活的关系

陶器作为实用性与艺术性的统一体,不仅服务于人类的物质生活,也丰富了人类的精神文化生活,精神文化生活推动着陶器本身的不断变化。

普列汉诺夫在《论艺术》中,以大量的事例证明了人类的审美意识是一种生理本能,如对称产生的美感是人们对自身对称的理解的认识。由于物质生活逐渐丰富,文化水平提高,人们的审美能力也在不断提高。人类不满足于已有的创造,而是在每个时期和阶段,都要求有与精神文化内容结合得更完美的陶器。人们的职业、志趣、修养等因素各有不同,对陶器塑造的欣赏和审美要求,也因人而异。要满足广大群众的爱好,同一种类型的陶器需要从美观的角度出发,设计出多种不同艺术风格特色的造型,如给人以秀丽、灵巧之感的"甲"字形;平稳、端庄的"由"字形;典雅、潇洒的"申"字形;庄严、肃穆的"酉"字形;节奏明快的"吕"字形⋯⋯由此也就产生了品种众多、风格迥异的陶器造型。

任何艺术的发展都不是沿着自己的直线独立发展的,它在某种程度上与其他艺术有关。在某个历史时期,陶艺总是受到当时或之前其他姊妹艺术的影响和渗透。例如,原始社会的陶器造型,如壶、鼎、尊、豆等,对商周时

①王晓华. 新石器时代陶器造型的设计艺术[J]. 美术观察,2021(1):69.

期的青铜器影响很大,许多青铜器造型就是在陶器造型的基础上改进而成的。商周时期的陶器和后世的陶瓷造型在一定程度上借鉴了青铜器、漆器等,以吸取精华,丰富陶器的风格。

同一时代的政治、经济、文化、艺术都渗透到陶瓷造型中,构成了这个历史时期的风格特征。汉朝,中央集权空前巩固,经济、文化突飞猛进,形成了我国的文化高潮。在艺术方面,汉砖、汉石雕中的龙凤、虎鱼、人物、马车、粗犷的线条和大方的图案也受到了它们的影响。东汉绿釉陶壶,气势磅礴,线条刚劲,肚腹饱满。魏晋南北朝时期,由于佛教的盛行,出现了许多以佛教为主题的壁画和造像,陶瓷造型中也出现了"莲花造像、莲瓣盘"。唐代是中国历史上文化艺术的黄金时代,社会进步带动了文化的发展,尤其是中期,城市繁荣,生活的乐趣、富裕而安宁的农村生活、扩充边疆要塞军力、文化学者的诗情画意、书画艺术更是风靡一时。这一时期的陶瓷造型必然受其影响,著名的邢窑和越窑是当时的生产主流。如唐代王叔文夫人墓出土的越窑执壶圆润饱满,表现出唐代陶瓷造型的特点:自然优美、圆润丰满、大方。朱熹的新儒学逐渐取代了在唐代广为流传的佛教。李公麟等的人物画继承了顾恺之、吴道子的传统线条技法,表现出流畅严谨的风格,促进了陶瓷造型风格的转型和发展。以宋代梅瓶为例,采用曲线对比,在称重比例上尽量将最大直径向上抬高,使整个身子线条鲜明、口小、短颈、丰肩、瓶身修长,形成优美笔直的风格。因此,陶器与政治、经济、文化和艺术有着密切的联系。

在社会历史不断向前发展的过程中,精神文化生活的丰富、活跃对陶器塑造不断提出新的要求。正如文学艺术是社会的上层建筑,而又有对于经济基础的反作用一样,形式对内容也有同样的反作用。陶器的形式美反作用于陶器的实用功能,古代陶器中盛装液体的容器——瓶类,从功用角度,没有改变其形体较高、口径较小、腹部较大的器型特点;但在审美角度上则追求瓶类造型的形式美,使其渐渐脱离了盛水的使用功能,向陈设瓷方向发展。

在社会主义市场经济条件下的今天,人民的文化精神生活除要求有日用陶瓷之外,还需要装饰美化生活环境的不同种类的陈设瓷造型。这些以造型的形式美来陶冶人民生活的情趣,提高人们的审美能力的日用和陈设陶瓷,是社会的文化精神生活确定了它在工艺美术领域中的地位。

综上所述,从远古新石器时代至今,陶器的塑造与人类的社会生活有着千丝万缕的关系,它的产生、形成、丰富和发展都是人们由物质生活中使用功能所决定的。而在各个历史时期的技艺水平的制约下,人们的文化精神生活也对当时的陶器起着重大的影响。陶器美术工作者应充分认识和深入理解陶器塑造与人类的物质生活和文化精神生活的深远关系,进一步明确陶器的作用和地位,提高创作设计水平,繁荣陶器工艺美术,不断地开拓新道路,探求新的形式和内容,以满足现代人日益增长的物质文化需要。

二、生活方式对陶器的影响

新石器时代先民为了满足生产生活的物质需求,制作了拥有各种实用功能的原始陶器。陶器的艺术价值不光体现在它的实用功能上,还体现在它的造型和纹饰上。此种原始的审美观和创新的创作思维,反映了当时人们的物质生活条件和精神寄托。

(一)生活对原始陶器纹饰的影响

在新石器时代的许多陶器中,人们对自然的不可控制以及敬畏体现得颇为明显,受到水灾的影响,先民实际的生存环境既原始又糟糕。那个时代水有着特殊的寓意,先民将代表水的折线和波浪线运用到陶器的表面装饰上,体现出他们崇尚自然、敬畏自然的复杂情感。

(二)生活对原始陶器器形的影响

由于对原始生活的憎恶、对死亡的畏惧和对新生命的憧憬,以及对女性生殖器官的敬仰,母系社会得以形成。这种对女性的崇拜呈现在器皿的形状上,如盛水或煮食的陶器,饱满、圆润、光滑,恰恰表达了对无限生命力的强烈渴望。随着对自然的不断认知和人口数量的增加,适者生存、弱肉强食的生存法则已经深入人心。对力量和权力的渴望,男人变得越来越有统治力和支配力。男权社会表现出对男根的崇拜,如器皿的颈部加长,就是对此的暗示。

(三)生活方式对陶器功能创新的影响

在任何器物的历史中,其使用功能都在不断发展、丰富和演变。当生活面临新功能、新精神的祈求和表达时,就会促进器物功能的创新。所以这完全取决于人和人们的生活方式。正如杨永善(现任清华大学美术学院博士生导师、中国工艺美术学会副理事长、著名陶瓷设计家、国务院学部委员会委员)先生所说:"各种器物大体上是有区分的,它们的用途并不局限于我们所知道的。在不同的地区和文化背景下,它们的具体差异非常大,器物的组合也不同,反映了不同人群的不同生活方式。"

(四)生活方式对陶器文化创新的影响

有学者认为文物的发展史也是中国文化的物化史。的确,人类所使用的物品具有当时的时代、民族和文化特征。它不再只是改变其使用功能或形式,而是赋予其丰富的文化内涵,以表达人们的愿望,体现时代特征。文物文化的创新是人类走向文明社会的里程碑。比如饮水器——茶具,原始社会没有茶具,凡是能盛水的器皿都可以当茶具使用。直到汉代饮茶文化慢慢形成,特制的茶具才应运而生。到了唐代,随着佛教的兴起,科举用茶、诗风大增,饮茶氛围和茶文化才真正形成。随着饮茶地域和风俗习惯的扩大,茶具也成为茶文化的载体。饮茶促进了陶瓷工业的快速发展。各具特色的瓷器和茶具,越来越精致、精细。如今,茶具已经作为一种文化在各个国家流行起来。

物质贫乏的原始社会需要功能性的效用,青铜时代是人们掌握新材料、新技术和权力欲望的体现。自唐代以来,人们为了丰富多彩的生活,开始探索更深层次的精神需求,在传播陶艺创新中展现出文化的氛围。因此,陶器的生产不是偶然的,它一定是某种生活方式的反映。为生活而创造事物,相反事物又呈现出生活之美。

三、陶器的工具作用对生活形态的推进

(一)对纺织业的促进作用

进入渔猎社会后,人类已经能够搓绳,这是纺织的萌芽。先民使用的绳索最开始是由整根植物茎条制成的。后来劈搓技术得到发展,把绳子连长。为了增加绳子的强度,后来学会了用几股绳子糅合成一股。浙江省河姆渡遗址出土的绳索由两股绳组成,直径为1厘米。

中国最早的纺织品乃麻布,陕西省华县柳子镇遗址出土了麻布遗迹。在山西省襄汾县陶寺遗址的墓葬中也出土了麻类织物。

泥质灰陶是古代尤为常见的陶器,其表面饰以绳纹、篮纹、席纹等编织纹样。绳纹陶鬲的形式和纹饰方式,体现了陶器与针织物(或皮具)的紧密联系。

第一，陶纺轮是一种古老的陶纺工具，与陶器有着密切的关系。先民的纺织业由"纺"和"织"组成，首先将纤维松散，然后将多根纤维混纺成纱线，称为"纺"，最开始是用双手捻转，后来发明了"纺轮"。

曲家岭文化遗址有彩陶纺轮出土，出土的彩陶纺轮由陶片制成，中间有一个小孔和一根短杆的扁圆形旋转体，称为锭杆或专杆，用于缠绕纱线，纺轮和专杆合称为"纺专"或"瓦"。古代典籍中"生女弄瓦"是指女孩从小就应该利用"纺专"学纺。利用纺轮转动的惯性，将长纤维（股线）捻在一起成为纱线，比用手捻的速度更快、更均匀。江苏省大墩子遗址下层文化层出土的陶纺车为泥质红陶，扁圆饼状，内有穿孔。纺轮是纺纱和绕线的工具，纺轮的发明，标志着东夷人纺织业的兴起。最早的纺轮可以追溯至考古发现的公元前6000年的河南省舞阳县贾湖遗址，它的纺轮由废陶片制成，中间有一个圆孔，样品直径为 2.7 厘米，孔径为 0.5 厘米。甘肃省秦安市大地湾下层文化遗址出土的陶纺轮已有约8000年历史，在仰韶文化遗址中发现了大量原始纺织品。

在陶器时代遗址中，出土了大量的纺轮，包括河北省磁山（公元前5300年以上）和后来的河姆渡。以"纺专"纺纱在陶器时代颇为流行。

陶纺轮是一种古老的陶器纺纱工具，最初是用灰陶或红陶片制成，后来发展为直接烧制而成。外观略呈饼状或凸面，直径3～6厘米，厚度0.5～1厘米，其中有孔径约0.5厘米的孔洞。可以插入木柄或骨柄拧线，这在陶器时代的文化遗址中尤为常见。1955年，陕西省西安市半坡遗址出土的纺轮是一种直径6厘米、中间有圆孔的陶制品，乃中国古代发明最早的捻线工具。半坡之后，其他文化遗址还出土了各种陶制的纺轮，可见这种捻线工具在当时被人们普遍使用。

陶器时代渔网是用绳子编织的，篮子用藤条编织，从而发展了编织技术。部分出土陶器印有编织物纹饰。陕西省半坡村遗址出土的陶器底部（公元前4000多年）已用织纹做标记。

福建省昙石山文化遗址（距今5400—4400年前）共分三层，下层出土的工具多为锛（链）和陶纺轮，可见耕作和织布为那个时代最为主要的劳动。中层出土工具138件，其中锛31件，蚌铲15把、蚌刀11把，陶纺轮40个，陶网挂件10个。上层出土工具273件，其中锛（链）77件，石箭50支，骨箭12支，蚌斧3把，蚌刀8把，陶纺轮64个，陶网挂件31个。显然，这说明在陶器时代,同时使用了几种材料的"木、石、陶、骨"工具,其中,陶纺轮(手工纺织业)和陶网挂件(渔业)占有非常重要的地位(古代木制工具容易腐烂,不易保存,所以文物稀少)。在福建省闽江下游,与昙石山文化同系的众多墓葬随葬品中,以石器、陶纺轮为最多,进一步证明耕作和纺织是陶器时代的祖先们最重要的劳动内容。

第二,陶器的发展带来了煮茧缫丝的技术创新,嫘祖传授先民养蚕的传说已在考古资料中有所体现。在仰韶遗址发现的半茧,经鉴定为家蚕,山西省芮城县西王村遗址(公元前3600年—公元前3000年)和河北省正定县南杨庄遗址也出土过陶蛹,说明黄河中下游的蚕桑、棉织业历史悠久。蚕茧和蛹的形象以陶器为代表,体现了丝绸纺织业与陶器的紧密联系。

浩瀚的中国古典诗词中,有许多是关于养蚕和制造丝绸的。例如,《诗经》反映了从事农桑经营的妇女的境遇:"春日载阳,有鸣仓庚。女执懿筐,遵彼微行,爰求柔桑……"大量关于蚕丝的描写,可以一窥丝绸对中国文化的巨大影响。传统的丝绸纺织品自古以来就是中国传统对外贸易中的强势商品。由国家文物局、中国科学技术协会主编的《奇迹天工》第一部分是《锦绣华服——古代丝绸染织术》,内容与古代丝绸有关,从多方面介绍了古代丝织技术;蚕丝生产技术链的第一步是从蚕茧中提取蚕丝。蚕茧的生理结构是一层丝胶包裹在丝体周围,外层丝胶相互接触,将蚕丝纤维结合在一起,形成茧壳。只有当丝体脱离丝胶的结合时,才能提取出可纺丝的长丝纤维。

干茧与丝胶的附着力接近丝体的拉伸极限。如果在干燥状态下撕开丝胶之间的黏连来拉丝,很容易断头,甚至很难拉出干丝。丝胶可溶于水并"释放"蚕丝,但丝胶在冷水中的溶解度很低。在没有能盛水烧水的陶器之前,缫丝是一个技术瓶颈。随着陶制茧丝蒸煮锅的出现,解决了茧丝拉丝的技术瓶颈问题,迈出了茧丝蒸煮的第一步。传统的石头、木头、骨头和蛤蜊制成的工具都是单一的"制造"工具。茧丝蒸煮锅是一种新型的"反应容器"生产工具,可盛水保温。它创造了新的生产方式,生产了新的劳动产品。制茧壶使从筑茧过程开始的丝织成为真正的专业化手工艺生产。由于丝绸的珍贵,丝绸编织只能由与上层社会密切相关的作坊和手工业生产。

在公元前16世纪之时,黄河流域就已形成了养蚕、植桑、缫丝、织绸一整套的生产工艺,出现了绫、纱、罗、绮等丝绸织物。世界上最早的素丝纺织品是在河北省藁城市台西商代遗址发现的,证明早在公元前14世纪,我国先民就已经掌握了捻丝织造的纺织技术,然后将其制成丝绸。到了西周,专职染工用植物染料染丝织物,浸渍楝木灰和蜃蛤(贝壳)灰的液体用作丝绸织物的精练剂,所有这些过程都离不开陶器。

第三,陶器蒸煮锅使麻葛衣料的纺前加工处理得到改良。由于丝绸的昂贵,普通人还穿着由麻纤维、葛根纤维等材料制成的衣物。用植物纤维制成的纺织服装也有麻(葛)皮的软化脱胶过程,即沤麻、沤苎、沤菅。《诗经·陈风·东门之池》云:"东门之池,可以沤麻……东门之池,可以沤纻……东门之池,可以沤菅……"

陶器蒸煮工具——陶壶、锅、盆的出现也方便了先人预纺植物纤维衣物。《诗经·南周·葛覃》中,有一句煮麻纤的颂词:"葛之覃兮,施于中谷,维叶莫莫。是刈是濩,为絺为绤,服之无斁。"孔颖达解释为:"于是刈取之,于是濩煮之。煮治已迄,乃缉乃绩之,为絺为绤之。"也就是说,有了能盛水、能保温的锅碗瓢盆,让广大民众比过去能更好地处理麻纤维的脱胶问题,穿衣的问题也有了很大的改善。这项工作属于家庭手工业。

以草灰碱水来煮枲料头制成防寒衣、被褥的保暖填料"著"(麻棉)的制作技术,不仅提高了古代人的御寒保障,进一步促进了我国古代植物纤维造纸术的发明。台西出土的麻布残片是最早采用人工脱胶技术织成的麻织物。

陶器作为一种"反应器式"工具(陶罐、陶盆),是织物染色过程中最实用的染缸。它解决了史前先民至关重要的着装问题,发挥了以往其他工具无法做到的重要作用,促进了手工业的出现。

第四,陶器技术是纺织品整染的前提,陶器对手工业发展的推进还表现在纺织品(麻葛、丝绸等装饰品)的修复和染色上。在《考工记》中记录有从事丝绸整理和染色的"㡛氏涑丝""钟氏染羽""画缋之事"的手工职业。从陶器的痕迹就可以看出仰韶文化时期的纺织品情况,元君庙陶器上的布痕经纬模糊,每平方厘米有12条经纬线,粗细均匀,丝径约0.84毫米。考古资料指出,当时的纱线细至0.5毫米,粗达4毫米,元君庙的纺织品织造方法和纱线粗细与现代农家平布相似。

从半坡遗址出土的陶器上的织布痕迹来看,当时的生产采用斜纹编织、缠结编织、棋盘格纹或间格纹编织。斜纹编织是编织最常见的方法,这些新的手工艺,是出于美化的需要。此外,它还来自一个关键的因素,陶器时代的发展已经形成了彩陶。彩陶表面的图案、绘画和着色为纺织品的装饰和着色提供了丰富多彩的技术来源。彩陶是先人画的,代代相传的技艺以及调制和铺设颜料的经验,都被应用于纺织加工。

(二)对渔业的促进作用

原始渔业尤为关键的部分就是陶制网坠。在《周易·系辞下》中记录有伏羲氏"作结绳而为网罟,以佃以渔"。最迟,中国先民在7000多年前就开始使用渔网了。各地陶器时代遗址出土的陶网挂件证实了这一点。河北省磁山文化、半坡文化、龙山文化、良渚文化等地均发现有原陶网坠。

捕鱼之时网坠是撒网和拉网必须用到的,从目前的考古发掘出土的网坠来看,网坠多为灰陶,黑陶较少。它们的形状相似,表面经过抛光和打磨。一般中间有一横槽,两端各有一竖槽(槽也称绳槽)。此类网坠称为双缢形网坠,用绳索固定在网上。根据各地出土的情况来看,网坠的大小和形状随渔网的具体情况而有所不同,拖网底部采用陶网挂件,对提高捕捞技术有重要作用。

(三)陶器、木石器和骨器的并用

千百年来,要想解决古代农业定居者的衣食住行问题,仅靠石器是远远不够的。不仅有取水、贮藏、煮食的陶器,还有耕作、播种、收割的农具,制绳的陶纺车轮,缝制兽皮和麻布的骨器,交通工具(车船),建筑材料,对于落户住宅来说,都需要大量的木石工具——例如,耜、犁(由硬树的枝条改造而来)、鹿角等木石复合农具在农业耕作中被广泛使用。此外,车、轮子、船、桨、舵等交通工具大多是用木头制作的(古埃及和两河流域的许多船只用莎草制成,也可以算作木头)。商周时期的农具水平变化不大。例如,用于收割的镰刀和刀仍然由骨头、石头、陶器和蚌制成。

故而,把始于公元前10000年左右的农业转变时期称为"新石器时代"还是不够确切,称"陶器时代"更为准确,此时代的陶器、木工和骨器是并用的。

骨器是指人类将动物的骨头或动物的角(如鹿角、犀角)、牙齿(如象牙)、蛤壳等磨制成的器具。骨器通常可以用来钓鱼、打猎甚至穿孔、缝纫和装饰。由兽骨、角、牙、蚌壳为原料,磨制各种生产工具、生活用具、兵器和装饰品,在当时是非常普遍且流行的。公元前10000年左右的农业大转变时期,由于农业发展的促进作用,骨器的制作发展较快。动物骨、角、牙、蚌壳原料普遍也较常见,制造尤为方便。因此,当时出现了大量的骨器,并被广泛使用。骨器在人类氏族社会的许多考古遗址中被发现,从另一个方面反映了当时的经济发展和生活习俗。骨器在考古学中往往被看成人类文明起源阶段的一个关键标志,因为用骨角磨制需要非常丰富的锯、切、磨、钻等技能。

骨器的打磨制作主要靠陶刮刀和石刀等石器。骨器虽然在旧石器时代开始出现,在陶器时代开始流行,但在青铜器时代仍被广泛使用,一直到铁器时代才慢慢地退出时代的潮流,取而代之的是铁器的普及。在历史长河中骨器对于人类社会进步的重要性仅次于陶器。

在青铜器时代的生产工具方面,陶器、石器、木器和骨器仍是一起使用的。较为昂贵的青铜器主要用作礼器、乐器和贵族的高级酒具、餐具和武器,青铜器很少作为生产工具来使用。在青铜器时代,大多数普通人在日常生活中仍然使用陶器。历史上使用陶器的年代比使用青铜器的年代要长得多。

(四)作为加工木器和骨器等的陶制刮削器

现代科学考古的一个重要发现是,在新石器时代陶制刮削器和陶锉得到了大量的使用,它们是打磨骨器和木器的主要工具。在陶器时代的生产工具中,陶制刮削器和陶锉是首先要重视的。

在仰韶文化半坡遗址中,出土的陶刮削器和陶锉数量非常多,可以说是数以万计。陶刮削器呈圆盘状,直径约7厘米,厚度约0.5厘米。它由陶片制成,单向打击使边缘变得锋利。陶锉呈扁纺锤形或柳形,长约20厘米,宽3~5厘米,厚约0.6厘米。陶刮削器和陶锉主要用于制作骨工具和木制品,如骨铲、鱼叉、钩子、骨锥、骨箭(镞)、骨匕首等。

先民对陶器的普遍使用还表现在姜寨遗址考古中,此遗址出土生活用器3000余件,以各种陶器为主。生活用器以陶器为主,有100余种,其中石斧、石凿、石刀等30余种,划符号陶器102件,陶具30余种(古代木器易腐烂,不易保存,所以文物稀少)。在半坡遗址出土的工具总数中,陶器的数量几乎占了一半。

(五)陶刀、陶镰、陶锉

史前时期出土了数万把刀具,多为长方形和半月形,有单孔、双孔和两侧缺口。材料有陶、石和蚌,均配有木柄。陶刀的使用率是远超石刀的,数量颇多。在采伐工具和挖掘工具方面,庙底沟及王家咀发掘的石刀与陶刀之比为1:1,而半坡和北岭遗址出土的石刀还没有陶刀的一半多。

考古遗迹证明,半坡人用木柄陶器或石镰收割庄稼;商周时期使用的收割工具仍为木柄石刀、陶刀、陶镰、蚌镰,陶镰已出土于河北省平山县灵寿和河南省新郑市郑韩故城。先秦时期,有一种兵器"戈",是仿制木柄和陶制镰刀而制成的。可见,在夏商周时期,陶刀、陶镰已被广泛使用。

另外,在史前狩猎和采集阶段,有鞣制兽皮做衣服的传统,由于后世盛液体的陶器的出现,鞣制技术有了长足的进步。

陶锉,常见于各个遗址,是一种鞣制的皮革工具,带有粒状凹坑。作为仰韶文化的判断标志,陶锉的发现意义深远。

(六)粮食煮熟之后的发酵制酒

史前先民酿酒可分为果酒和粮食酒。果酒是在采集阶段将水果自然发酵成酒的产物。制作大量葡萄酒的技术前提是要有一个可靠的容器,可以长时间盛放液体。谷物酿造也是受到谷物储存不当和自然发酵的启发而出现的。同样,偶尔会有生粮发酵和熟食发酵的机会。只有有了烧煮的陶器和盛酒的陶器,才有可能从偶然的熟料发酵转变为有意识地发酵。陶器的使用推动了史前时期专门从事酿酒的作坊的手工业的发展。

姜寨遗址出土的第五期文物,即陶鬶、陶壶、陶盉,均大肚、闭口、提柄,口均做成流或嘴形,利于液体的倒出。此为一个典型的酒器,侧面也呈现出酿酒在当时已经成为一种非常普及的手工业。

1979年,大汶口文化墓群出土了大量的酒器。特别引人注目的是,有一个酒器套件,其中包括用于烹饪的陶鼎、用于发酵的陶尊、用于过滤酒的漏缸和用于储存酒的陶瓮。在同一地点还发现了单耳杯、解形杯、高柄杯等饮用器皿,发现器具有100余件。据考古研究者的分析,墓主生前可能是一名专业酿酒师。还发现了刻在出土陶罐壁上的一幅画,分析为滤酒画。从出土的陶器来看,龙山文化时期,陶制酒具颇多,因此很多研究者认为酒的酿造是龙山文化时期比较普遍的产业。考古研究者于1974年及1985年于台西商代遗址发掘出一座保存完善的商中期酿制酒的作坊,是迄今为止保存最完好、最早的酿酒作坊遗址。其设施与大汶口文化时期相似。台西酿造酒的手工作坊遗址出土了46件酿酒用陶器,包括壶、豆等酒器、煮粮陶鬲、灌酒陶漏斗等。在酿酒作坊遗址中同时发掘出 17 斤上古酵母,中科院的研究者经过化验,认定为人工培育的酒曲酵母。由于未经科学化验鉴定,在此之前我国其他商代遗址中亦有类似的白色沉积物的发现,因此不能判定为酿酒酵母。因此,台西酒曲是世界上保存最久的酒曲。以上考古资料,都佐证了古代传说中夏禹时期确实存在酿酒业这一事实。

随着社会的进步,礼仪、文明成了时代文明的标志,在祭祀、集会、宴会等重要场合,在礼仪活动过程中酒扮演着十分重要的角色。酒礼的作用回馈于后世的制陶业和青铜器制造业,衍生出特殊的酒具、祭祀礼器、饮酒礼器和精美的储酒器皿。经过 2000 多年的地下掩埋,东周晚期曾侯乙墓发掘出的青铜储酒器中所储存的白酒,虽然飘过两千年的历史长河但仍散发着酒的醇香。这是中国文明的奇迹,亦为人类酿酒的发端。

总之,就像陶器技术与青铜器技术之间的互动协调发展一样,制酒业与制陶业、制酒业与青铜器制造业之间也有相互影响、相互反馈、相互促进的互动作用,共同深化了人类社会早期的社会大分工。

一言以蔽之,就像陶艺与青铜器技术的良性互助发展一样,酒业与陶业、酒业与青铜器制造业也具有相互浸染、相互响应、相互推动的互动效应,共同强化了人类文明初期的社会分工的发展。

(七)新石器时代尤为重要的陶器工具"罃"(yīng)——火种罐

中国史前考古发现了许多保存火种的陶罐。在半坡遗址的炉坑壁上,炉口正对着一个用粗砂制成的小陶罐。挖掘现场的考古学家分析说,此为保存火种之处。在仰韶文化遗址的晚期遗迹中,还发现一些房屋"入口处有桃形或椭圆形的壁炉,一端嵌有陶罐,用来存放火种"。历史较早、属于仰韶之前的大地湾(老官台)文化类型和陕西省邠县(今彬州市)下孟村文化遗址上,屋中有一圆形或瓢形灶坑,"后有保存火种的陶壶"。

在史前火技术中,可分为热量应用技术、火光应用技术和引火存续技术三大类(即使在现代技术中也可照此归纳)。燃烧和加热隶属热量应用技术。前者要解决如何保证剧烈或温和燃烧的问题,在尽可能高或低的温度下获得长期保温和均匀加热,即极端高温和可控燃烧,后者要解决如何均匀加热的问题,确保加热充分,避免局部过热或局部不完全燃烧现象的发生。烧制陶器之时,陶窑内的氧化燃烧气氛或还原燃烧气氛尤为需要关注,两者分别是红陶或灰陶对控火技术的要求。此为燃烧和加热技术的有机融合。

暗处明亮的需求是火光应用技术产生的动力,而灯具的出现也是在此基础上产生的。

火种的获得和保存属于引火存续的技术。在相对简单流行的生火技术出现之前(铁镰和燧石相撞产生的火星点燃火种),火种的保存技术在新石器时代是一项非常重要的生存技能,它比一般的劳动生产和家务技术更重要。陶罐不怕火,形状稳定,成为保存火种的主要器物。从仰韶之前的大地湾文化中火种罐的存在来看,陶器自早期应用以来就被用作保存火种的容器工具。配备可靠便携的火罐和水箱,方便先民在定居的前提下安家远足,扩大了先民的活动范围。

古代保存火种,不仅有特殊的陶瓶工具,而且在史前和夏商周时期也有专职的火官,古代保存火种的重要性可见一斑。

《礼记·夏官·司马第四》有关于火政官的记录:"司爟,下士二人、徒六人……司爟掌行火之政令。四时变国火,以救时疾,季春出火,民咸从之。季秋内火,民亦如之。时则施火令。凡祭祀,则祭爟。凡国失火,野焚莱,则有刑罚焉。"郑玄注:"故书爟为燋。杜子春曰:'燋当为爟,书亦或为爟,爟为私火。'"贾公彦疏:"民间理爨之火为私火。"从古代对"爟"字的解释可知,在获得火种的技术和技术设备尚未流行之前,"火"可分为"官火"和"私火"。

无论是"官火"火种,还是"私火"火种,陶制火瓶都是古代重要的保存引火的重要工具。到了青铜器时代,一些青铜礼器被用来代替陶器,而烧陶瓶"罃"是青铜器无法替代的特殊工具,一直沿用到后世(汉代)。

(八)最早的照明用器:陶豆——燈(灯)

火或火炬是古代最原始的照明工具。在古代典籍中,可以手持的点燃的火炬被称为"烛";成堆的细草或树枝放在地上点燃,称为"燎";放在门外的叫"大烛",放在门内的叫"庭燎"。从这一点来看,先民起初并没有专门的灯具。

灯作为照明工具属于火光应用技术。最早的照明器具是"燈",即"登",来源于陶"豆"。豆是一种古老的炊具,用来盛放酱菜、肉酱等器具。它也是一种古老的礼器,多由陶制成。《尔雅·释器》曰:"木豆谓之豆,竹豆谓之豆笾,瓦豆谓之登。"

陶豆为考古发现最原始的灯。在西周时期的遗址中,可以见到用陶制作的细把豆,盘底中部突出有灯芯,是当时的照明器具,也是古代的主要灯式。随着青铜器的发展,铜豆制成的灯被写成"燈",此为字义的假借,据此可追溯豆——灯的渊源。"燋"有三义:①发音为jiāo,古同"焦",即燃烧器物的"焦",用以指生火引柴;②音zhuó的意思是燃烧;③引申义,发音为jué,古同"爝",意为火炬。把"爝"做成灯芯,塞进"小把陶豆"里,就成了最原始的灯。

早期可以用来容纳油脂作为照明燃料,其中以陶灯最好用。考古学家还在铜绿山古铜矿发现了古代地下采矿时使用的陶矿灯。火光技术的发展对人类文明的影响十分深远,先民陶灯的使用,如同现代社会电灯一样。

第五章　中国新石器时期陶器文明中的装饰艺术

我国的装饰艺术,有悠久的历史,在我国伟大的文化艺术宝库中占有重要的地位。远在五六千年前的新石器时代,我们勤劳、勇敢、智慧的先民,就已制造出了很多精美的陶器、牙骨器和玉石器。尤其是彩陶和黑陶,造型、纹饰和色彩,都表现出了当时人们的艺术才能。器皿造型比例协调、朴实大方、实用美观,装饰图案已具有变化且统一、对比调和、平衡对称等特点;色泽配合,明快优美,讲究对比色的运用。这些原始、健康和杰出的装饰艺术形象,所反映的艺术上的基本规律,是弥足珍贵的,不但在美术史上永放光彩,而且对我们今天的装饰艺术创作,也有一定的现实意义。

这一时期的装饰艺术,主要表现在黄河流域、长江流域和华南、东北、内蒙、新疆等地区的陶、骨、牙和玉器上,尤其在彩陶和黑陶上表现更为突出。

中国新石器时代的陶器装饰艺术主要表现在器皿造型和装饰图案两方面。

第一节　器皿造型的起源

陶器的发明是新石器文化开始的一种标志。恩格斯曾说:人类之野蛮的低级阶段,是"从学会制陶开始"的。陶器的发明,正是人类第一次利用火的威力改变事物的化学性质,从而制作出的新事物。[①]

出土的新石器时代的陶器器皿,常见器形有碗、钵、罐、盆、壶、豆、瓶、鼎和釜等10多种,每一种由于用途不同,文化和地区等的差异,又千姿百态,式样众多。新石器时代的不少器皿造型,在实用性和艺术性方面,已取得了较妥善的结合。这些器皿造型的制作经验,对以后历代的器皿造型,产生了极

①秦思雅.马家窑文化人形彩陶文创产品设计与研究[D].兰州:兰州大学,2021.

深远的影响。我们现在日常生活中所用的各种器皿,其基本器形大部分也是从那时流传下来的,甚至有些式样至今没有改变,可见先民们在器皿造型方面卓越的艺术创造才能。

将大量的原始考古材料进行排比,可以发现新石器时代的器皿造型是人类在改造和利用自然的过程中出现的。首先,可能是利用自然物体略加改造,就作为器物使用。其次,就模拟自然形象进行造型,多数可能是模拟当时某些植物形态成型,少数是模拟动物、人物和器物成型。最后,在原有器皿造型的基础上,按照生活和生产的需要,逐渐摆脱自然形象或参照自然物体的部分形象,加以改进和再创造,使之更实用、更美观。当然,这一过程有前后参差、相互参用和互相影响等多种因素。

一、模拟植物造型

植物在原始时代不仅为人们提供了必要的生存条件,促进了人类本身的发展,而且对人们早期审美意识的启蒙起到了巨大的作用。人类最早的服饰是自然界中的树叶,它的功能不仅仅只限于防寒,而且包含了人们最原始的审美意识,树叶遮住人体的下身,是从根本上区别于其他动物的爱美的象征。植物的根、茎、叶、果具有天然的造型美,包含了很多美的特征,点、线、面、圆、角、方、疏密、对称、均衡等无所不有。其中点、线、面正是后来造型设计的基本要素。原始人正是受自然界这些植物形状的启发,开始有意识地进行模拟和创造,制作了具有植物形态的原始陶器造型。

葫芦是植物的果实,它的造型具有天然的曲线美。神话传说中有太上老君用葫芦盛仙丹、张果老身背葫芦、济公用葫芦盛酒,都说明葫芦作为盛器,是最好的天然制品。原始人在石器时代就开始培育葫芦,而且会使用它,在长期的使用过程中,发现葫芦不仅实用,而且造型美观,于是"葫芦"形状的陶器开始出现了。

依据葫芦特有的"S"形而制作的彩陶,在原始社会各文化中都有充分的表现。半坡型细颈陶壶、陕西省宝鸡市北首岭出土的葫芦形陶瓶等,都是模拟植物果实的造型,具有典型的葫芦形态特征。庙底沟型陶碗、敛口小平底大瓮,马家窑型陶罐、陶瓮,马厂型小口双耳罐等,其造型也都具有模拟葫芦、半截葫芦、纵剖葫芦及其他瓜类形态的特征。

模拟植物形态的原始陶器,不仅参考一种植物形态来单纯模仿,更多的是参考两种以上植物形态综合而成。如半山型双耳高颈彩陶壶,就具有竹茎、葫芦两种形态特征。这种造型是原始人模拟植物形态的再创造,不仅有效地提高了器物的实用功能,而且表现出一定的审美情趣,是模拟植物形态陶器造型的优秀作品。

二、模拟动物造型

动物与人类在源远流长的历史进程中,有着非常密切的关系。人类在自然界生存,有战胜自然的本能,这种本能最初的主要表现是狩猎。狩猎不仅使人类获取了食物,保护了自己,而且使动物进入人类早期的图腾崇拜图案。当原始社会出现陶器制作时,人们将熟悉的动物形象运用在陶器制造中,是完全自然的,也符合当时特定条件下的审美意识。

在原始社会,模拟动物形态制作的陶器和彩陶是很多的,在各文化中都有一定的表现。1975年,在山东省胶县(今胶州市)三里河出土的兽形陶器,其形态是一只狂吠的狗,其尾巴上翘卷起,正好构成器形的把手,构思巧妙,是难得的模拟动物形态的陶器珍品。在同一个地方还出土有猪形陶鬶,猪的特有形状与这种器物的造型似乎有些巧合,这正是塑造形体的成功之处。另外,彩陶文化中的鸭形壶,良渚文化中的鱼鳍形足鼎,以及其他地区出土的羊、鹰、鹅、龟等造型的陶器,都是原始社会模拟动物形态的陶器造型的代表。

三、模拟人物造型

人的身体有着完全对称的结构,完美和谐,富有生气和活力。人类从一开始就比动物聪明得多,不但会直立行走,而且具有爱美的天性。原始社会人对美的追求最初表现在串饰装饰活动及原始舞蹈造型等方面,串饰装饰使人们更加美丽,舞蹈则是对自我体态美的一种追求与表现,二者都包含了人类对自身的早期审美。随着历史的发展,这种早期审美逐渐演变到人们模拟人物形态来制造陶器,创造了美术史上表现人类本身的最早内容。

原始社会时期各种工艺条件较差,模拟人体各种形态,并创作成为某种陶器的造型是非常困难的,因此,这一时期该类陶器造型不仅数量较少,而且多以人体的局部来进行表现。如甘肃省天水市蒋家坪出土的仰韶文化时期的人面形红陶器盖,甘肃省玉门市火烧沟出土的人足形罐,龙山文化的鬼脸式足形黑陶鼎等。

这种以人体局部作为陶器某个部分的造型设计方法,最初也可能是无意的,但也包含了原始人在造型创作中审美意识的萌芽,从历史观点出发,这种造型在制作及艺术方面都表现出较高的水平,是原始陶器造型最优秀的作品。

四、模拟器物造型

原始社会人们通过劳动制作了许多有实用价值的器物,人们为了防寒修盖了泥屋,为了狩猎发明了弓箭,为了捕鱼制作了船……这些器物的造型一定程度上都有模仿意识的存在。例如,房屋可能是模仿自然山洞而形成,船只则可能是模仿某种水上漂浮物而受到启发。模拟器物形态的原始陶器的出现,是一种创作中的再模拟,表现了人们对自己原创作品的热爱,是原始文化向前发展的重要表现。

模拟器物形态的原始陶器至今发现很少。1958年,陕西省宝鸡市北首岭出土了一件半坡型陶壶,它的造型是模拟船形,又称为船形壶。这种船形壶在甘肃省永靖县也有出土,是较难得的陶器佳品。船形壶的壶腹、壶底为舟形,壶体两足较尖,并形成棱角。北首岭船形壶不仅造型美观,而且还装饰有网纹图案,表现出器形与装饰的高度协调,在艺术上取得了较大的成功。另外,在仰韶文化半坡型陶器中还出土了一件陶釜灶,很可能是模仿土灶制作而成,造型别致,也是研究这类陶器造型的典型作品。

五、根据生活需要造型

考古发掘证明,新石器时代较早期的器皿种类不多,造型较简单,接近自然的原始形态,附件很少,甚至没有。以后,随着生产的进步,造型能力的提高,人们根据当时生活的需要,在原有器皿造型的基础上,逐渐脱离对具体形象的模拟,而进行着独立的创造。

1964年,江西省万年县仙人洞的第二次发掘,下层出土陶器残片298块。从口缘残片观察,仅罐形器一种,未见有平底器,胎厚薄相差0.4~1.4厘米。浙江省河姆渡文化第四层出土的陶器,只有釜、罐、盆、盘、钵等几种,釜和罐占绝大多数。有类似鼎足的活动支座,但没有鼎和豆。造型简单,器形不整,弧度不一,圈足和把手等附件少见。西安市半坡出土的陶器种类虽较多,但附件不多,圜底器仍占有一定比重,器皿造型和后期的大汶口和龙山文化相比,显然是属于早期的产物。山东省大汶口遗址出土的陶器种类,比前显著增多。同样是手制(大汶口还是以手制为主),制作规整精致。器皿造型以平底器最多，其次是圈足器和三足器，把手、双鼻和器盖等有较多应用。器盖的形式多种多样，大多作喇叭形钮，其次是马鞍形钮、菌状钮。有一种平顶筒形盖，盖盘都较深，可兼作豆、碗之类器物使用。至龙山文化时期，凡属人们日常生活需要的各种器皿，无不具备。造型变化更多，器形更规整，附件制作更讲究。圈足、三足和把手的大量出现，是龙山文化陶器的明显特征之一。

器盖的应用提高了卫生条件，且方便封闭加热和储存。按钮装置，方便存取。一个没有把手的容器里装满了刚煮熟的食物，显然很烫。安装手柄时传热低，使用方便。加高器足，是为了适应当时席地而坐食用方便而设计的。为了便于炊煮，在罐、钵之类器物上加三足，衍变成为鼎、鬲之类的炊器。开始可能是实足，而后改为空足，使之加大受热面，缩短炊煮时间。如大汶口出土的陶鬶，就是由厚壁、实足而向薄壁、空足演变的。屈家岭文化的先民，把一种造型形式分别运用于几种不同用途的器物上。如利用碗、鼎和豆的体部，按照不同需要，附加高矮不同的圈足或三足，创造性地做成用途各异的各种器皿。从大汶口早、中、晚三期出土陶器看，器皿造型是渐趋向规整美观演化，实用性逐渐增强。如高足大镂孔豆的圈足，容易破碎，在中晚期被淘汰了，而细柄豆代之兴起。中晚期罐、鼎等器皿，口沿逐渐加宽，既增强了牢度，更具实用功能。尤其晚期墓出土的陶器，制作更为精美。

盖、钮、流、耳、把、足等器物附件的广泛应用，一物两用和多用（如大汶口文化陶盖盘兼作豆、碗使用）的巧妙设计，造型越规整、适用、器胎匀薄，以及平底器的普遍出现等，正是人们按照生活各方面的要求，经过长期的劳动实践，逐步加以创造和改进获得的成果。新石器时代晚期的器形日益多样，造型日益完善，制作日益精致，这些都表明了当时生产的进步、文化的提高、造型能力的加强和人类生活的改善。而这个过程，是经历了两三千年漫长的历史阶段才完成的。

第二节　装饰图案的意义

一、陶器纹饰的起源

关于陶器纹样的起源有各种各样的说法,其中以"编织说"影响最大。"编织说"根据陶器底部遗留下来的编织纹印痕的特征,猜想原始人有可能是受了"编织"纹样的启发,然后出于装饰审美的需要,逐渐产生了各类表现手法,于是就根据这种推断提出了彩陶花纹源于编织的理论。"编织说"的理论,是建立在"审美装饰"基础上的。西安市半坡出土陶器席纹的印痕,被认为是彩陶网纹的形式基础。陕西省宝鸡市出土的彩陶壶,多称为"船形壶",壶体所绘网纹,是"渔网"的形式表现,网纹是编织纹的形式发展。另有观点认为,在新石器时期人类意识尚未成熟时,人们通过使用工具创造出第一个印记和痕迹时,有了对点和线的基本构成形式,这些点和线呈现出了先民在原始社会的心理活动的客观表现。但是随着时间的推移,这些原始工具在慢慢地发展进步,而人类的心理活动表现已经不能单纯地靠这些工具来实现,于是根据自身的生活经验慢慢发展成心理表象的活动经验,在创造纹饰时便有了非常主观的心理创造的模式。根据对古代历史、地理、气象等的研究表明,黄河、渭河流域在几千年前是温和潮湿的,在这种气候条件下,叶子宽大的栎树便遍布这样的地区,在此期间,云和雾气弥漫,河流的波纹也非常婉转。那么这时期植物的纹路、雷电的曲折、虫蛇的模样都会让先民产生不同的自然意象投射的心理表象,因此先民对这些外在因素的不断变化,通过自我的经验来有意识地进行规范化的设定,便形成一种有规律的心理符号的表达系统。先民开始摆脱了被动地对大自然物象的模仿和获取,而是通过自我认知去表达这样的客体。在这种心理活动过程中,使得先民依靠自我经验来进行抽象的形式表达,这种抽象的表达形式对新石器的彩陶纹饰起到了直接的推动作用,影响至深。[①]

纹饰的起源除上述各种推测与表述外,还应考虑到,历史文化的进程也是反映当时社会发展的总体呈现,那么新石器时期的彩陶文化也是这样的,

---

[①]简洁. 中国陶器:汉英对照[M]. 合肥:黄山书社,2013.

在这个时期所产生的彩陶纹饰也反映着那时人们的各种生活方式和日常需求。在新石器时期,农业的发展影响着彩陶文化的进程,彩陶文化也会和当时的农业生产力水平挂钩,也集中反映着先民对当时社会经济生活以及大自然的客观理解和认识,所以在彩陶纹饰产生时我们就不难理解纹饰中的图形大多来自自然社会的物象。

虽然彩陶纹饰起源于劳动过程中的偶然发现,但是当彩陶纹饰被刻画于陶器表面时,就成了人类精神本体有意识的创造活动,"从无意到有意的过程,体现着从本能向意识觉醒的变化"。随着人类实践经验的积累,有能力对自然的客观环境进行一定程度的改造,同时生存技能也有所提高,纹饰更多体现出一种艺术创造,才形成了所谓的艺术审美的观念。综上所述,原始先民对于纹饰的创造经历了以下几个阶段,即:无意识的发现——有意识的描摹——宗教性的刻画——艺术性的创作。"可见陶器的装饰图案和纹样,常常具有时代性、民族性、宗教色彩和文化特征。"原始陶器不仅在功能上对人类的发展具有重大意义,而且陶器上的各种装饰纹样,更是一个巨大的艺术宝库,不论其形式或内涵,都充满了无比的魅力。

二、陶器纹饰的分类

(一)按装饰的形式结构分类

所谓装饰形式结构实际是指装饰造型的具体风格特征,这种分类具有较大的直观性,一般可分为具象形式、抽象形式、意象形式和想象形式四大类。

1.具象形式

所谓具象形式,就是按照被表现对象本来的样子和生长规律进行造型。这里并不涉及表现手法和表现技术的问题。有的具象形式的造型表现为对自然的真实模拟。这种形式,一方面在一定程度上把现实中美丽动人的具体物象再现出来而更美、更带装饰性;另一方面又包含某种意义、观念、神情、动态、意味和情趣。这种写实形象的装饰性也是靠一定程度的简化、次序化、程式化、理想化甚至几何化和加强形式美达到的,但在这种写实形象上仍可辨认出现实中的具体形象。有的具象表现形式仅追求表达出对象的基本特征,包括形体特征、动态、基本比例等,但不刻意地追求其中诸如立体感、空间感之类的幻觉空间的营造,也就是所谓平面性的造型。

原始彩陶纹饰中具象造型主要存在于仰韶文化中的鱼纹和鸟纹。彩陶花纹的鱼形,经过变形、简化、夸张再造的处理,创造了具有典型特征的艺术形象。而鸟纹多见于半坡类型彩陶,多以剪影形的简化形式而存在,既有单独的形式,也有与简化鱼纹相组合的形式。宝鸡市出土的水鸟啄鱼纹彩陶壶,上有葫芦花纹和鸟啄鱼纹,是这一花纹形象的最早形式。鸟纹与鱼纹各占一半空间,又为相互牵制连接的形态。

2.抽象形式

这里所指的抽象形式,是相对于造型艺术中的具象和意象而言的,不同于哲学和自然科学中的抽象(哲学或自然科学中的抽象便没有具体的形象了),是指非具体所指的形象,与现实自然没有明确的对应关系。具体地说,在原始彩陶装饰纹样中,主要是指各种几何形的装饰,包括规则的和不规则的、立体的和平面的几何形形式。

抽象几何形的装饰是彩陶装饰纹样中运用最多、变化形式最为丰富的形式。也就是说在这一时期,原始的装饰艺术家们可谓竭尽装饰变化之能事。在彩陶装饰上完成了从具象到抽象几何纹的形式过渡,以抽象的形式,表现抽象的理性概念,其形象特征按需要而变化,按需要而简化,基本脱离了原形,以几何纹形式而存在,没有对其演变过程的考察,则难以看到其形象的归属特征。抽象几何形之所以会成为装饰中最普遍和流行的形式,重要原因之一就是其具有其他任何形式都无法比拟的适应性,它可以随着被装饰对象形体的变化而应变自如,同时又不会受到装饰形象的具体特征的束缚。

如秦安市大地湾出土的彩陶钵,以三角纹的形式,再现了抽象的鱼形纹样。这类纹饰已看不到鱼的基本形态,只是从两类三角纹的结构特征,从其演变规律的考察中,认识其抽象演化的过程。马厂类型彩陶人形纹,显示了奇异的特征,在人形的发展中,其形象特征完全解体,只有臂膀与手指形的特征,残留有简约的人形痕迹,人的形象演变为抽象几何纹的形态。通过对花纹形式的考察,可以看到由半坡人面纹,到马家窑文化的人形纹,正是从具象形式到抽象形式过渡的历程。

3.意象形式

所谓意象形式,是指装饰的造型虽有所指,但却并非完全地按照对象本来应有的样子进行表现,即不拘泥于被表现对象的原型,而是抓住被表现对象的主要特征之后,做诸如夸张、变形、组合、添加、简化等处理,使所创造的艺术形象既能联想到具体的现实中的事物,又不完全是现实形象的模拟和再现,给观者留出了联想和想象的空间。在原始彩陶纹样中意象形式纹饰虽然不是很多,却有很高的艺术价值。主要有两种表现形式,一种是完全由原始人通过想象和幻想虚构出来的形象,大多是几种现实形象的组合。如仰韶文化彩陶盆上的人面鱼纹,其中人面是以圆形绘制,眼部以上绘以黑色的三角图形或使其空白,透视有羽翼状的三角形(也许是一种饰物或发型),耳边则饰以两条相向的鱼纹。其中有可能就包含着原始人最初的图腾崇拜。另一种形式也是使用最多的意象装饰,是由具象的形象变化而来的。这类形象能够相对比较清晰地辨认出所要表现的对象,但却不是直接地按照对象进行描摹,而是运用了一定的概括、简化等手法,在思维上运用了联想。可以说这种形式的装饰是先人们凭借对具体事物特征的印象,并根据所要装饰物品的实际条件和整体统一感,删繁就简地突出对象特征而创造出来的形象,也是常常被我们认为的有别于具象写实形象的"装饰性"的形式。所以说,这类形式既不是具象的也不是抽象的,从艺术思维的角度看,它是实象思维和抽象思维的综合。如马家窑文化彩陶中的蛙纹、人形纹等,可以看出从蛙形的整体变形到其局部元素的抽象性符号,再到整体图案的运用,都体现出原始人对物象特征的把握和对抽象的点、线、面的自如运用。

4.想象形式

所谓想象形式,是指出于某种观念性的目的人为地创造出来的形象。它与抽象几何造型的根本不同就在于,抽象几何形装饰的图形意义就在其自身,它可以是一种集体认同的象征符号,甚至表达着十分具体的内涵,但这种象征并不是通过对形象本身的联想获得的,而是群体内部的一种默契和认同。想象的装饰造型的创造一般与现实的形象关系密切,是对现实世界的一种理想的重构,以表述某种理念。

半坡类型尖底罐上,绘有折叠型鱼纹,一反常态地使鱼头与鱼尾变为同一方向,形成头尾相接的形态。花纹形式突破了鱼形的正常结构特征,显然是借鱼头方向的改变,体现头尾相接的回旋意象,为日月轮回、寒来暑往等自然规律周期性变化的寓意象征。

甘肃省出土的彩陶壶的旋涡纹内,有闪烁着光芒的太阳纹。旋涡纹的回旋式,按上下交替的形式勾连,包含了两种相反的对应关系;夹绘在旋涡纹之间的弧形三角纹,也与陶器底色形成的三角纹相呼应。

(二)按装饰的图形内容分类

1.几何图形

从新石器时代不同材料陶器上的图形,可以看到占有主导地位、运用最为广泛的是纷繁多样的几何图形。几何图形的装饰与按装饰形式分类中的抽象形式在表象上有相似之处,它们的区别就在于一个是作为装饰的形式,一个是作为装饰的题材;同时,抽象形式的含义要比几何图形宽泛得多,它既可以指几何图形,也可以指没有具体形象所指的任何形状,如任意的自然形或偶然形等。如果从形态上进行划分的话,几何图形包括了直线结构和曲线结构两种样式。直线结构的几何图形以仰韶文化半坡类型早期彩陶所饰的折线纹以及在马家窑文化彩陶上常见的锯齿纹、三角纹、网纹、方格纹、回纹,大汶口文化的八角星纹等为代表。相对而言,曲线结构的几何图形的出现稍晚于直线结构的几何图形,而其比重却要远远大于前者。曲线结构的几何图形主要以以下几种类型文化的装饰纹样最为典型:仰韶文化庙底沟类型彩陶所饰曲边三角形和马家窑类型彩陶所饰水波纹、涡纹、绳纹,半山类型的葫芦形纹、四大圈纹等。除这两种类型的几何纹之外,还有许多很难明确其定义的几何图形,它们往往将直线和曲线结构融为一体,产生多种形式上的变化,显示出新石器时代几何图形的丰富多彩。这些几何纹样主要是由线的长短、粗细、曲折、横竖、交叉和圆点等相互规则的排列组合而成。方形及其变体的几何纹饰,按其外形来说有席纹、篮纹、编织纹、网格纹、棋盘形纹、窗棂纹、回纹、方格纹、古钱纹等;圆形及其变体的几何纹样有圆点纹、同心圆纹、半圆纹、圆圈纹、多圈同心圆纹、大圆圈纹、圆点钩叶纹、螺旋形纹、四大圈纹、涡纹等;弧形纹有垂弧纹、凸弧纹、重弧纹、垂帐纹、连弧纹等;菱形纹有菱格网纹、格花菱田纹等;多边形有三角纹、六角星、八角星、8字形纹、十字形纹、米字纹、X形纹、S形纹、~形纹、人形纹、交叉纹、心形纹、弧边三角形纹、万字形、舟形、∞形、〈〉形、」形、羽状形、锯齿形纹、曲折纹、勾连纹、条带纹、宽带纹、平行线纹、斜线三角纹、平行条纹、弦纹、云雷纹、蓖纹、贝纹、波纹等。

2.动物图形

动物图形是在各类原始陶器的装饰中仅次于几何图形的装饰纹样。仰韶文化半坡类型彩陶盆上所绘的鱼纹、蛙纹,庙底沟类型彩陶上出现的鸟纹、蜥蜴纹,见于马家窑文化红陶瓶上的鲵鱼纹等,都是新石器时代陶器上所出现的动物图形。它以动物的自然形象为依据,可又不是动物自然属性的摹写,它以自己的形象内涵,赋予人们以某种哲理观念,表达时代社会的审美情趣,因此动物图案常常具有自己的象征意义。正是这种带有明显图腾性质的形象所传达出来的艺术形态,让人们可以从中清晰地感知中华初期审美意识产生的依据。

图5-1 陶器中的各类型动物纹集合

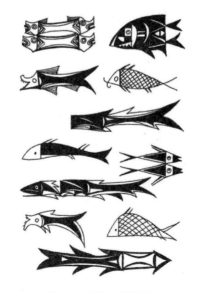

图5-2 陶器中的鱼纹

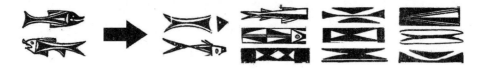

图5-3 鱼形图案演变过程

彩陶鱼纹是首先在西安市半坡仰韶文化遗址中发现的。从1954年发现彩陶鱼纹至今,我们了解到彩陶鱼纹分布在西起甘肃省天水市,南至秦岭南侧的汉中盆地,北到内蒙古草原的边缘地带。这就是说,公元前4000年至公元前3000年,在渭河流域及相邻地区,分布着一个以鱼为族徽的原始族群。

从出土的大量鱼纹形象看,公元前4000多年,彩陶鱼纹的造型手法就具备了东方美术的主要特征——主观性特征。彩陶鱼纹多为侧面形象,但是鱼身上下展开的鱼鳍常常是对称的两组,共四个。这不是侧面观察鱼所能得到的结果,必须是从上向下俯视时才能看到的。这种把两个不同视点的观察融为一体的表现方法,也许就是中国传统美术散点透视的先声。

彩陶鱼纹的这种变形手法清晰地表明"它们是由动物形象的写实而逐渐变化为抽象化、符号化"的过程。以往为人们所熟知的,考古资料亦证明了的,彩陶鱼纹由对现实对象的摹写向图案演变的规律,就是鱼纹逐渐变为象征性符号的规律。从早期比较真实的鱼纹到中期明显向图案化发展,纷纭繁杂的各种几何形鱼纹在这一时期逐渐形成了几种固定的符号。

彩陶鸟纹多发现在庙底沟期的彩陶中,仍以陕西省东部、河南省西部发现较多。这些鸟或作伫立状,或作嬉戏态,十分生动。如果将这些鸟纹联系起来,它们也明显呈现出符号化的倾向。庙底沟彩陶鸟纹的演变出现了两种倾向,一种是将鸟身弯曲成新月状,并发展出由新月相对而构成的纹饰;另一种是将鸟身变成豆荚状,并由此再构成花瓣纹。而这两种被称作"弧线勾叶圆点纹"和"花瓣纹"的纹饰又与由鱼纹演变戓的符号相近。可见,彩陶纹饰中某种几何纹虽然与某种动物有关,但并不是只有一种动物才能演变成这种几何纹,一种几何纹或符号常常与多种动物相关,如花瓣纹与鱼鸟等。也许,动物纹饰之所以向符号化演变,其中就包含有便于兼容其他动物特征的目的。

鸟作为太阳的标志似乎成了一种公论,这一点在彩陶纹饰中也有反映。如庙底沟彩陶中鸟纹有时演变成三足状,有时背上有日状纹样出现。但彩陶中的鸟纹却不仅仅与太阳有关,它还能变成弯月状,因而也与月亮相关。

如果我们将鸟与日月的关系看成以鸟为标志的人与历法的关系,这种现象或许会容易理解一些。因为人们在制定历法时不仅要依靠对太阳的观察,自然也不会拒绝对月亮星斗的观察,当然阳鸟、月蟾的严格分工大约是比较晚的事,而不是彩陶时代的本来面貌。

图5-4 鸟纹演变过程

目前所知最早的彩陶蛙纹是在陕西省临潼姜寨遗址中发现的。姜寨出土的彩陶蛙纹是与鱼纹一起画在陶盆内壁的。鱼作浮游状,而两只蛙却头向盆外。这两只蛙都是大圆腹,背上有斑,似为蟾蜍。继姜寨之后,在山西省、陕西省、河南省的仰韶文化遗址中相继发现了蛙纹,这些蛙纹继承了姜寨蛙纹的圆腹、背有斑的特征,但河南省、山西省出土的彩陶蛙纹却画在陶盆外腹而不是画在陶盆内壁;位于秦岭南侧的汉水流域发现的彩陶蛙纹,不仅画于陶盆内,而且位于陶盆盆底中心位置。从其位置及纹饰特征看,汉水流域的蛙纹对甘肃省的马家窑彩陶蛙纹有较大的影响。如前所述,中原地区庙底沟期的蛙纹多继承了姜寨蛙纹大圆腹、背上多斑的特征,而汉水流域的蛙纹却将蛙背上的斑点有规律地安排在由四条竖线划分的蛙背上。更晚一些的马家窑彩陶进一步发展了汉水流域蛙纹的特点,以纵横交织的网格布满蛙背。不仅如此,马家窑彩陶蛙纹的四足分别向前、向后弯曲而不分前足后足的特征,似乎受到汉水流域及甘南地区蛙纹的很大影响。

马家窑彩陶中广泛流行的水波纹饰,多画在陶盆、陶罐外壁,三组相连绕陶器一周,在两组弧状纹的相接处,一般有一个三叉状蛙足纹饰流畅地回转浮出,仔细观察就会发现,这种纹饰就是由三只三足的蛙纹的头和足展开形成的。而这种连续不断的波状纹样似乎又与半山、马厂以后十分流行的"S"状纹有关。

从半山期开始,本来就十分神奇的蛙纹变得更加神秘。它往往以人的形象出现,但那曲折的肢爪仍不乏蛙的痕迹。这种神人式的蛙纹在马厂期的彩陶中最为流行,无论是数量还是绘制技艺,在马厂彩陶中都占主要地位。马厂彩陶中的这种蛙人纹多数画在陶壶或瓮的腹部,有时两个或四个蛙人抱在一起,略去蛙人头部,以器口为共用头,蛙人纹的肢爪曲折处,有时还画有人目或谷粒状的纹饰。这大约表示了蛙神在黄河流域农耕初期的重要作用。

马厂晚期的蛙人纹多略去蛙人的躯干,只留下四肢作波折状展开。有的蛙人只由曲折的肢和菱形的头组成,已经失去了蛙人的痕迹而变成了一个独立的符号。

图5-5 蛙纹的主要类型

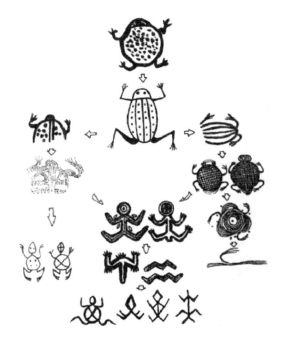

图5-6 蛙纹的演变过程

图5-7 蛙纹陶器残片

图5-8 甘肃省临洮马家窑出土的蛙纹盆

3.人物图形

人物图形在原始图形中所占的比重是最小的,目前所发掘的主要集中在仰韶文化和马家窑文化彩陶盆上的人面、舞蹈人、双人抬物,是原始人物图形的主要代表。仰韶文化半坡类型彩陶所描绘的人面鱼纹较为特殊,将鱼的形态与人脸部的特征组合为一体,学者们大多认为这是一种原始图腾,并且与生殖繁衍联系在一起,因鱼多子,人鱼合体,寓人于鱼,带有祈盼人类自身繁衍与获取食物来源丰硕的双重意义。就像李泽厚先生所表述的那样:"像仰韶期半坡彩陶屡见的多种鱼纹和含鱼人面。它们的巫术礼仪含义是否就是对氏族子孙'瓜瓞绵绵'长久不绝的祝福?人类自身的生产和扩大再生产即种的繁殖,是远古原始社会发展的决定性因素,血族关系是当时最为重要的社会结构,中国终于成为世界上人口最多的国家,汉民族终于成为世界第一大民族,是否可以追溯到几千年前具有祝福意义的巫术符号呢?"仰韶文化彩陶所绘饰的舞蹈人图形已发现十余例,形象大同小异,均为多组排列相对整齐的舞蹈人形象,每个人物头部均有翘起的类似发辫的饰物,身着长及膝的袍服,身侧似有尾状物(也有说是生殖崇拜之物),造型简洁,高度概括。

图5-9 甘肃武威南郊新华乡磨嘴子遗址出土的舞蹈彩陶盆
及宗日遗址出土二人抬物彩陶盆

图5-10 人面鱼纹图示

4.植物纹样

植物纹样在装饰彩陶器物的时候,通常用于局部的点缀和连接其他图形的辅助。因为植物纹样中的形象容易表现掌握,在陶器上又更容易描绘使之能够和不同图形进行组合。正因为这种纹饰非常普通并能够变化出不同的形式,所以在彩陶纹饰中是基础图形,是"一种对创作母题不断重复的表达兴趣,是对自然人化的不断认可,即自然物象经过人化'自娱'处理后转换成个体心像,传递出人的生命讯息与情态类型"。我们通常所见的植物纹样的来源有:花瓣纹、豆荚纹、花叶纹、谷纹、叶形纹、叶茎纹、花卉纹、树纹、勾叶纹、禾苗纹、草木纹、藤须纹等。其中最多见的有花瓣纹、豆荚纹、叶形纹、勾叶纹等。其中每种纹样通过变形打散重新组合又能得到其他的表现方式。这一方面说明植物是原始先民较为细致观察的物体,对特征的把握较为准确;另一方面说明在从观象到构形,植物形态也是较易把握和变形

- 169 -

的,植物的叶、花、茎等物体本身也便于掌握。植物在这里具有较多装饰性因素。这或许可以说明,原始先民在创作纹饰时,一定是想着用最优美、最简洁、最富有生动的图形来表达赏心悦目的要求。

图5-11 陶器上的植物纹样示例

5.景物纹样

在新石器时期景物纹样的主要元素来自大自然,如山川河流被先民转变成波浪纹和涡纹;人们睁眼就能看到的太阳和月亮,则转变为日晕纹和月亮纹。这些景物都是人类肉眼能看到的事物,先民通过自己的思维判断来对这些景物进行构图组合。比如山与山之间的层叠起伏,在彩陶纹饰中通常就被运用于腰部或者颈口的装饰,为一些复杂的图形起到过渡的作用。如图5-12所示,这些波浪纹不仅是写实,也是先民心理过程的一种表现,或者根据绘制的心情来确定波浪纹高低起伏的幅度,这跟人们的现实情感有关。

图5-12 马家窑陶器各式变形的水纹图案

三、陶器纹饰的媒介功能

陶器是承载象形符号的文化媒介。陶器不仅延伸着人类的物质能量,更重要的是延伸着人类的精神能量。制陶技术是原始先民的思想在物质中的体现。如果远古先民没有意识、精神和创造欲望,就不会有陶器的发明创造,故陶器是凝结着人类主体意识的物质载体,彩陶纹饰更是承载着远古先民文化血脉的媒介形式,"彩陶艺术所体现的美的意识,是先民们将自己心灵情感通过一定物化方式感性显现的结果"。彩陶纹饰是先民们基于对自然界的观察和描摹将人的意识形态化的体现,将自然元素具体化以便能够掌控客观世界的具体表现,彩陶纹饰极有可能就是原始部落所使用的文字体系,它或许就记录着那些已经逝去的历史事件。对于陶器纹饰的文字符号意义以及陶器作为承载史前文化符号的媒介功能,可从以下两个方面做进一步的探究。

(一)彩陶纹饰是史前人类的象形符号

彩陶纹饰是原始先民在意识层面对客观世界的一种认知方式和表征方式,在那个生产力极端低下的原始社会里,先民们企图通过对"物"的描绘将万物的存在皆备于"我"心,使人类有足够的信心和能力去面对和掌控自然万物。在华夏史前文明中,彩陶上承载的鱼纹纹饰、鸟纹纹饰、蛙纹纹饰、水纹纹饰等,共同构成了作为史前人类的象形符号系统。从以上几种华夏史前彩陶动物纹饰可以看出,彩陶纹饰是对人体器官功能想象式的延伸,原始人类将这种特殊的而自身又不具有的生存技能通过动物纹饰表现出来,表面上是表现了这些动物的形态,实质上是在刻画人类本身,将"物"图像化是希望自己也能拥有这些技能以便能够更好地生存与延续。史前纹饰常见还有菱格纹、圆形纹、叶形纹、贝形纹、植物纹、螺旋纹、波浪纹、锯齿纹、三角纹、折线纹、花纹、网纹、左右对称的二方连续纹、平行条纹等。这些陶器上的纹样标志,被认为是中国原始文字的起源。

(二)彩陶纹饰是史前人类的文字符号

在人类史前史上出现在史前陶器上神秘的纹饰和诡异的图案被学界当作文字的源起。"彩陶中的某些符号也就是早期象形文字的符号化,也许在甲骨文之前,汉字的雏形就是彩陶纹饰。它既有记事的功能,又有表达思想情感的功能。"这就是说在史前文字尚未正式诞生前,古陶上的纹样、图案或许在某种意义上就起到了文字的作用。

在中华文明史上,传说在文字诞生以前华夏先民曾经有过"结绳记事"的创举。既然"结绳"尚能"记事",更何况史前陶器上的纹饰和图案?

"陶器经过火的烧炼,表面坚硬而光洁,它上面的制作印痕可以历经岁月的销蚀而不易被磨灭,从而成为保存记忆,用于记事的思想传达媒介和载体,它的发展又成为一种书写与绘画并存的文化表达方式,它的广泛存在也成为人类文明与发展的历史见证。"就是说,附着大量彩色纹饰的彩色陶器本身就为原始先民观念的具象表达,提供了一种能够承载特定文化符号的文化媒介。

第三节　形式原理的运用

新石器时期陶器装饰的原理可称为形式美的创作,其建构包含许多形式美的原则,在此,我们尝试从形式美的维度,将史前陶艺匠人在装饰纹样创作方面的成就归纳为六个方面。

一、具象与抽象

装饰图案可以有具体的和抽象的两种形式,但装饰图案本质上是抽象的形式,它们的存在是图案而不是图画。于此,我们将从形式美原理的视角进行进一步的阐释。

谈到人,人们总想将他与动物区别开来,当然这可以有诸多维度,就其与外界的关系来看,人与动物均存在一个处理与外界关系的问题。这种关系可以分为认识性和实践性的,认识是实践的指导,同时也是实践的结果之一。人如何认识世界,就其与动物的根本区别来说,它是凭借符号来认识和把握世界的,而动物只能凭借其感官直接地认识世界。人对外界认识的初级阶段,也是凭借感官进行的,但人会将这种从感官得来的关于外界事物的印象上升为理性的认识,并将这种理性的认识概括成符号,用符号来表示他对外界的认识。一切符号都有感性认识的基础,但都具有理性认识的性质。人是地球上所有生物中唯一用符号认识世界的动物。

人所使用的符号有诸多种,图像是其中之一。图像作为符号又可以分为具象的符号和抽象的符号。具象符号具有抽象性,但主体为具象,以象物为基本品格;抽象符号具有具象性,但主体为抽象,以体情或寓意为基本品格。

新石器时期陶器上的纹饰,基于纹饰的本质,以抽象为本,也就是说,尽管史前陶器中也有很具象形的纹饰,如河南省临汝县(今汝州市)阎村仰韶文化遗址出土的一具陶缸上有一幅鹳鸟衔鱼石斧图,但是鹳鸟衔鱼并不是陶器纹饰中的主体,不能作为陶器纹饰的代表。

虽然我们也将新石器时期陶器纹饰分为具象纹饰和抽象纹饰两种,但从本质上看,均是抽象的。它在这方面处理的成功经验在于:即使是具象的纹饰,也有抽象的意味;即使是纯抽象的纹饰,也能给观赏者带来对具体事物的联想。换句话说,不管是哪种纹饰,均做到了具象与抽象的统一。

具象与抽象的统一首先带来的是事物的可辨识性与不可辨识性的统一。可辨识性是因为它有一定的形象而且这形象来自实际,不可辨识性是因为它不确指某一具体事物。这样,其审美效应就出现了感觉的有限性与理解的无限性的统一,这正是形式美所需要的。美在形式,这形式既是具象的又是抽象的。用绘画的理论术语来概括:在似与不似之间。具象与抽象的统一,是形式美的第一原理。这一原理在史前陶器纹饰中得到了突出的体现①。

如图5-13所示,此盆现在被命名为鱼头莲叶纹。而其实,这个命名是不是准确是难说的,因为它的某些纹饰有鱼头的意味,是不是鱼头其实也很难说。同样,它的某些纹饰有些像莲叶,但是不是就是莲叶的抽象,也不能确定。这种让人在认知上难以确定为某物的纹饰,正好说明它是具象与抽象完美结合的产物。这种纹饰特别具有魅力,耐人寻味。

图5-13 仰韶文化庙底沟型鱼头莲叶纹陶盆

有些纹饰虽然基本上可以确定为某物造型,但它并非具体事物的写实,而是有所变形的。变形是抽象的手法之一。庙底沟型的陶器上的鸟纹,许多是做了变形处理的,其正面的鸟纹,像是弯月托起圆太阳,这种图案既可

---

①刘莉. 早期陶器、煮粥、酿酒与社会复杂化的发展[J]. 中原文物,2017(2):24-34.

以让人猜测到正面的鸟,也可以联想到别的,这种能做多种猜测的图案,能勾起人们不断探寻的审美情趣。

还有一些陶器上的纹饰简直没有办法判断它是具象的还是抽象的,如图5-14中所示的寺洼文化陶鬲,它上面的纹饰是堆塑而成的。观赏这纹饰,似乎像动物,又无法判断是什么动物,事实上,它只是根据器形作的一种图案。

图5-14 寺洼文化堆塑纹红陶鬲

陶器纹饰最主要的手段是点、线、面,它们本身既是具象的又是抽象的。在点、线、面三者之中,线是最重要的造型手段,它的造型能力最强。中国史前陶器纹饰主要是线的艺术。线条中有直线、有曲线,均具有丰富的意味。如图5-14中所示的陶罐其纹饰由各种线条组成,有直线,也有曲线,线条粗细不同,组合在一起,亲和、自然、情趣盎然。中国艺术是重在以线造型的,这一传统可以追溯到陶器纹饰。图5-15和图5-16所示,均为马家窑文化的陶器,均用线条构图。图5-15所示的线条更为细腻,类似中国画的工笔;图5-16所示的线条更奔放、更潇洒,类似中国画的写意。

图5-15 马家窑文化马家窑类型线条纹陶罐

图5-16 马家窑文化石岭下类型线条纹陶瓶

二、对立与和谐

形式美其构成要素往往不能只是一样,它需要有一个与之相对的因素,即使纹饰减少到只有一个点,那么,衬托这点的器的底也就成了与之相对的元素。这里构成纹饰的诸多元素,只有构成既对立又和谐的关系才是美的。

什么叫对立?对立的基本点是相异,相异可以是相反,但也可以是不同。所谓相反,它可以是方向上的相反,如一个向上,一个向下;也可以是性质上相反,比如一个是圆,一个是方。构成纹饰的诸多元素可以按照不同的分法,从整体到局部分成诸多的两个方面的关系。这些关系中的诸多元素不是游离的而是相关的;不是无机的而是有机的。有机的就是生命的。有生命的就是有活力的,它就具有美的可能性。

什么叫和谐?和谐的前提,必须存在两个以上的事物,而且这两个以上的事物必须构成一种相异的关系,正是因为相异,它们之间的关系就存在一种张力,一种有一定紧张性的关系。紧张性的关系是敌对的,如果能够将这种敌对性的关系增加一种联系,则属于张力;让两者产生互补性、相生性,那么,这就是和谐。和谐不能是同一反复,而必须是对立统一。

对立让事物产生活力、和谐让事物得以永恒。对立和谐的理论既可以实现于宇宙的许多关系之中,也可以实现于人与人之间的关系之中,当这种关系通过一种感性的形式体现出来时,它就构成了一条形式美的法则。

由于事物的对立存在诸多的形式,那么其和谐也就可以存在诸多的形式。在史前陶器的纹饰中,对立与和谐的形式美原理出现得比较多的形式有如下几种。

(一)横S形构图

这是在陶器纹饰中见得最多的造型方式。比如,马家窑文化陶器最多的是旋涡纹,这旋涡纹的构图通常为横向S形,构成上下左右的相反关系,然而它们之间又是互相呼应,最终相成。

这种图形上下腾挪,回环往复,类似波涛,奔腾不休;又似音乐,高低抑扬,轻重疾徐,余韵无穷。不管是视觉的,还是听觉的,都诉诸想象,绵绵无穷。如图5-17是马家窑文化半山型一具凸旋涡纹陶瓶。观赏此瓶,似听到震天撼地的波涛声。

图5-17 马家窑文化半山型凸旋涡纹陶瓶

(二)曲线与圆圈构图

图5-18这种成分主要见于马家窑文化陶器中。一般围绕一个圆圈会产生两束或四束曲线,给人的感觉是几股水流碰撞形成一个旋涡,而那个圆圈就是旋涡的中心。这样就形成了动静关系,动曲线代表水流,静圈代表涡心。不仅如此,曲线与圆的构成也体现了虚实的关系,圆为虚,曲线为实。

图5-18 马家窑文化马家窑类型旋涡纹陶盆

（三）网格与圆圈构图

图5-19这种构图主要见于马家窑半山型陶器,网格或在圆圈之外,也可以在圆圈之中,这种构图主要见出疏密关系,但也可见出虚实、正斜、繁简、动静等关系。

图5-19 马家窑文化半山型圆圈方格纹瓮

（四）三角与曲线构图

如图5-20所示,三角有锐利感、运动感,而曲线则有和舒感、静谧感。这种构图也多见于马家窑文化陶器之中。有些方格连缀成菱格,圆圈变成贝叶状,有弱化对立的倾向,但对立仍然明显。这种对立构成的关系主要为刚柔,但亦有其他各种关系。

图5-20 马家窑文化半山型三角加曲线纹陶壶

（五）以点定位构图

所谓以点定位构图，张朋川先生说："马家窑类型彩陶盆内的图案，有以中心圆和盆周等距三圆作定位点，将各点连接而成主要结构线，再设辅助定位点，再连成辅助结构线，然后依主次结构线构成复杂而多元的图案。这样构成的彩陶花纹受定位点的控制，穿插多姿的图案仍作有规律的变化，繁而不乱，有条不紊（如图5-21所示）。在庙底沟类型的以圆点、斜线、钩羽纹组成的彩陶图案中，'点'是首领，就像庙底沟图案中常以点来表示鸟头的含义一样，'点'在图案中如同指挥，是用点来制动全局的。"这样的构图所表现的对立关系主要为主次、中边。这主次、中边，对于整体的和谐起着主导的作用。

图5-21 1秦安焦家沟（石岭下类型）2 隆德风岭　3、4 东乡林家（马家窑类型）
5武威王景寨（马家窑类型向半山类型过渡）6兰州三营（半山类型早期）
7广河地巴坪（半山类型中期）　8兰州青岗岔（半山类型晚期）

以上五种方式只是代表性的，构成对立和谐关系的构图在史前陶器纹饰中是非常多的。对立与和谐是艺术构图的基本原则，不独是形式美，它还深刻地反映了宇宙运行的规律。史前人类能够如此深刻地认识到这一规律并如此灵活地将它运用到纹饰构图中去，足以见出当时的人类对宇宙运行规律已经有相当深入的理解。产生于商周之际的《易经》和产生于周末的

《老子》对宇宙对立统一规律有那些深刻的认识,原来并不是无源之水、无根之木。它至少可以溯源到5000多年前的马家窑文化。

图5-22 马家窑类型彩陶盆内图案以点定位

三、丰富与单纯

丰富与单纯本来也可以归结到上面的对立与和谐关系之中去,但是,在史前陶器纹饰的创作中,它还有另外的意义。丰富与单纯是可以统一在一幅图案之中的,如果是这样,它可以归入上文的对立与和谐中去。但我们在这里要说的丰富和单纯是史前陶器纹饰两种不同的风格,它们各有其独特的魅力。

马家窑文化陶器的纹饰是最为丰富的。这种丰富主要体现在三点:一是器体大部分或几近全体布满纹饰;二是纹饰的构成元素多,不止一种;三是构图手法多,同样不止一种手法,而往往是两种甚至两种以上的手法;四是色彩繁复,马家窑陶器已经注意到纹饰色彩的造型效果,注意纹饰线条与器表的呼应关系。

丰富最忌杂乱,因此,秩序很重要。马家窑文化陶器虽然很丰富,但秩序井然。主要原因是陶器工艺师在设计纹饰时心中有数,主要依据有三个。

(一)依据器形,让纹饰与器形统一起来

不同的陶器其造型是不一样的,像瓶壶,均有比较长一点的颈和比较宽的肩,瓶身比较瘦长。那么,为瓶设计纹饰,第一要重视肩部,其次是颈部,让这两个部位的纹饰将整个陶器的纹饰领起来。这就好像设计人的衣服,要重视衣领和衣肩。如图5-23所示,就有马家窑类型横线纹陶瓶,遍体布满纹饰,算是比较繁复了,但是并不见杂乱。主要原因是它的构图有章法。根据器形,它将三条最粗的横线安置在肩与腰连接部,占据视觉中心,从整体

上统领着整个图案。而在颈与肩的连接部也设置一条较粗的横线,此横线相当于衣领,虽然占的位置不大,作用却不可小视。因为有了它,整具陶器的图案显得清晰起来。

图5-23 马家窑文化马家窑类型横线纹壶

罐与瓮不同,罐一般比较矮,颈短,甚至无颈,肩部比较圆,为削肩。对于罐来说,它最重要的部位是腹部,因此只要将腹部的纹饰的脉络理清了,整具陶罐的纹饰也就不乱了。马家窑陶器中,罐的纹饰多为大圆圈造型,而且圆圈大多放置在腹部,显然,陶器工艺师是有意突出罐的饱满感。瓮较罐高一些,肩部比较宽,主纹饰一般放在肩部,而且较多方格纹,方格纹给人稳重感。

(二)依据人们的视角

人们观物的视角有平视、俯视、仰视三种。对于陶器来说,仰视不可能,均为平视和俯视。大型的陶器平视,小型的则俯视。一般来说,与人们的视角相对应的部位会得到较好的设计。大型的陶器,可供彩绘的面积大,因此图案较为繁复;小型的陶器,可供彩绘的面积不大,如果设计得繁复就看不清楚了,因此一般来说,小型陶器其图案要较为简洁。大型陶器如瓮罐,均立在地面上,人们的视线通常落在器的上部,下部不太容易看到,因此,下部可以不做设计,而小型的陶器如杯、瓶、壶,人们会拿在手中欣赏,器具下部不宜轻易放过,需根据器体做一些设计。如图5-24所示,马家窑文化马家窑类型的一具陶壶。这件陶壶上的纹饰非常大气,器的肩部有四个大圆点,近肩的腹部围上几条横线,颈部显得有些丰富,有横的环线也有竖的叶纹,显得精致。这样的设计出于对人们视觉角度的考虑,也考虑到器的形态,目的是突出陶器的肩、颈部位的审美效果。

图5-24 马家窑文化马家窑类型圆点陶壶

（三）依据事物存在的逻辑关系

事物的存在有它一定的逻辑，人认识事物也有一定的逻辑。这两种逻辑是统一的，后者依据前者。要想让陶器的纹饰做到繁复而不杂乱，找到这种逻辑十分重要。主要有三种逻辑：一是象物。虽然陶器上的各种图案为抽象的点、线、面构成，但它仍然在一定程度上是自然现象的体现。它体现的或是自然物的存在形式，其逻辑为象物，或如鸟在飞翔，或如浪在翻腾，或如鱼在游动，均有一定的客观规律。不管如何抽象的图案，总会隐隐地体现出实际事物的存在方式，让人易于理解。二是合力。即使找不到现实中的对应物，图案中的点、线、面等，其相互关系也会显现出各种力的合力来。这种合力有力的方向，将图案中所有元素进行整合。三是分组。按一定规律将纹饰分组，不管多么复杂的纹饰，只要分组，且这种分组不是随意的，而是有一定规律的，那么它就变得井然有序了。

如图5-25所示，这具罐其纹饰层次很多但很有规律：一是弧线做同一方向的震动，力的方向是一致的；一是分组，器体纹饰纵向分成若干组，各组图案一样。基于此，此陶器图案虽然繁复，却不杂乱。

图5-25 马家窑文化半山型多层垂弧罐

　　丰富而有序,这是一种重要的审美意识,但更重要的是丰富须有致。"致"指意义、意味、情调,趋向于一定象征性。马家窑陶器多由圆点、圆圈、菱格、网格、横线、曲线等多种元素构造繁复的图案,虽然我们不能一一地分析出它们的审美意义来,但从总体的审美效果来看,它们的审美意识所呈现的是正面的、喜庆的、欢乐的,人们从中可以品味出富有、兴旺和发达的意义来。

　　与丰富相对的单纯同样也是一种美,单纯与丰富并不构成对立关系,相反,它们可以内在地相通。"单纯"的"单"只是外在表现,其内容同样可以是丰富的。单纯是以少见多,以一见十,极具表现力和概括力。"单纯"的"纯",讲的是品格,"纯"意味精粹、清新、高雅、含蓄。

　　史前陶器的纹饰风格除了丰富这一款外,还有单纯。就总体面貌来看,马家窑文化陶器纹饰风格以繁复为主,但也有很单纯的纹饰。如图5-26这件陶盆内的纹饰就非常简洁,横放着三条柔美的横线,根蒂相连,到现在为止,盆内的纹饰应取什么名字还难有定论,但是谁都觉得这纹饰简洁、美妙、耐人寻味。

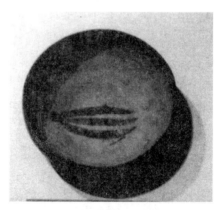

图5-26 马家窑文化马家窑型陶盆

　　一般来说,仰韶文化陶器和马家窑文化陶器纹饰要丰富一些,而大汶口文化陶器和龙山文化陶器的纹饰则显得单纯得多。大汶口文化与龙山文化的有些陶器,根本不做彩绘,只是在器具某些部位做些雕塑或是做简单的堆纹,则显出分外高雅的艺术效果。如图5-27所示,这件陶杯,粗看似乎没有图案;细看它还是有纹饰的,就是杯的中部的那一条堆纹。另外,杯的把手中间有一条凹槽。整具器很朴素、很高雅。

图5-27 龙山文化黑陶杯

单不单纯,虽然与纹饰的简约有关,但并不是说,纹饰小就是单纯,纹饰多就不是单纯。作为一种艺术品位,单不单纯更重要的是看纹饰透出来的精神是不是清雅脱俗。纹饰很少甚至没有纹饰,并不见得就是单纯。反过来,纹饰很多甚至有些繁复,但骨子里透出来的是一份真纯、一份高雅,那它的品位应是单纯。

如图5-28所示,这具大汶口文化的陶器,其纹饰就是单纯的。这具陶罐的纹饰,由几组云雷纹构成,组与组之间,留有相当宽的空间。一条黄线将它们全联系起来。这黄色的线或曲或直,起伏自然,上线近口沿,下线近腹底。整具器明快简洁,清新脱俗。此具罐上的云雷纹成为云雷纹的标准样式,为后代所继承。

图5-28 大汶口文化云雷纹陶罐

四、空间与时间

宇宙的存在形式是空间与时间,这两者虽然是结合在一起的,但是,就艺术品来说,却有空间艺术与时间艺术的区分。空间艺术指的是视觉的艺术,时间艺术指的是听觉的艺术。这两种艺术其审美效应是不一样的。优秀的艺术家,总是希望综合这两者之长。对于空间艺术,希望能够产生音乐的效果,对于时间艺术,则希望能够产生绘画的效果。

史前陶器上的纹饰本属于空间艺术,由于陶器工艺师卓越的艺术创造,其中优秀的纹饰却也能见出某种音乐般的审美效果来。这种音乐般的审美效果,主要为节奏。节奏本是不能看的,说纹饰具有节奏感,只能说"好像有",也就是说,这种听的感觉是虚的。

史前陶器工艺师是如何让纹饰具有节奏感的呢?其方法之一就是让纹饰的某些元素规律性地反复出现,欣赏者在欣赏这种纹饰时,由于审美联系的作用产生听的幻觉,耳边似是响起有节奏的音乐。

史前陶器的纹饰中,横带式的纹饰常由若干二方连续纹样构成。吴山(南京艺术学院教授、江苏省文史研究馆馆员、中国美术家协会会员)先生说,二方连续纹样在史前陶器纹饰中用得很多,究其原委,主要有三点:"①因当时装饰的器物大多是容器,人们在长期的劳动生产中体验到应用这种纹样作装饰较适宜;②根据当时的使用要求,二方连续纹样做法较易,效果较好,并可适应各面的(包括四面和俯视)欣赏。③装饰的内容多数是几何形纹,以几何形纹组成连续纹样较易取得节奏和统一之美。"吴山先生说,二方连续纹样(图 5-29)大多数是横式左右连续,斜式和纵式较少见。纹样的排列有上下颠倒,有两三个散点互相组合,有一个散点反复排列,变化较多。

除了二方连续纹样外,还有四方连续纹样,多数为网状结构,马家窑文化、大溪文化、大汶口文化均有,而以马家窑文化中的陶器最为突出。吴山说:"所有这些图案构成的骨式,大多能随器形的不同而作出种种变化,一般说来,在艺术的处理上,初步已注意到力求均衡、调和与保障方面的均等,黑白、虚实、高低、轻重、粗细、大小以及疏密、间隔的对比手法,已粗具水平。连续纹样的构成,注重齐一的手法,效果较好。有些纹样的构成较别致,对称中有不对称,连续中显得不连续,方法多样。"

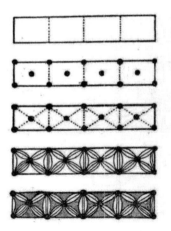

图5-29 大汶口文化彩陶盆上二方连续纹样构成示意图

连续纹样,是构成史前陶器纹饰韵律美的重要方式之一,它让纹饰这样一种空间艺术具有时间艺术的品位。这种手法来自史前陶器,在青铜器纹饰中得到发展,以后成为相对比较固定的模式,进入中国工艺设计的传统手法宝库,为无数的工艺设计师提供具体的范式和精神启发。

空间艺术之时间化,方法是比较多的。连续纹样只是其中一种。连续纹样所具有的动态感一般是左右或上下方向的运动感,其方向呈一维性。史前陶器纹饰的动态感,具有多种形式。除连续纹样外,还有一种从同一中心生发的多方向的运动感。最突出的例子莫过于马家窑文化马家窑型旋涡纹饰了。这种纹饰通常是多股流水般的线条,顺时针或逆时针地从同一圆圈边上斜向生出,这里有一种运动——旋涡式的运动,运动是时间的本质属性,运动感均会产生声音感觉。这旋涡式的运动因为是从同一圆圈按同一时针均匀生出的,这样就具有一种节奏感,凡有节奏感,就有音乐的韵味。

实物的联想也是创造空间艺术时间化的方法之一。几何纹饰的好处是允许有比较自由的联想,当我们将纹饰联想到自然界发声的物体,比如鸟、流水时,我们的头脑中不禁会幻化出生动的视觉形象,出现生动的画面,而且耳旁仿佛还能听到声音。

美是离不开感觉的,第一美感当然是视觉的美感,因此,视觉的世界是最丰富的美学对象。但是,只有视觉美感是不够的,而且视觉美感因为受到具体形象的约束,想象的空间不是很大。听觉的美感虽然比较虚化,但是它有更多的想象自由,更重要的是听觉美感,更多地直接诉诸人的情感,能让人在心灵深处受到更多撼动。这是一种较视觉美感更心灵化、更情感化的美感。史前陶器纹饰的设计,有意识地在空间艺术中引入时间的品格,化空间艺术为时间艺术,以突破视觉美感的局限,导向听觉美感,不能不说是一种深刻的审美意识,值得我们高度重视并给予高度评价。

五、线条与色彩

线条与色彩是纹饰造型的基本手段,世界各民族的工艺概莫能外,中华民族在这方面有它的特点,而这种特点,早在史前陶器纹饰造型时就已定型。

先看线条,史前陶器纹饰上的线条,基本上是画出来的,没有使用几何工具,线条不是那样均匀,细看能发现线条运笔的痕迹,这笔不是硬笔,是软笔。软笔作线全靠艺术家手的控制,由心到手,由手到线,所以这线不仅极能见出艺术家的技艺,而且极能见出艺术家的情感、心绪。这线就成为艺术家情感的物化之物,成为情感的形式。所以,只要稍许仔细地观看陶器上的线条,就能感受到史前陶器工艺师的情感与灵魂。

线条不外乎直线、曲线。直线与曲线各有不同的审美意味,就总体来说,史前陶器工艺师似是比较喜欢用曲线造型,这在马家窑文化陶器中表现得最为突出,那种多线条组合又多块面构成的旋涡纹极具动感,也极具气势,反映了史前陶器工艺师对曲线的掌握已达到极高的水平。如图5-30所示,这具陶罐用的也是波浪纹,那一波一波的浪花通过一束束线条表现出来,线条之流畅,粗细间距恰如其分,让人想到经过精心梳理的头发。

图5-30 马家窑文化马家窑类型波浪纹陶罐

　　线条在抽象的纹饰中其审美意义主要在于显现图案,一般极少见出它自身的审美意义,特别是在使用几何功能做线条时,由于中华民族史前陶器上的纹饰主要凭借手工,用的又是软笔,因此,线条自身的审美价值得以凸现,除了能见出艺术家的情感轨迹外,还能感受到线条自身的形式美感。

　　线条在具象纹饰中的审美功能更为丰富,因为它除了上面所说的两种功能——表情功能和形式美感功能外,还有写真功能,就是说,通过线条形神兼得地再现表现对象的质感、精神。这方面,马家窑文化马厂型陶器上的蛙纹可以作为代表。马厂型陶器上的蛙纹兼具象抽象之功,主要为线条造型。这线条精妙处不只在它为蛙画出了一个轮廓,让人可以联想到蛙,还在于它传达出蛙体态上突出的特征——丰腴。

　　再看装饰的色彩。史前人类很早就会使用色彩了。著名的考古学家裴文中先生通过对周口店山顶洞人生活过的洞穴进行考古,发现了山顶洞人使用色彩的证据,他说:"山顶洞人还用赤铁矿制成颜料,把装饰品染成红色。埋葬死者时,他们在尸体旁的土石上撒上赤铁矿的粉末,将土石染成红色。红色是石器时代最常用的颜色。如果推测其原因,可能是红色的颜料易于寻找,又有驱逐野兽的作用,这在世界各种人类中广泛地存在,与特定的文化无关。"

　　新石器时代颜色的使用就更为普遍了。半坡遗址发现有两件凹陷的石块,这凹陷处有遗留的红色颜料,还发现有小磨锤,这磨锤上染有颜料,很可能这磨锤就是用来磨制颜料的。新石器时代的彩陶,其器表一般为橘红、橙黄、灰等。纹饰所用的色彩主要为黑色和深红色。陶器颜色生成,除了原料外,关键是窑内的温度。仰韶文化时期,人们已经会利用氧化焰、还原焰等技术来烧制各种色调。

　　新石器时代彩陶上的装饰,就色彩配合来说,主要有红配黑、黑配黄、灰配红、黑配白等。色彩主体为黑红两色,这两色的配合,显得沉着、浑厚且和谐。这两色对中华民族的文化心理影响至深至巨。中国文明之初产生的哲学著作《易经》其第二卦坤卦就卦上六爻辞云:"龙战于野,其血玄黄。"这"龙战于野"比喻的是阴阳交替,其色为红、黑、黄三色。虽然如裴文中先生所说红色颜料在自然界中很容易找到,它的使用与特定文化无关,但是,当红色与其他颜色相配时,它就有了文化的内涵。事实上,由史前陶器始,黑、红、黄三色之配成为中华民族重要的审美传统之一。

六、有法与无法

史前陶器,无论是造型还是纹饰,都有一定的规律。这条规律大致可以从两个方面来看。

第一,每一地区的人们,其陶器的形制、纹饰有大致共同的一些法则,因此可以见出其文化归属。这一点在马家窑文化中的诸多类型中见得比较明显,以马家窑文化中半山型和马厂型为例,就纹饰来说,半山型多为网格纹、圆圈纹,而马厂型则多为山字纹、蛙纹。半山型的纹饰更见丰满、繁复,而马厂型纹饰则多见神秘、粗犷。

第二,形式法则诸如平衡对称、多样统一等。对于上面两种法则,史前陶器工艺师均是清楚的。他们实际上也大体遵守着这些规则,已经出土的史前陶器也足以证明这一点。但是,他们并不是死板地恪守这些规则,而是灵活地运用这些法则,更重要的是在历史条件允许的情况下,他们进行着大胆的创造。所以,从史前陶器,我们更多看到的不是同一纹饰刻板地模仿,而是层出不穷的创造。对于马家窑文化中马家窑类型的陶器来说,旋涡纹可以说是它的标志性纹饰。这种纹饰有着统一规范,我们也的确看到了这种规范。但是,完全一样的旋涡纹却又很少,所有的旋涡纹均有着不同程度的创造。

如图5-31中的纹饰大概是标准的旋涡纹了,它由四束线条构成,呈螺旋状,围着一个中心,中心为圆圈。然而,实际运用却又千变万化。

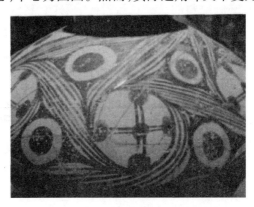

图5-31 马家窑型陶器标准的旋涡纹

从审美角度来看艺术,艺术是法则与创造的统一,法则决定着创造中的必然性,而创造又体现出由必然走向自由的趋向。在马家窑型陶器纹饰中,我们能明显地看到这两种统一。这种统一突出体现了陶器工艺师对审美自由的渴望与追求。图5-32中这具陶器上的纹饰几乎找不到它所依据的模式,似乎是艺术家兴之所至的自由挥洒,然而它也有章法。

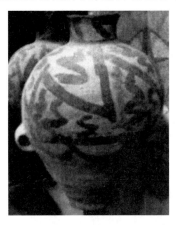

图5-32 马家窑类型随意折线纹陶瓮

由此,我们不由得想起清代大画家石涛关于绘画有法与无法的言论。石涛说:"规矩者,方圆之极则也;天地者,规矩之运行也。世知有规矩而不知夫乾旋坤转之义,此天地之缚人于法,人之役法于蒙,虽攘先天后天之法,终不得其理之所存。所以有是法不能了者,反为法障之也。"艺术创造不可无法,但又不可拘泥于法。立法为的是创造,为了创造可以破法。破法实是立新法。破就是创造,就是发展。石涛强调的是"我",是艺术家的创造,是自由。石涛的这一理论,溯其源不是可以到史前陶器纹饰制作上去吗?

史前陶器纹饰是中华民族艺术的宝库,它里面几乎蕴含着中国艺术的全部传统,值得我们深入地学习、研究、吸取。

第六章　中国新石器时期
陶器文明中的绘画艺术

第一节　陶器绘画的艺术表现

　　新石器时代的陶画是先民自然生活、社会生活和精神生活的整体依托。其表现出神秘离奇的色彩，而且一定有先民特点的逻辑和思想，更一定有领悟和表现纯粹美感的能力。这种原始社会精神文化与我们现代人相比，是相同眼睛的不同意识感知。就意识这一点而言，其中有新石器时代陶器绘画的深沉内蕴。不过给予视觉的强烈印象，则是混沌中走出来的新美，有如漫漫长夜过后黎明第一道迷人的彩霞。这道彩霞中，陶器绘画产生了视觉的写实、写影、变形三种倾向的表现。

一、陶器绘画的写实

　　目前出土最早的新石器时代的陶器绘画，不是黄河流域的彩陶，而是浙江省河姆渡文化约7000年前的线刻"猪纹陶钵"（图6-1）、"稻穗纹敛口钵"（图6-2）等。前者是在长方形钵的垂直四面中，于两个最大面积的前后部分，分别刻画了原始家猪的形象。其耐人寻味，入木三分地刻画了猪的形神，那种拱嘴、肥身、短腿、细尾、硬毛等猪的特征，以及在退缩、行进之间的摆尾动态，把猪随时拱地觅食的神情惟妙惟肖地表现了出来，而在头、颈与四蹄之间的关系中透出的猪哼声哼气的神气，更得所画物象的生活神情。这反映了原始先民对所饲养家畜形象的熟悉程度之深。此与一万年前的内蒙古自治区阴山岩画写实形象的稚拙味相比，灵秀、微妙、逼真等精确写实的因素已经大大增长。而且，值得注意的是该猪形象处理的特别处，为猪身装饰了有花、叶感觉的图案纹样；这也是以前所有的岩画形象没有过的艺术表现。依据古文字"花"与"华"为通假字而猜测其意，此处画花显然是有先民寄托的"华发——兴旺"之意。那么，追求所画物象的逼真与主观意念的渗透,两者的融合一体,是否表明了先民的写实绘画有着明确的内心目标呢?这答案,想必是肯定的。"猪纹陶钵"内涵表现明确,显现了先民写实绘画的生活良愿的动机。该动机为"稻穗纹陶钵"所继续。与"猪纹陶钵"一样,整个陶钵只画一种物象,但是稻穗植物作为人们生命线的粮食,选取之作为装饰刻画在陶器之上,用意颇深。其塑造的一抱稻穗在微风中颇有韵味,但沉甸甸以至压弯了腰的丰收愿望是为主题。无疑,这种希望与猪纹一样也是内心美好生活愿望之流露。①

图6-1 河姆渡猪纹陶钵(浙江省博物馆藏)

图6-2 河姆渡稻穗纹敛口钵(浙江省博物馆藏)

表达内心的生活良愿,是写实的一种角度。真实地表现对于生活环境的感受,或许是写实的又一种角度。河姆渡文化还有一件线刻的"鱼藻纹盆"(图6-3),应是这样的一件写实作品,该图给人以完全置身于水中的感

①王伯敏.中国绘画通史:上册[M].北京:生活·读书·新知三联书店,2018.

觉,中间画稀疏的水草一棵而鱼游两边,除了一种"鱼游水草东、鱼游水草西"的意趣之外,更有一种天地之间皆是水的感觉。特别是面对7000年前的河姆渡生态环境,能格外肯定那种生活感觉。

图6-3 河姆渡鱼藻纹盆(浙江省博物馆藏)

我们知道10000年前至6000年前的吴越地区,经常处于洪水之中。在河姆渡遗址的两次发掘中,随处可见密密麻麻的木板和纵横交错的一排排桩木、长圆木,总数达数千件。成排的桩木是当时的房屋基础,高出地面80~100厘米,说明这是一种悬空的干栏式建筑。这种建筑无疑是为了适应洪水环境而专门设计的,干栏式建筑有甚者,"栽桩架板高于地面",桩木最长者达23米,以适应水面上升趋向的需要。

根据近年水文学的研究,大约10000年前即新生代第四纪冰川期之后,中国南部地域气温升高,冰川融化,雨水大量增加,海水上涨产生了海浸,约6000年前达到高峰。这使今江西省九江地区和江苏省南京市、镇江市等地都处于海滨位置,今浙江省的会稽、句章为"东海中洲也"(《吴越春秋》卷三),河姆渡地区所处的位置正在这个区域,据《史记》记载,帝尧时我国发生特大洪水,"汤汤洪水滔天"(《五帝本纪》和《夏本纪》里提到),《尚书·尧典》亦称"汤汤洪水方割,荡荡怀山襄陵,浩浩滔天",西汉刘安《淮南子·本经训》说当时"江淮通流,四海溟滓""民皆上丘陵、赴树木",亦符合河姆渡文化遗址实况。这段历史,能帮助我们推测在滔天洪水环境中过来的先民之生活感受和艺术表现角度,一定程度上能印证我们对"鱼藻纹盆"绘画表现的理解。

河姆渡陶器绘画三件代表作品的写实表现,似乎与人们对于原始绘画首重的神秘色彩的图腾意识关系不太大,而是直接反映了远古的当地农业环境、养猪和种水稻情况以及自然环境情况。例如河姆渡遗址发现了大面积的人工栽培稻谷遗存和驯养的狗、水牛、猪等骨骸,表明了河姆渡文化时期已有了发达的稻作农业和家畜饲养业,所以河姆渡陶器绘画甚至有纪实性的意义。

河姆渡陶器绘画的表现特点,是以硬质尖状物作为绘画工具的线刻。这种线刻是在陶坯尚有水分时,趁湿润刻画上去的。由于硬尖物易于在一定湿度的泥质上行进,故表现的是一种轻松自由的状态。猪纹、稻穗纹、鱼藻纹等线刻的细秀柔润、取象肯定并且富于韵律感,是其风格特色。特别是稻穗纹被概括为具有抽象意味的线与点形式,格外有一种轻快心情的韵律美流露在手底。那是7000年前先民以陶器绘画为媒介唱着的满怀希望的轻快的歌。

写实,是反映社会现实生活题材最易被选择的艺术途径。南方河姆渡文化遵循之,北方黄河流域仰韶文化、马家窑文化彩陶亦遵循之。与河姆渡相比较,黄河流域陶器绘画的写实表现,出现了人物题材和对历史事件的纪念性题材的表现。

例如,马家窑文化马家窑类型"彩陶舞蹈纹盆"(图6-4),就是人物题材的代表作品。这是1973年青海省大通县上孙家寨出土的新石器时代陶盆。陶盆内侧,手拉着手连臂踏地起舞的人物五个一组,被图案间隔分成三组,由于陶盆内侧的特定氛围,配合舞人脚底的同心圆线使三组人物好像在围着火塘相向歌舞,敛腹敞口器壁上的纵向短排线则有动感的错觉,有如升腾的气流,故该盆表现的好像是气氛颇为热烈的原始人火塘晚会。所以该盆的生活气氛极具真实性。

图6-4 马家窑文化马家窑类型彩陶舞蹈纹盆(中国历史博物馆藏)

来自生活的舞蹈纹,其舞蹈动作基于生活。据研究,原始社会的舞蹈动作有模拟性,陶盆所画舞人的头饰长羽、臀腹饰物,是一种对动物的模拟。急速的共同转颈、一致方向的转眼,也是在再现狩猎生活的形貌。五人舞是当时集体舞的一种规式,古人以三人为众,五人为伍。"五"数是"天地之中数"而为古代所推崇。如礼制,"其神后土……其数五",又"天数五、地数五",兵制、户制也是"以五为伍";云南省沧源佤族自治县岩画中路上、丘地、山上等活动的四组人亦均五人为伍。陶盆图与"五"数的一致,从原始社会"五人为伍"制方面说明了另一种当时社会的真实存在。同时,反映了原始先民将自己紧密联系天、地的深沉意识。当用"天地之中数"(如"五行")的"五"确定舞蹈人数时,也就潜移默化地体现了天灵、地灵与人灵之间的认识关系。另外,据《山海经》,舞蹈开始于黄帝时代,青海省出土的新石器时代舞画盆能证实《山海经》的记载,更真实地反映了远古时代的娱乐生活。原始社会的舞蹈内容,或是庆贺,或是巫祝,或是求偶,即所谓"以舞降神",曾在狩猎活动中占重要位置。舞画的欢乐场面,既是向神报功庆贺而祈福降吉意识的图像记载,又展示了原始社会有代表性的一种群众性舞蹈。

对历史事件的纪念性题材的表现,是河南省临汝县阎村出土的"彩陶缸绘鹳鱼石斧图",这件1978年出土的文物属仰韶文化庙底沟类型。要注意,此图绝不能仅仅从表面理解成是鹳鸟捕鱼那种自然景象的再现,应从原始图腾意识的角度,理解部落与部落之间争斗所导致的社会生活现实事件的深刻内涵。所以,此图在表现上与众不同,第一是题材特别,在所有的彩陶绘画中,这是唯一的一件把人们使用的石斧工具与自然禽鸟放在同一画面上的作品;第二是画法特别,鹳鱼石斧图所附着的彩陶缸,是尺寸高47厘米、口径32.7厘米的大陶缸,竟不作任何图案边饰,而一任构图纵横天地,致使叼鱼的白鹳鸟身体之大,占了该陶缸高度的绝大部分,而石斧的细节之写实,甚至仔细画出了捆绑石斧柄与石斧的专门孔眼、绳索穿插的纹理结构。如此写实的画法,是为新动向。

该彩陶缸究竟有何使用功能,鹳鸟与石斧之间究竟是何关系,严文明(曾任北京大学考古文博学院考古学专业博士生导师,从事中国新石器时代考古、中国文明的起源研究。现为北京大学资深教授,兼任国家文物局专家组成员、国际史前学与原史学联盟常务委员等)先生曾有考释。他说临汝县出土的这类陶缸可以称作"伊川缸",是以中岳嵩山为中心的郑州一带仰韶文化庙底沟期成年人的葬具。这一文化共同体,可能是一个部落联盟。使用绘有整鱼石斧图的彩陶缸入葬者,应是为建立部落联盟立过卓著功勋的部落酋长,画中那柄装饰考究的石斧,是他生前用过的指挥棒。从氏族社会普遍流行图腾崇拜的习俗出发,他认为白鹳叼鱼的情节性画面,乃死者所在的白鹳氏族曾经战胜过敌对的鱼氏族这一历史事件的形象记录。也就是说,此图系缅怀部落英雄,而且看鹳鸟英勇的样子,还有鼓舞同族群战斗精神的功用。这样的纪念性主题,与河姆渡猪纹求华发兴旺的初衷有所区别,"彩陶缸绘鹳鱼石斧图"有如纪念墓碑,表现了首领为部落斗争的精神。

这种内涵使画面的整体布置产生了特点。首先,排斥了一般图案连续、对称排列法那样有序可循的常规构图。叼鱼的白鹳鸟昂首挺胸、顶天立地,与同样顶天立地的石斧并列安排在主体位置,这样在两者内在的联系上有鹳鸟向石斧献祭的意思,而在形式上由于写实形象没有图案纹样那样的程式性,所以只是在视觉平衡的感觉中营造了构图。而鹳鸟、石斧的画法,都在强调一种战无不胜的精神气质。鹳鸟是淡黑色粗勾施以白色,白色的膨胀感使强壮的白鹳体量更大,其中黑色粗勾撑满了脑门的大眼睛炯炯有神,分外衬托了奋发昂扬的姿态,从而雄强的精神气质突出器表。石斧则粗线重勾,其直线耸立的不倒,亦贯彻了坚强气质的意念,从而与被叼的大鱼僵硬、瘦弱的身躯对比,显得勇猛而精神焕发。整幅作品为现实社会生活所产生的意气所贯串。这样的画面附着在基本直立型的陶缸之上,虽然看来完全不考虑与器形的有机结合,似乎仅仅是借陶器表面作画而已,但是其用意,也正是要借陶缸直立面的形态来表达主题。也就是说,鹳鱼石斧图附着的陶缸是画面主题精神所适合的器皿,写实所要表现的精神内涵,需要这样的平整立面去展现。

二、陶器绘画的写影

这仍然是一个现实的想法,但它忽略了被绘制对象的所有细节,并利用"阴影"原理提取要显示的对象的图像,以及使用画笔的美感,具有中国特色的绘画工具,是新石器时代陶画的"影"特征。作为观察和表达自然意象的一种方式,事实上,新石器时代的许多意象有在阴影中取象的规律。比如前面提到的鹳鱼石斧造型,虽然不是"影"画法,但实际上表现了鹳鱼石斧的结构细节。然而,由于造型意识的二维性,它并没有脱离"剪影",所以就连河姆渡文化中的猪和稻穗的形象都是一样的。写影,因为它超越了细节,才能直入神韵,彰显生动。例如西安市半坡博物馆藏"彩陶鸟纹钵"(图6-5)所绘的鸟纹与结构细节无关,但草图是用笔尖画出来的,直取鸟儿展翅飞翔的形象。然后,借助笔的气势,将云纹描绘成如练的云气纹,既体现了笔墨的韵律美,又营造出鸟儿飞越云层的意境美。这反过来又取决于笔具的弹性腹部和笔尖,这是通过像流水一样自由表达使用笔的感觉而获得的。

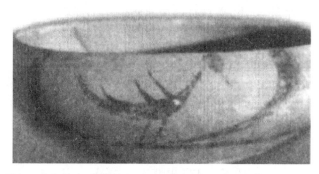

图6-5 仰韶文化庙底沟类型彩陶鸟纹钵(西安市半坡博物馆藏)

这就是"写影"的具体表现。其中,应强调笔的美感,其画云纹的特点是运线长、水分饱、流动圆润、粗细随意。点画的接笔处每有一丝蚕头燕尾的痕迹,就说明画笔娴熟流畅,有一定的功力。笔的这种体现是新石器时代陶画最显著的趋势。由于没有毛笔就没有中国画的成就,毛笔的出现和应用在这个时候开始具有深远而重大的意义。新石器时代的陶器绘画,特别出现了粗笔、小笔、圆笔表现的几件代表作品,代表了当时的用笔水平。

粗笔作品如甘肃省东乡族自治县龙泉出土的辛店文化"犬纹彩陶罐"(图6-6)。它画了狗线,抓住了狗仰头翘尾的姿势,忽略了狗的结构和形态差异。现实生活中的脖子、身体和尾巴,艺术处理似乎被总结和洗涤了。西安市半坡博物馆的"五鱼纹彩绘陶"等小笔作品,与前者大而粗的笔相比,这幅五鱼画属于小笔和细笔。不过,毛笔虽小,但在用笔的特点上,还是起笔尚藏、收笔尚停、复笔尚厚、尾端有序,勾勒出小头肥身瘦尾的造型趣味和追尾的生活趣味。圆笔作品如甘肃省考古研究所收藏的"彩陶虫纹残片"(图6-7)所画明显不同于用小笔和复笔的笔画鱼。圆润的用笔,一笔是一笔,它的头是一个圆点,脖子上很方便地画了一条圆线,它与圆体和带有爬虫脚的圆笔相连,而尾部来自不完整的前半部分,还可以看到圆笔线,这种笔势可以让我们想起今天书法中的石鼓文。这种以笔为代表的爬行者,因为它恰如其分地传达了动感和质感,所以很有神韵。

图6-6 甘肃辛店文化犬首人身彩陶罐（临夏回族自治州博物馆藏）

图6-7 马家窑类型彩陶虫纹残片（甘肃省考古研究所藏）

彩陶形象能如此写影，与中原先民的生活环境密切相关。在天上飞、在水里游、在地上爬、在家养动物的画，无非是关注身边的生活。近代以来的考古成果表明，仰韶、裴李岗、磁山、半坡、大汶口、龙山等中原许多原始遗址出土了水獾、竹鼠、貉、梅花鹿、水獭等动物遗骸，还有水牛、野猪、熊、老虎等，说明这个古老的地方是野生动物的天堂。例如，根据对半坡、姜寨等出土地点的分析，有貉和竹鼠的兽骨，表明该地区有沼泽和竹林，因为貉主要是以吃鱼为生的动物，说明当地鱼类资源丰富。半坡遗址有梅花鹿，姜寨遗址有老虎、熊、猴子等，说明当时这里有一定面积的森林。鹿、梅花鹿等动物的存在表明，半坡人和姜寨人生活在森林、竹林、河流大、鱼类资源丰富、沼泽、植被茂密的优美自然环境中。事实上，整个中原地区的自然环境几乎是一样的，不光是半坡和姜寨，下王岗和殷墟等，在动物群方面所反映出来的情况也大体上如此。根据竺可桢的《中国近五千年来气候变迁的初步研究》,水獭和竹鼠是亚热带动物,但现在西安市没有这种动物,所以推断当时的气候一定比现在温暖潮湿。文中还提到了在商朝武丁时期甲骨文中"打猎得到大象"的内容,与殷墟发现的亚化石大象一定是土产的关系,"豫"字原称豫州,寓意一人领象,指出竹子在新石器时代晚期分布于黄河流域及东部沿海地区。

这样的环境是先民们生活与创作的前提基础。写影能表现神韵,画鱼、鸟、虫,总能提炼出一种情趣,成为一种"意境",并从原始毛笔的笔下流露出来。不得不承认,这是自然与心灵默契的结果。

三、陶器绘画的变形

新石器时代陶器绘画表现的"变形"处理,也是一个突出的特点。变形之因,目前比较流行的有这么一种说法:它们是由写实动物形象而逐渐变为抽象化、符号化的,认为这是总的趋向和规律,并作为科学假说,已有成立的足够根据。为了说明该观点,分别有人整理出了半坡、马家窑两地区的两类彩陶纹样:从具象鱼纹到几何纹的演变推测图(图6-8)、从鸟纹到旋涡纹和从蛙纹到波纹的推测图(图6-9)。该观点,因为揭示了不同地区彩陶从具象到抽象的纹样变形过程而在一定程度上具有价值。

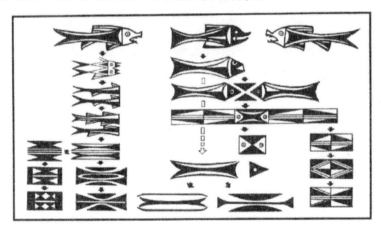

图6-8 彩陶鱼纹演变图

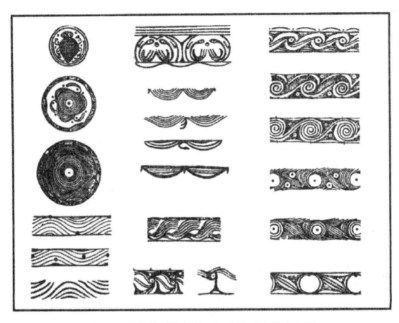

图6-9 从鸟纹到旋涡纹、从蛙纹到波纹演变图

但是也有不足,即没有考虑到巫术思维对于图像构成的作用而有遗憾。也就是说,先民幻想依靠"超自然力"去影响或控制客体的那种思维,既很容易在他们的理解中于事物与事物之间构架起联系,又很容易于所画形象中添加进自己的思想,从而成为"变形"的依据。这一点,可从河姆渡的另一出土物——7000年前的"象牙雕刻双鸟纹"做出说明,它虽非陶器绘画,却作为大大早于彩陶的新石器时代纹样值得特别重视。寥寥几根线刻的两鸟首共一个抽象意味的火焰状同心圆,简练图像的离奇、变形、抽象,明显是先民神秘巫术思维作用之果。然而其抽象,并没有"由动物形象的写实而逐渐变为抽象化、符号化"的过程,而是经由巫术思维一下子进入抽象表现的。相类的例子在彩陶中,如仰韶文化半坡类型的"彩陶鱼鸟纹葫芦瓶"(图6-10)。此瓶1975年出土于陕西省临潼县姜寨遗址,该图所命名的"鱼鸟纹"不知何依。倒是有如抽象的兽面:黑线环绕的圆脸形,中以直线分阳中有阴、阴中有阳的两面,左面似乎属阳——所画脸面处于空白地为多,然而眼睛处于阴位,浓重的黑色之中露出一条细缝,接着是嘴巴部分,如半段鱼身似的黑,而头额部似乎是黑沉沉的发际。右面似乎属阴——脸面内黑色为多,然而眼睛与左相对而让黑色挤出阳位,睁开了的眼睛是黑色,接着眉弓上方三角形是黑色,下巴部分又是黑色,从而左右两半呈相互对比的状态:凸显的性格,是平和善良静观世界的。如果连瓶上的两耳也结合了看,那么这有孔的两耳正好成了画龙点睛的兽面之耳,而似乎增添了灵气。至于具体画的是什么兽,猴、熊、虎,都有点像,因为这些兽当时姜寨都有。值得注意的是兽的头顶中心之上画了锯齿形黑白相间的条纹,有如思维发散寓意了神力一般。这样的动物头像,在这之前没有见到写实的表现,也是一下子进入了抽象变形表现的。兽面如此抽象变形的表现,不能否认其中的巫术思维成分所起的架构作用。

图6-10 仰韶文化半坡类型彩陶鱼鸟纹葫芦瓶(西安半坡博物馆藏)

先民陶器绘画的变形表现应该存在两条思维途径,一是蕴蓄了神秘感的巫术思维,二是蕴蓄了美感魅力的形式思维。巫术思维,自人类开天辟地以来一直是伴随物,曾长期作为原始科学观,在人类掌握知识、技能的过程中起过积极作用。不过与科学有质的不同:科学具公开性,巫术具神秘性,故主观性强是巫术思维的特点。所以原始艺术中相当一部分作品,原始居民甚至有从自己形象出发来理解客观世界的,如现存连云港的新石器时代"将军崖岩画稷神崇拜图",人物与植物融为一体的幽灵化稷神之诡异,就渗透了原始人将自己的形象加给禾稼的主观意识(其中当然不乏符咒意念的赋予);前举"彩陶鸟纹葫芦瓶"也有以人面来理解兽面的意味。所以"巫术"好像是充满了魔力的字眼,在背后代表着一个神秘莫测、光怪陆离的世界。进行形象表达时,其神秘莫测使构思新奇而随时抽象变形并臻于微妙之致。而形式思维,则适应视觉美的要求,很大程度上揭示了艺术原理、视觉美的形式规律,例如对称、均衡、连续、反复、间隔、重叠、交叉、错综、变化、统一等要素的或单独或综合的处理运用,其审美的抽象性,使之容易超越写实的具象性而只按照美的要求去绘画,故而彩陶纹样多图案艺术原理的表现,特别是这种美能演化为曲线、直线、三角、圆、点等的几何形象表达后,更尽兴尽情,使人们乐此不疲。这也是为什么抽象美的几何纹样在彩陶中占据了绝大部分数量的一个原因。而巫术思维与形式思维结合在一起的相互促进,使巫术思维下的形象经形式思维的过滤而美,形式思维下的形象经巫术思维而具思想意义(尽管几千年后的我们不能完全解释清楚),特别是巫术的信力与形式的美感交织,有一种肯定的力量赋予艺术表现,这使"变形"充满着自信的力量。

所以,我们看到的彩陶画画面都是那么信笔拈来。如马家窑文化马厂类型"四圈纹彩陶歪脖壶"所画,信笔甚至产生了粗犷的风格。其变形与众多彩陶作品不同。也许是巧合,所画笔线的随意变形与陶器造型的歪是那么协调一致。随意变形的笔线,由于保留了行笔中每一笔触的见笔,粗、细、枯、淡、润、重等,生动形态一一显现,笔与笔之间的一气呵成也是那么清清楚楚,突出了随意挥洒的特点。这画法不追求工整,布局也不追求对称,正因为如此,反而格外适应陶器的"歪脖壶"造型,耐人寻味。壶的"歪脖"之不一般,显然也有造型时随意发挥的感性因素,不知是不是这种因素的原因,总之适应了该因素的用笔后,反而形成了特别的绘画表现。在彩陶绘画中,极少有如此用笔的"乱"中见整,却又充分运用错综、变化、均衡的形式美规律去感性挥洒的表现手法。

这种挥洒,其变形表现的抽象性是适应了巫术思维如符咒式表现的神秘性。尽管如何施符咒、如何神秘,我们难以知晓,但原始先民一般在陶器上画什么不会没有深刻的用意。这一点,不同地区彩陶所画图案题材的不同,其实也是一种证明。半坡的鱼,别处很难找到相同的题材风格,马家窑由鸟、蛙演变的旋涡纹、水波纹也为其独有。一地一族群的先民在漫长的历史时期中不断地画同一思想中的形象,即其深刻用意的体现。因为先民在巫术思维中感到、看到了其目的才会全身心地去做,巫术思维会使整个族群都向着其所看到的目的,充满热情地持之以恒地努力。他们把咒语记得绝对准确,仪式行得无可非议,禁忌与律令遵守得毫不含糊,而且巫术思想下还会使每一物都成为所达目标的氛围烘托。半坡的鱼越画越简,甚至简到一两个线、块,马家窑的鸟与天之日、蛙与地之水的理解也越画越抽象化,从而演变的同心圆纹、圆形交错纹、圆形与网格结合纹、菱形网纹、三角网纹、环绕网纹、菱形回纹、三角回纹、条状格纹、锯齿纹等几何纹样之多,甚至成为马家窑彩陶绘画的一大特色。这些不能否认是巫术的信力、恒力发展的结果。

"四圈纹彩陶歪脖壶"所画,有具备种种马家窑彩陶几何纹样式的因素之基础,但更有超越的意义。一般马家窑几何纹样的表现,具体样式清楚规整,用笔稳实粗壮,而歪脖壶却很难指归某一种马家窑具体式样,但不脱离马家窑几何纹样的总体风格;用笔又谈不上粗壮规整,但没有失去稳健的气质。从而,其生动笔线的抽象表现是对马家窑几何纹的再创作、再表现。其中巫术的神秘性也是很清楚的。这一点,体现了马家窑彩陶表现的共性。然而其独到的潇洒挥写,不能不考虑作者的个性因素而显出特色,从而成为超越一般图案表现的纯粹性绘画的代表。

第二节　陶器绘画的文化内涵及寓意

在新石器时期,先民在陶器上的绘画内容大部分带有精神层面的文化色彩,不同的纹饰代表着不同的文化内涵。由于当时陶器上的绘画内容都是先民一笔一笔描绘上去的,其图案大多是当时的自然状况、经济文化生活或者图腾,这些内容都反映了当时的事物、景象,甚至根据陶器绘画可以看到某一事物的发展过程。陶器绘画的不同内容、纹饰体现着不同的文化内涵及寓意。[①]

一、陶器绘画中的图腾崇拜

图腾崇拜是新石器时代流行的宗教崇拜现象。在原始社会,人们会将一种指定的动植物视为图腾,并将其视为自己的精神寄托和思想寄托。不同的动物和植物有不同的含义。例如,在黄河流域仰韶文化中,有半坡型的鱼纹、庙底沟型的黑纹和马家窑文化的人蛙纹,都是图腾崇拜的表现形式,反映了祖先对动物的崇拜,如鱼、鸟和青蛙。另外,也有专家认为,陶画中的云

①张林霞. 浅谈新石器时期陶器绘画艺术[J]. 农家参谋,2018(3):297.

雷纹、波浪线、三角线、圆点等部分模仿了蛇的形状,反映了先民对蛇的崇拜。

二、陶器绘画中的生殖崇拜

在新石器时期,生殖繁衍被先民视作带有灵性的活动。生殖生产是当时制约人类发展的重要因素,也是壮大氏族的唯一方法。新石器时期的居民崇拜自然界中动植物旺盛的繁殖力,并对生殖器官加以崇拜。因此,他们会将一些生殖力强盛的动植物描绘在陶器上,从而借助这些来实现自己氏族的强大。如半坡类型的标志性纹饰鱼纹便体现了先民生殖崇拜的思想,在原始社会,由于鱼有极强的繁衍能力,被先民当作生殖繁衍强盛的象征,表现了先民对于氏族兴旺、绵延后代的美好愿望。

三、陶器绘画中的巫术

巫术是试图借助超自然的神秘力量对人或事物施加影响甚至控制的一种方术,其颇具神秘色彩和超自然力量。在新石器时期,人们的思维方式并不成熟,依旧采取原始思维方式,存在着各种图腾崇拜和宗教信仰,这种神灵崇拜的社会现象导致了巫术的出现。为了加强与神灵的沟通,实现氏族的繁衍发展,各种巫术的仪式被创造出来。马家窑文化遗址便出土了一个陶器,内部描绘有舞人,具有头饰和尾饰,许多专家认为其代表着新石器时代生殖崇拜的巫术仪式。

四、经济文化生活反映

先民居住的生活环境对陶器绘画的创作有很大影响,新石器时期的陶器绘画与先民的经济文化生活密不可分。当时先民所处的自然环境、生活场景给了其极大的创作灵感,因此先民会在陶器上将身边的景物、景象描绘出来。如半坡类型的鱼纹纹饰、人面鱼纹,形象地将鱼的形象以及人们打鱼的场景描绘出来。除此之外,浙江省河姆渡文化遗址曾出土过多个带有猪、鸟等动物的陶器,这些纹饰都反映了当时的生产生活方式及社会景象。

五、审美观的体现

新石器时期的陶器绘画纹饰中融入了先民独特的审美观。在新石器时期,景物、事物是有限的,但绘画内容是无限的,先民在居住环境有限的景物、事物的基础上,融入自己无限的遐想,创造出一系列美丽的线条、纹饰,表达其情感思想。如马家窑文化中的鲵鱼造型就体现了先民独特的审美,鲵鱼形象逼真,好似正在爬行,纹饰从形象到抽象体现了先民审美意识的发展。

第三节　新石器时期陶器绘画的意义

新石器时期的陶器绘画艺术对于后世具有多方面的影响。首先,新石器时期的陶器绘画大多描绘的是当时的社会生活场景及景物,为后世对新石器历史的研究提供了宝贵资料;其次,新石器时期的绘画艺术是中国美术史的开端,使后人从当时的纹饰笔画体会到先民的审美观以及创造美的情感思想;最后,新石器时期的陶器绘画通过其内容的描绘反映了当时的时代思想,让后人感受到了当时圣灵崇拜、天人合一的思想潮流。[①]

一、中国美术史的起源

新石器时期的陶器绘画是中国美术史的开端。先民对于绘画、纹饰的创造是纯粹的自由发挥、自由创造,没有绘画技术的理论指导,将心中所想直接描绘到陶器上。新石器时期的陶器绘画体现了形式美的特点,利用一根根线条展现了绘画艺术中的统一与错杂、对称与平衡,并将绘画与陶器融为一体,体现了先民的审美观,为后世美术的发展奠定了基础。

二、思想潮流的昭示

新石器时期的陶器绘画体现了当时的思想潮流,先民将思想感情通过陶器绘画的方式表现出来。新石器时期的陶器绘画大多将自然与人民生活结合在一起,体现了当时天人合一的思想潮流。虽然这种思想在北宋才被提出,但通过新石器时期的陶器绘画不难发现,早在新石器时期天人合一的思想已经出现,并且对当时的人们产生了很大影响。新石器时期的陶器绘画大多体现着人与物的相融,体现着超自然的境界,物我唯一,物我相融。

三、生活状况的展现

新石器时期的陶器绘画反映了当时的经济文化生活,先民在创作时将

---

①钱志强. 古代美术与中国文明起源研究[M]. 北京:中国社会科学出版社,2007.

身边的景象、事物描绘在陶器上,如打鱼、打猎的情景在陶器绘画中均有体现,反映了当时的生产生活。除此之外,许多动物、植物的出现都反映了新石器时期存在的生物。通过观察新石器时期的陶器绘画我们可以看到新石器时期的居民生活状态、自然状况,这些都为后世研究新石器时期的历史提供了宝贵的历史资料。许多陶器的出土和研究证明了专家的猜测,为一些史实提供了证据,让后世对新石器时期的猜想成为事实。

综上所述,新石器时期的陶器绘画具有划时代的意义,对后世产生了极其深远的影响,大大改变了人类的生产生活方式,使定居生活更加稳固。新石器时期的陶器绘画主要在黄河流域及长江流域产生并发展,并根据不同的地域文化形成了不同的陶器文化。当时陶器的工艺条件并不成熟,但在陶器造型、烧成方式、陶瓷材料以及绘画工具上已经取得了一定的发展,可以满足当时陶器绘画艺术发展的需要。在陶器绘画的艺术表现形式上,出现了写实、写影和变形三种类型,反映了先民陶器绘画方式的发展,也体现着先民审美观的变化。新石器时期的陶器绘画蕴含不同的文化内涵及意义,反映了先民的思想特点,展现了当时的经济文化生活,体现了图腾崇拜、生殖崇拜以及巫术对新石器时期人民生活的重要作用。总而言之,新石器时期的陶器绘画艺术对后世有着重要的影响,为后世对新石器时期的历史研究提供了宝贵的历史资料,对我国的历史研究具有重大的历史意义,是中国美术史的开端,并为美术史的发展奠定了基础。

第七章　中国新石器时期陶器文明对中华文明的影响和贡献

第一节　文字性符号的出现

一、汉字起源的社会背景

原来的汉字摆脱了随意绘制和理解的阶段,产生了一批具有约定俗成的、可以记录语言的文字(也就是有固定读音的单字),并且在可以开始进行资料积累的时候,就算是汉字已经产生了。要达到这个状态,必须具备两个条件,即社会发展的条件与前文字时期创造文字的准备条件。经济发展、生产组织进一步严密,居住区域和政治中心确立,在异地交流和交往的信息存留的需要产生后,口头有声语言的局限又急需克服,某一绘形符号经过多次的信息传播已有了一定的约定性,超越时间与空间限制的文字不得不发展起来,这是文字起源的社会条件。这时,又必须有一批可以书写、可以传递的图形符号,可以用来演变为字符,这是创造文字的自身准备条件。

关于汉字出现的时代,从文献记载来看,起于"仓颉造字"。古文献除《尚书正义》所引的《慎子》说仓颉在庖牺氏之前,大多数讲他是黄帝的史官。黄帝的时代,按文献的记载推算,大约在公元前两千五六百年,即距今约有四千五六百年的时间。而我们说,仓颉并不是造字者,而是在文字产生之后的统一整理与规范者。所以汉字的产生当在黄帝、仓颉时代之前,也即距今5000年左右的时间。而从考古材料来看,目前发现最早汉字形态的大汶口文化是分布在山东省和苏北、豫东的新石器时代文化,陶器符号出现在其晚期,年代在公元前2500年到2000年前,距今有4500年到4000年。我们认为,大汶口陶文已是具有一定系统性的原始文字形态了,此前也必有一个过渡的时期,所以推测汉字的产生当在距今5000年左右。文献记载和考古材料的研究结果,若合一契,说明汉字产生于5000年前的新石器时代是可以肯定的。陈全方（西北大学文博学院兼职教授、陕西省文化文物厅副厅长、陕西省文物局副局长、陕西省历史博物馆馆长、陕西省博物馆学会会长、陕西省考古学会副会长、中国人民外交学会陕西省分会理事、中国国际交流中心陕西省分会理事）先生曾把相当于黄帝时代前后的各种出土陶文或陶符进行分类整理，列成简表，有60多种，经过研究，他也提出："既然在我国仰韶文化时期就已有了文字，那么到黄帝时代经仓颉的整理、总结、提炼，从音、义、形等方面加以发展，特别是从形，亦即我们常说的'图形文字''象形文字'进行归纳总结，应该是符合实情的。所以史书中传说黄帝命仓颉造字不是无中生有，而是有其根源的。"所以仅从汉字起源的角度而言，我们平时所说的中华民族有5000多年文明历史的说法是大体可以相信的。①

由新石器时代的陶器刻画符号得知，最早的文字形态是契刻而成的。这些早期的契刻文字也正是甲骨文产生的源头。

二、陶器刻画符号与汉字

通过把这些刻符与已发现并确认的成熟古文字体系进行比较，当代古文字学家们多认为文字起源于新石器时代的陶器刻画符号。如郭沫若先生认为，距今6000年至7000年之久的仰韶文化陶器刻符已与后世的花押及族徽相似，"无疑是具有文字性质的符号"。"彩陶上的那些刻画记号，可以肯定地说就是中国文字的起源，或者中国原始文字的孑遗。"于省吾（中国古文字学家、训诂学家）先生说："这种陶器上的简单文字，考古工作者以为是符号，我认为这是文字起源阶段所产生的一些简单文字。仰韶文化距今得有6000多年之久，那么，我国开始有文字的时期也就有了6000多年之久，这是可以推断的。"他不仅认为它们是原始文字，而且还直接把它们与商周古文字相比附，例如释✕为五，十为七，丁为示，↑为矛，𝚿为艸等。王志俊先生认为它们包含了数字刻符和象形文字刻符两类，"已属简单的文字"②。陈炜湛③、张光裕④、李孝定⑤等学者也都持这种观点⑥。

①徐江伟. 血色曙光：华夏文明与汉字的起源[M]. 西安：陕西人民出版社，2013.
②王志俊. 关中地区仰韶文化刻画符号综述[J]. 考古与文物，1980(3).
③陈炜湛. 汉字起源试论[J]. 中山大学学报（哲学社会科学版），1978(1).
④张光裕. 从新出土材料重新探索中国文字的起源及其相关问题[J]. 香港中文大学学报，1981,12.
⑤李孝定. 中国文字的原始与演变[J]. 台湾研究院历史语言研究所集刊，1974.
⑥李孝定. 再论史前陶文和汉字起源问题[J]. 台湾研究院历史语言研究所集刊，1979.

图7-1 半坡仰韶文化陶器刻画符号

对于江浙地区良渚文化发现的陶文符号，一直不为中国文字起源研究的学者所关注。而李学勤（著名历史学家、古文字学家、清华大学出土文献研究与保护中心主任、教授）对良渚陶器、玉器上的文字，曾多次予以讨论，认为其上的一些刻画符号如"封""灵""山"等，与大汶口文化某些符号相通，且反复出现，也应是一种原始文字。

更多的古文字学家认为发现于山东省莒县陵阳河的距今约4000年的大汶口晚期文化陶尊上的刻画符号群（🦬、🦬等共8种18个字符），与汉字的起源有密切的关系。唐兰（中国近现代著名的文字学家、历史学家、金石学家）先生甚至认为这些刻画已是早期汉字，并把它们分别释为"炅"（音迥）及其异体、"戉（即后世的'钺'字）""斤"等。于省吾先生则释为"旦"。裘锡圭（复旦大学出土文献与古文字研究中心教授、博士生导师，刘殿爵中国古籍研究中心学术顾问）先生通过对这些符号与商周象形文字的比较，认为它们"跟古汉字相似的程度是非常高的，它们之间似乎存在一脉相承的关系"，因此，"大汶口文化象形符号应该已经不是非文字的图形，而是原始文字了"。这一观点得到了学术界热烈的响应，许多学者如李孝定、张光裕、陈昭容、李学勤等，都赞同并补证这一说法。但是对于这一观点，学术界也还有争论。汪宁生（曾在中央民族大学历史系任教，任云南民族大学历史系主任、考古学和民族学教授、民族研究首席科学家）先生则认为它们还不是文字，而是"属于图画记事性质"的符号。

可以肯定的是,不是所有的陶器刻画符号都可以成为陶文。考古发现的新石器时代陶器刻符很多,其中比较重要的有年代上距今约8000年的甘肃省秦安市大地湾一期文化(老官台文化)陶器符号、青海省柳湾遗址出土的马家窑文化陶器刻画符号、湖北省宜昌市杨家湾出土的大溪文化陶器符号、安徽省蚌埠市双墩遗址出土的新石器时代陶器符号、良渚文化出土的陶器符号和玉器符号等。它们是否就是文字的最早形态,这一问题引起了学术界的争论。

笔者认为,属于仰韶文化的半坡陶符、姜寨陶符,孤立地出现在陶器边缘,证明它们还不能记录语言,也不大可能是氏族或个人的徽号,还不能视为文字。汪宁生先生说这些符号,"对后世文字发明有一定的影响,但本身绝不是文字""它不过是为表明个人所有权或制作时的某些需要而随意刻画的"。李学勤先生也认为半坡陶器符号是由刻画的几何线条构成,"凡对简单的几何线条形符号用后世的文字去比附,总是有些危险,不能得到令人信服的结论"。裘锡圭先生也认为,"这种符号所表示的绝不会是一种完整的文字体系",甚至连原始文字的可能性都很小,所以他反对把这种刻符的形体与商周文字相比附,但他认为其中的一些符号可能是数字的前身。而较晚的大汶口时代陶器符号,我们认为则已是原始文字了。这些刻符频繁地出现在用作礼器的陶尊的边缘,无疑是东方民族的一些氏族的族徽,而且它们已经初步具备了形音义等汉字诸要素。如其中有些符号(如🌙、⚱)多次出现,而且出现在有一定距离的不同地方,如莒县和诸城市之间还隔着一个五莲县,说明这些符号已在一定的范围内通行,具备了交流信息的可能性。另外,从符号的结构来看,这批符号既有独体象形符号(如🔨、�️,释为"钺""斤"),又有合体会意符号(如🌙、⚱,或释为"炅""炅山"),即已具有早期汉字的特点。所以,把这些陶尊符号视为早期的汉字,应该是合适的。

由此,我们可以得出结论,汉字起源于史前时期某些陶器刻画符号。至于晚于大汶口文化的二里头文化陶器刻符,相当于商代早中期的二里岗陶符,相当于商代中晚期的台西陶符、小屯陶符、吴城陶符早已是文字了,可以径直称为"陶文"。

图7-2 山东大汶口文化陶尊刻画文字

三、作为原始文字形态的陶器符号

近几十年来,考古工作者在多处发现新石器时代晚期的遗址,并出土了大量4000—6000年前的陶器,很多陶器上刻有各种符号,画有各种图形。这些彩陶上的图形符号,为研究汉字的起源提供了十分可靠的信息。

在这些新石器时代遗址中,年代最早的是1954—1957年发掘的西安市东郊的半坡遗址,其年代约为公元前4800年—公元前4300年。考古工作者从出土的陶器上发现有刻画符号27种,大多数在陶器的口沿上,1972—1979年,考古工作者对陕西省临潼姜寨遗址进行发掘,在出土的陶器上发现有刻画符号共38种,120多个。这些符号与半坡符号有共同特点,都属于仰韶文化的类型,其年代距今约有6000年。对于这些符号,目前还有不同的看法。但一些著名的古文字学家认为这些刻画符号就是原始形态的汉字。郭沫若在《古代文字之辩证的发展》一文中说:"彩陶上的那些刻画记号,可以肯定地说就是中国文字的起源,或者中国原始文字的孑遗。"于省吾在《关于古文字研究的若干问题》一文中说:"这些陶器上的简单文字,考古工作者以为是符号,我认为这是文字起源阶段所产生的一些简单的文字。仰韶文化距今有6000多年之久,那么,我国开始有文字的时期也就有了6000多年之久,这是可以推断的。"

我国古文字学家的这些论述,有力地证明了仰韶文化的这些陶器符号就是目前我们所知的最早的汉字。在仰韶文化的陶器上,除了这些符号外还有各种图形,这可能就是象形文字的前身。

图7-3 仰韶文化姜寨遗址陶器符号

图7-4 刻有图形和符号的半坡陶器

图7-5 仰韶文化陶器上的图形

图7-6 甘肃马家窑遗址陶器上的符号

图7-7 青海省乐都柳湾陶器上的符号

其年代略晚于仰韶文化的是分布于甘肃省河西走廊、青海省东北部等地的马家窑文化遗址,年代为公元前3300年—公元前2050年,马家窑文化的陶器符号,除了刻画于陶器上外,还有用墨书写的符号,当然也属于原始汉字。

1974—1978年发掘的青海省乐都县柳湾遗址,属于马家窑文化类型。这里出土的彩陶图案花纹的内容十分丰富,有陶器刻画符号130多种,当为略晚于仰韶文化的陶器符号。

位于长江上游的大溪文化和长江下游的良渚文化,其年代为公元前3300年—公元前2000年,其出土的陶器上,既有符号也有图形,同样具有原始文字的特性。

在新石器时代晚期的陶器图形符号中,最有特色的是于1959年发掘的大汶口文化陶器上的图形文字。它位于山东省泰安市大汶口镇,具有黄河下游地区的文化风格,其年代为公元前4300年—公元前2500年。

大汶口文化陶器的图形,更具有象形文字和会意文字的特征。在山东省莒县陵阳河出土的陶尊上刻有由日、云气、山组成的图形,它描绘了早晨的一幅景象,早晨太阳从山顶上升起,又穿过云层,这就是会意字"旦"。大汶口陶器的图形,引起了古文字学家的关注。对于其中的四个图形(见图7-10),唐兰把第一个字释为"戉"字,第二个字释为"斤"字。第三四个字是由两个以上物体组合而成的会意字。第三个字唐兰释为"炅"字,第四个字于省吾释为"晶"字,他说:"我认为这是原始的'旦'字,是个会意字。"在后来的甲骨文、金文中,都能找到类似的象形字和会意字。

1986年,安徽省蚌埠市双墩遗址发掘的新石器时代晚期陶器上,刻画有59种符号,也属于5000多年前的原始文字符号。

1992年,考古工作者在山东省邹平县(今邹平市)苑城乡丁公村,发现一件龙山文化刻字陶片。陶片长4.6~7.7厘米,宽约3.2厘米,厚约0.25厘米,上有文字5行11个字,这些文字字形不同于大汶口文化的陶文,是一种草写字体。

1959年以来,河南省郑州市二里头商代遗址出土了一批陶器刻符。其中陶器的年代为公元前21世纪至公元前17世纪,应为夏至商代初期的文字。

图7-8 新石器时代晚期陶片上的符号

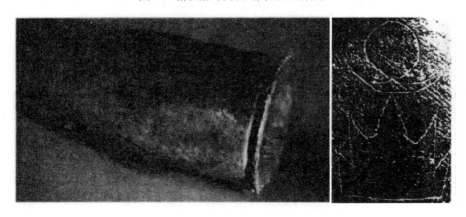

图7-9 大汶口文化刻有图形文字的陶器(附局部放大图)

图7-10 大汶口陶器识读出来的四个图形文字

表7-1 大汶口图形文字与甲骨文、金文的比较

大汶口陶符	甲骨文、早期金文			
♉	♉	金文"旦"	⊙	甲骨文"旦"
♔	⛰	金文"山"	⛰	甲骨文"山"
⌄	⌐	甲骨文"斤"	⌐	金文"斤"
♉	中	甲骨文"弌"	戊	金文"戊"
▢	▬	金文"丁"	▢	甲骨文"丁"

　　1950年在郑州市发现的二里岗文化,年代约为公元前1620年,略早于甲骨文的时代,这里出土的陶器符号应当是甲骨文前不久的文字。

　　目前,我们能看到略早于甲骨文,最近似于甲骨文的文字,是河北省藁城市台西商代遗址出土的陶器符号和江西省清江县吴城出土的陶器符号。古文字学家认为,这是与殷墟甲骨文有着十分密切关系的文字。

　　从仰韶文化陶器符号,再到马家窑文化、良渚文化、大汶口文化,以及夏商之间的二里头文化、商代早期的二里岗文化,还有离甲骨文最近的台西陶文和江西省吴城陶文,都证明从仰韶文化开始,汉字的发展是绵延不断的。

图7-11 安徽省蚌埠市双墩陶器符号(1986年出土)

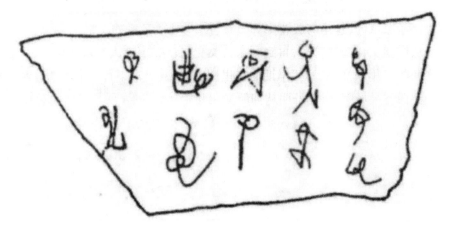

图7-12 山东省邹平市丁公村遗址陶器文字

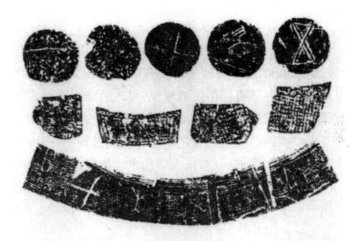

图7-13 二里头、二里岗商代遗址陶器符号

图7-14 吴城陶文(1975年,江西省清江县吴城遗址出土)

第二节 原始艺术的发端

一、现代视角下的艺术发端

在新石器初期,人类意识尚未成熟,对于神秘的大自然,先民们感到惊奇或者震撼,这使得他们对大自然有了崇拜之感及模仿动机。原始先民在漫长的历史进程中与自然界相互磨合,用他们最单纯的思想和视觉发掘大自然给人带来不同感受的奥妙。如今看来,我们用现代审美观以及现代设计的形式美来看待原始先民的彩陶纹饰时,给我们带来的视觉冲击力和心灵上的震撼已经超出了彩陶纹饰所想表达的具体含义。我们不禁感叹,在新石器时期审美观和形式美的概念并没有出现,那时的先民却对这些概念的运用挥洒自如,并真真实实地在历史中存在过。

歌德:"内容人人看得见,形式对于大多数人来说,则是一个秘密。"在自然界中,形式美法则本身就存在,它和大自然的一切物质融为一体,它不是我们人类创造出来的,它本身就存在其中,只是在原始时期还未被发现。在自然界中早已存在井然有序的发展规律,形式美的规律是人类在社会实践中,通过逐渐成熟的逻辑思维总结出来的,能够完整地表达出视觉美的规律法则。这是人类在有意识的自我艺术创作实践过程中,所表现出的有秩序的心理变化的过程。张道一(东南大学艺术学教授、博士生导师、博士后导师、苏州大学艺术学院院长)先生也曾说:"形式美的问题,是个老之又老的问题。正因为它老,所经受的考验也就多,对自然的揭示也就更客观,对我们的艺术实践也就更有意义。"[①]

从现代角度看来,新石器时期的彩陶纹饰已经呈现出平面视觉构成方式,这种有关形式美的规律在最原始初期已经被人类掌握,并对此慢慢地吸收运用并且在彩陶纹饰中出现,和谐、对比、对称、均衡、比例、韵律和节奏等形式美的规律和内容早已被先民挥洒自由地运用到彩陶纹饰的图形创作中。新石器时期,彩陶纹饰与造型完整、结构合理、比例和谐的彩陶器形完美结合在一起,如今从各种角度去审视,彩陶纹饰依然呈现出变幻无穷、精

---

① 方李莉,朱乐耕,朱建纲. 艺术中国·陶瓷[M]. 长沙:湖南美术出版社,2018.

美动人的纹样形式。

虽然彩陶纹饰是基于彩陶器形之上的,它们之间密不可分,有相互作用之处。但是从视觉上来看,彩陶纹饰的变化却比彩陶器形的变化多得多。从彩陶纹饰的演变过程看,先民们在彩陶器物上进行着情感的表达,对大自然的摹绘创造过程是有慎重思考并摸索过的。在纹饰上,根据器物的不同造型进行局部的填满或者省略,突出纹饰与器形的完美结合,并在整体上表现出不一样的韵律感和节奏感。先民在对自然物的图形摄取中,他们不会完全照搬原物的形象,而是更加在意图形构成的形式美表达,因此彩陶纹饰中有和谐对称、比例均衡、韵律节奏等构成元素,以及线条上的曲直、粗细、块面、位置等变化而又统一地呈现,在这些规律中无不体现着后世艺术与设计都含有的形式美法则。

在艺术门类尚未细分化的原始时代,装饰艺术几乎囊括了我们所知的大部分造型艺术,对原始装饰艺术的研究也基本上相当于对原始造型艺术的研究了。同时,纯粹的美术形式也在原始装饰艺术中孕育着,正如陈之佛(现代美术教育家、工艺美术家、画家)所说:"一切的美术,均是以装饰的意识为基础的。"

可以说陶器,尤其是其纹饰图案绘画方面,体现了先民的审美观,同时为后世美术的发展奠定了基础,是中国美术史的开端。

二、新石器时期陶器的艺术体现

新石器时代早期,人类学会了制陶,但手制的陶器只能使胎土形成一种器形,因而根本谈不上制陶的艺术性,但从距今约8000年的磁山、裴李岗文化陶器上,可以看到已有一种简单的造型艺术风格,尽管当时的产品是以实用为基本前提的。河南省新郑市等遗址出土的裴李岗文化红陶双耳圆底壶和三足壶,制作朴实,双耳安放合理,三足壶支撑点对称,这反映了当时原始制陶工艺已较为发达,所制作品已具有一定的观赏性。

仰韶文化陶器是我国原始陶器中最具代表性的典范产品之一,仰韶文化的彩陶代表了我国彩陶的高超艺术水平。我国的绘画起源于新石器时代,而仰韶文化彩陶器上的画面和图案,是原始绘画艺术中最为突出的,西安市半坡出土的许多彩陶盆上,画着线条流畅、形象生动的鱼纹。中国历史博物馆收藏的一件1955年出土的陶盆,画有人面鱼纹,这件作品题材新颖、形象生动,是一件难得的原始艺术品。中国国家博物馆收藏的一件1978年出土于临汝县(今汝州市)的仰韶彩陶缸,更是原始社会绘画艺术的杰作,此缸腹部绘有"鹳鱼石斧图",鹳鸟口衔着鱼,右有石斧一柄,作品运用黑白两种色彩,绘于红胎上,这种画面据认为也有可能与原始宗教有关。仰韶文化中的大量器物是在红陶胎上绘黑彩,少量绘白彩。许多作品笔绘生动,线条流畅,加上精美的制作,别致的造型,使仰韶文化陶器艺术达到了高潮。当然,仰韶文化的陶塑也是值得称道的,如河南省庙底沟出土的泥质黑陶鹰尊、陕西省洛南县出土的红陶人头壶、陕西省宝鸡市出土的网纹彩陶船形壶、陕西省华县出土的陶制鸮鼎、甘肃省秦安市大地湾出土的彩陶人头壶等都是具有高超制作水平的作品。鹰的锐利目光和机敏神态、少女安详而甜蜜的笑容都被刻画得入木三分。1988年陕西安康柳家河仰韶遗址中出土的黄陶人头像,刻画了一个清瘦的中老年人形象,写实性极强,亦属不可多得。当仰韶文化彩陶艺术逐渐走向衰落时,马家窑文化彩陶艺术却显得欣欣向荣、特点鲜明,成为西部地区色彩斑斓的艺术明珠。

马家窑文化中马家窑、半山、马厂、石岭下四个类型的产品,有着共同的特性和各自的个性,马家窑文化的马家窑类型陶器,形制新颖,造型优美,所绘黑彩线条十分流畅,从那些画有旋涡纹、水波纹的作品上,可看到这种精湛的原始绘画艺术,如中国历史博物馆所藏四系罐(1956年甘肃省永靖县征集)和1971年陇西出土的尖底瓶都代表了马家窑类型的制陶艺术,后者的用途据认为用于井中汲水,利用平衡原理而予制作,作品不仅造型纹饰优美,而且具有科学性,同类器在西安市半坡也有出土,但未画彩。

马家窑类型中最精彩的作品当数1973年青海省大通县上孙家寨出土的舞蹈纹彩陶盆。深腹小底的形制属马家窑文化常见造型,但器口内所绘的一组舞蹈纹却令人感受到了原始文化艺术的魅力,画面中共有15人,携手欢舞,这一组舞蹈场面,可使人看到在生产力极为低下的原始时代,先民们已有着蒙眬的艺术爱好。这组舞蹈人物曾引发专家的不同研究观点,有的认为,他们是一群男子,有的则认为是女子。石岭下类型陶器是四个类型中发现最少的,1956年甘肃省天水市出土的鸟纹扁腹双耳罐、1958年甘肃省甘谷县出土的人面鱼纹双耳瓶和1975年甘肃省礼县出土的网纹双耳瓶是这一类型中的重要作品,前者腹部鸟纹相向展翅,图案夸张,构图新颖。第二件作品造型规整,很有现代感。人面鱼纹瓶代表了一个文化类型的特有风格,腹部所绘为一条鲵鱼,这种鱼纹迄今只见于石岭下类型陶器上,可以认为,这种人格化的鲵鱼纹是氏族图腾的反映。马厂和半山类型的陶器在传世及出土中最多见,短颈圆腹、小平底的彩陶壶在这两个文化类型中最为常见,但纹饰的多样化,彩绘的精细流畅同样可以反映其艺术特点。另外,一些造型别致的作品从一个方面体现了它们的制作水平,如1974年青海省民和县出土的方格曲折纹提梁壶、双联罐,1977年同一地区出土的鸭形壶,还有堆塑人头壶,1974年东都柳湾出土的堆塑人形壶,1975年宁夏回族自治区固原市出土的半山型网纹偏颈壶等,都是具有艺术特色的精品。其中的柳湾堆塑人形壶,正面颈腹间有堆塑和彩绘结合的似为男女两性复合体的裸体人像,塑造夸张,充分反映了先民丰富的艺术想象力。

大汶口文化的制陶艺术随着新中国成立后人们对这一文化内涵认识的加深,而有了更多的了解。大汶口文化陶器制作艺术应从两个方面去认识:第一,多样化的陶色。第二,丰富的造型。大汶口文化陶器中最突出的是白陶和黑陶,此外还有红、褐、灰、青灰、黄等色制品。白陶的质地为高岭土或瓷土,因而洁白细腻,制作成特殊器皿的白色陶器更是独具魅力,在山东省泰安市大汶口遗址和莒县、临沂市等地,出土的多件白陶鬶,代表了大汶口文化精美的造型艺术。这些作品与其说是器皿,倒不如看成立体雕塑,有的似回首顾盼的禽鸟,有的像昂首挺立的走兽,有的器物不仅造型优美,也很讲究科学性。莒县出土的一件鬶,口上有封口,封口上还有筛。临沂市出土的鬶,还制成了双层口。大汶口黑陶,胎多灰色或红色,外施黑色陶衣,陶衣乌黑光亮,有黑漆的艺术效果。大汶口晚期的黑陶高柄杯,制作技艺高超,产品烧成温度高、胎体薄匀,器壁仅1~1.5毫米,口沿有的薄至0.5毫米左右,以临沂市出土的最为精细。上海博物馆藏有一件大汶口文化黑陶高柄杯,杯体薄匀,高柄镂空,是一件制作水平极高的精品。

此外,大汶口文化中陶器精品屡有出土,如1974年、1975年山东省胶县(今胶州市)三里河出土的灰陶兽形鬶和灰陶猪形鬶,1959年大汶口出土的红陶兽形壶、1979年莒县出土的褐陶号角等,都是具有很高制作水平的陶塑作品。大汶口文化的彩陶也自有特色,常见在泥质红陶器上施一层红色陶衣,用白彩描绘线条,再在白线纹样上填以黑彩,典型产品有1963年、1966年、1976年江苏省邳县出土的八角星纹盆、小口圆腹壶、连贝盆、花瓣纹钵等。后者施彩方法不同于前二者,它施白色陶衣,用红彩绘花纹,亦颇有特点,具有很强的装饰性。

山东省龙山文化的陶艺,深受大汶口文化陶艺的影响,并在此基础上有新的发展。在龙山文化的白陶、黄陶、红陶器中,鬶的制作与大汶口同类器有关,但从制作艺术看,它们也有自身的特点,山东潍坊姚官庄出土成组的不同陶质的作品也展示了这些特点。龙山文化陶器中,最有代表性的是蛋壳黑陶,这种黑陶之所以称为蛋壳黑陶,主要体现在胎体上。要制成薄如蛋壳的陶器,并非易事,首先要对细泥淘洗洁净,其次要在快轮中拉坯成型,再以1000℃左右的温度烧成。蛋壳黑陶的代表作是大宽沿高柄杯,1973年在山东省日照市出土的一件高19.5厘米的蛋壳黑陶高柄杯,堪称绝品,外撇口,深腹,下有细长柄,中间手把突出,有镂孔,杯身最薄处不足0.5毫米。此外姚官庄、三里河、临沂市等地出土的各式蛋壳黑陶套杯、杯、盖杯、单把杯等,都具有相当高的制作技艺。

每一原始文化类型中,都有代表自身的原始艺术作品,当然由于地理环境不同,文化内涵也不同,所以在陶器制作艺术中所能体现的代表性作品风格也不同。仰韶文化、马家窑文化、大汶口文化、龙山文化等都是新石器时代文化中具有典型性的代表,那时的制陶可代表史前制陶的最高水平,其他文化的制陶与之相比则似乎显得逊色,但事实是,各地的不同文化有不同的制陶艺术,它们各自代表着自己的烧制水平。例如,分布于青海省和甘肃省的齐家文化,彩陶的制作技艺同样不可低估,作品图案规整,讲究排列对称,如甘肃省古浪县出土的菱形纹双耳壶、甘肃省广河县齐家坪出土的三角纹壶和罐,都有着较高的制作工艺。而那些双大耳的彩陶和黄陶杯的造型具有浓厚的地方文化特点,也自成一种艺术风格。另外,长江中游大溪文化陶器的制作也有其鲜明的地方特色和艺术风格,其中运用戳印装饰的制作工艺构成了大溪文化特有的风格,在一些豆、子母口碗、圈足盘、盆等器上戳印各种纹饰,如1978年湖南省安乡县出土的红陶盆、红陶盘等,都运用了这种装饰工艺。大溪文化的彩陶较为少见,所见作品制作质量也较高,在泥质红陶上绘以黑彩(有的夹以红彩)。

湖南省安乡县出土的一件陶瓶,器身绘平行条纹、绞索纹、网纹,为大溪文化晚期陶器上流行的纹饰,代表了长江中游陶器的制作水平。还有同样地处长江流域的屈家岭文化陶器,在中原地区出土彩陶中找到了它们与黄河流域彩陶文化的共同存在。1965年河南省淅川县出土的一件涡纹彩陶,大直口、扁腹,外撇高圈足,外壁所绘旋涡纹,其别致的造型、流畅的纹饰,体现了极高的制陶工艺技巧。浙川出土的屈家岭文化黑陶也是值得称道的,如黑陶镂空高柄杯、深腹杯,虽不能与龙山文化高柄杯相比,但它们的艺术特色是显而易见的。1978年,在湖南省安乡县出土的一件黑陶小口长颈壶,形制特别,外撇口、长颈、半圆形扁腹,外撇镂空圈足,这种在洞庭湖和鄂西地区具有代表性的黑陶作品,造型几乎是绝无仅有的。

南方地区的陶器中,河姆渡文化、良渚文化、马家浜文化和崧泽文化的作品各有其特色,也各有其魅力。余姚河姆渡的陶器,由于其年代的久远,制作较为原始的手制工艺,在造型上并不规整,但作品的设计却另有一种风格,使人感到既朴实又优美,如把树叶纹图案饰于六角形盘的盘沿,把动物图案刻于器物上等。1973年和1977年,分别在河姆渡遗址第四层出土的黑陶鱼藻纹双耳盆和黑陶猪纹长圆形钵就是这种风格的体现,黑陶盆腹壁刻画有一组鱼藻纹和一组鸟纹,构图简单明了,黑陶钵外壁正背中部均刻有猪纹,猪作长吻,竖耳、瞪眼,迈开四肢,作觅食之状,纹饰线条粗犷并带有夸张性,使人感到生动有趣。河姆渡文化陶塑也是很有特点的,如1973年河姆渡遗址第二文化层中出土的一件陶塑人头像即属此例,头像为长方形脸,前额突出,高额骨,窄而直的鼻梁,下颌略呈方形,眼、嘴均作单线刻画,作品运用夸张和写实结合的制作技巧,塑造了一个具有个性的原始先民形象。除此以外,河姆渡文化猪、羊、鱼等陶制品的塑造也颇有观赏性。陶猪的形象还出现在马家浜文化陶器上,1957年浙江省吴兴出土的一件陶猪塑像,体态肥胖,形象生动。

崧泽文化陶器中,有一些制作技艺高超的作品,大口径的红陶扁足鼎,造型规整,颇有气势。灰陶豆、黑衣灰陶镂孔壶,均有镂空花纹,装饰性较强。最值得称道的是崧泽出土的一件黑陶竹编纹带盖罐,高26.2厘米,作品外黑色陶衣经打磨,光亮细洁;腹中部饰一周锯齿形堆纹,肩腹间刻22个单元编成一体的竹编纹,纹饰自然流畅,是崧泽文化陶器中最精美的作品之一。

另一件值得赞美的作品是1990年浙江省嘉兴市出土的人首陶瓶,此瓶高21厘米,顶端塑成小型人头像,五官端正,脑后有发髻,前胸有一圆口,造型十分别致。1973年,江苏省吴县出土了一件形象怪异的崧泽文化陶制品,形状如一昂首伫立、作呼吼状的怪兽,尽管难以搞清此究为何物,但可以看到,制作这样的艺术品是需要有丰富想象力的。

良渚文化陶器比起早于它的崧泽文化陶器来说,整体烧造质量有显著提高,一大批有艺术感染力的作品在这一文化中出现,上海市金山亭林出土的红陶鬶,几乎代表了良渚文化红陶的最高烧造水平。在黑陶中,精美产品层出不穷,尤其是那些器身刻画细花纹的作品更是引人注目,如细刻纹高圈足豆,器身上下刻鸟纹和蛇纹;双鼻壶上,也刻出类似的纹饰;阔把壶不仅制作精细,器身的上下满刻细纹,几只图案化的飞鸟在自由翱翔,刻工一丝不苟。从造型看,各式壶、把壶、罐、杯、尊等都有别致的造型,如有的短,形似企鹅;矮足壶,像引吭高歌的水鸟。最突出的是一件高柄盖圈足罐,器腹扁圆,下有高圈足,盖柄极高,造型别致,器表乌黑光亮,有朱红彩描绘数道宽带形彩绘,这件作品不仅制作水准高,且绘有朱红彩,更属难能可贵。良渚文化彩绘作品中有一件黑陶壶,是目前已发现良渚彩绘陶中最精彩的作品,此壶1974年出土于苏州市吴县,作品颈部涂绘黄彩、腹部饰自然的绳索纹两组,黄黑相间,具有一种特殊的美感。良渚文化的陶塑制品以1960年吴县出土的灰陶鸟形壶为佳,肥胖的身躯,喙状的尖嘴,目视前方,作觅食状,形神兼备,实属不可多得。

东北地区新石器时代的陶器,当推红山文化。1983年,在辽宁省凌源市牛河梁红山文化遗址,发现了一件彩塑人头像,这就是有名的"红山女神头像",此像方圆形脸,额部宽平,高额骨,耳朵大而圆,大眼窝,内嵌圆形玉片为睛,因而显得目光炯炯;面部光滑,两颊呈淡红色,唇涂朱色。据研究,此为女性神像,带有蒙古人种的形象特征,这件作品的出土证明了红山文化陶塑艺术水平的高超。红山文化的彩陶有着明显的地区性特征,1963年内蒙古自治区赤峰地区出土的一件鳞纹彩陶罐和1979年凌源市出土的一件简形器均为红山文化陶器的典型作品,尤其是前者,腹上半部绘四组相连的鳞状纹,装饰颇为特殊。1977年内蒙古自治区赤峰市翁牛特旗出土的一件红陶双口壶和彩陶鸟形壶均以特殊的造型取胜,尤其是鸟形壶,形作一昂首向上之鸟,仰天大张着嘴,似是等待喂食的幼鸟,此鸟不仅神似,其形也均清楚交代,上有双眼,后有短尾,头、颈还施绘黑彩,作品既写实又夸张,是一件不可多得的精品。

新石器时代每一个文化类型中都有能代表自身艺术特点的精彩作品,除上述各文化类型外,许多地区的陶器中都能找到不少高水平或有艺术个性的作品。如1988年甘肃省玉门市出土的一人形彩陶罐就是这种难得的作品,罐作立人形,头顶为侈口,环形双耳,双眼镂空,胸腹有彩绘,下着裤,穿一双翘头靴。这件作品是目前发现的新石器时代人形陶器中形体最完整的作品。在华南、新疆维吾尔自治区、西藏自治区、内蒙古自治区和东北等地,能反映各地地方艺术特色的作品也能找到很多,如福建省昙石山文化中的宽带状彩陶杯(1965年昙石山遗址出土),直身、矮圈足,由泥质黄陶制成,口边绘一周朱砂彩宽带纹,彩色鲜艳,十分少见。1975年广东省曲江石峡遗址出土的石峡文化白陶鼎,形制特别,是珠江流域陶器的典型。1979年西藏自治区昌都市卡诺出土的折线纹黄陶双联罐,造型别致,是反映藏族原始制陶艺术的重要作品。

原始陶艺是人类在社会活动中经过漫长实践的经验总结,更是先民丰富想象力的生动体现。各地发现的陶器中的精品,集中体现了人类的审美观念和创作能力,作为人类社会生活的一个重要方面,原始制陶艺术的发展,对整个文明时代的发展具有十分积极的意义。

第三节 陶器时代与人类文明

从历史技术主义的视角来看,一部人类文明史就是一部工具技术史。正因为人类历史的每一阶段都与所利用的工具及技术息息相关,故史学界根据人类制造工具的技术发明和创新将全球人类历史划分为:旧石器时代、新石器时代、青铜器时代、铁器时代、蒸汽时代、电气时代和当下的信息时代。"每个技术阶段都有其特定的发源地,倾向于利用某种特定的资源和原材料,有其生产能源和利用能源的特定方式,当然也有其特定的生产方式。"

然而,史学家对全球人类历史的阶段划分,从新石器时代到青铜器时代还是省去了一个过渡性的中间环节,这个中间环节就是"陶器时代"。因为人类从石材器到金属器的技术发明和创新是循序渐进的,而不是突飞猛进的。石器,不论是旧石器还是新石器,都是原始先民对大自然中天然石材的粗糙加工利用或精细打磨改造,而青铜器则是对红铜和锡两种金属经过浇注而形成的合金,从原料的提取加工到制作工艺的复杂程度来看,青铜器与石材器绝对有"天壤之别"。如果按照技术史来划分文明史,从石器时代直接跳跃到铜器时代,中间毫无过渡。而陪伴人类走过漫长历史的"陶器时代",却被人为地淹没在了历史的长河里而未能呈现在历史分期当中。事实上,陶器就是人类文明之火所造就的第一种人工合成性技术器具。陶器是铜器的技术鼻祖,铜器则是陶器的技术延伸。人类在工具技术的发明和创新上,绝对不可能超越低级阶段而直接进入高级阶段。这就是历史技术主义的历史阶段论。[①]

一、制陶术是"史前文明"的承载者

制陶术似乎是史前人类对于历史技术主义的超前诠释。历史技术主义就是历史哲学中的技术决定论。究其本质而论,历史技术论就是对历史唯物论在工具技术层面的有益补充。在抵触英雄史观、崇尚唯物史观的历史技术论者看来,"与其说是大人物改变了历史,不如说是微不足道的物质因素或者说技术进步改变了人类历史"。因为"人类本身就是物质发展的产物,物质延伸产生了技术,技术进步构成了人类的文明和历史。在人类的历史中物质与技术始终都是一种文化图腾。在早期人类社会中,人们常以食物为图腾;随着农业社会到来,手工业逐渐兴起,工具成为新图腾,这种文化延续至今"。

马歇尔·麦克卢汉和芒福德都是地道的技术决定论者。如果说麦克卢汉主义是典型的历史技术主义,其媒介讯息论则是技术决定论的别名。历史技术主义将人类技术史等同于人类文明史,麦克卢汉主义也不例外,"人工制造物不仅是工具,而且是人的延伸,是人创造的额外器官产生的延伸……在不同程度上,我们的文明归功于这样的延伸"。这也是对于基于泛媒介论和延伸论基础的媒介讯息论的最好诠释。那么从媒介讯息论的视角来看,史前陶器这种技术媒介又是如何承载和标志史前文明的?这就要从陶器制作的技术本质去探究。

(一)制陶术是一种改变人与自然关系的生产技术

人的生物进化和技术进化均得益于劳动。劳动在人类起源和社会的产生发展方面起决定作用,人类劳动的根本标志就是制造工具,而工具技术的发明和运用则是制造工具的保障。制陶技术是史前人类在改造自然界、获取生活资料的生产劳动过程中,继打磨石器、制作弓箭之后而不断改良生产技术的结果。人类从制作石器和陶器开始便将自身从自然动物群体

---

①王飞鸿,崔晟. 中华文明简史[M]. 长春:吉林大学出版社,2010.

中解放了出来,并确立了人与自然的新型关系:"动物仅仅利用外部自然界,单纯地以自己的存在来使自然界改变;而人则通过他所做出的改变来使自然界为自己的目的服务,来支配自然界。"陶器制作技术是人类通过改变自然为自己的生产和生活服务,并创造出新型的生活方式的重要技术。对于人类文明史的意义在于这种工具技术的不断进化,无形中促进了整个人类的自我完善,"正是技术在社会中的发展带来了理性、感性和意志的发展,正是技术使人类成了最完美的动物"。更为重要的是在人类持续不断地改造自然的技术进化中,"人类的进步没有界限,人类的完美也没有尽头……在追求完美的过程中,只有地球的生命年限才是阻碍这种追求的唯一限制"。从史前的制陶技术开始,人类从自然界的顶礼膜拜者晋升为超级征服者。

(二)制陶术是一种体现"母腹效应"的容器技术

制陶技术被西方学者归纳在新石器技术范畴内,新石器技术的一个重要事实在于,陶器这种容器既能存储粮食又与母腹相似有容纳生命之意,故制陶术充分体现了原始先民生存和繁衍的两大时代主题。容器的贮存功能不仅包含着对物质财富的积累,而且也涵盖了对精神创造物的保存。随着生产力和审美力的发展,陶器的容器功能逐渐从实用功能向审美功能转变。

二、陶器时代是人类文明的发轫期

在人类文明史和在人体外的工具技术进化史,陶器的出现是一个具有划时代意义的里程碑。制陶技术既是从石器时代突变到陶器时代的技术进化,也是原始先民优越于自然动物的文明标志。燧人氏"钻木取火"和普罗米修斯"盗取天火"之所以是中西方两大神话传说,这是因为"人工取火"这种能源技术是人类文明史上第一次里程碑式的技术革命。"火"的运用使人类从茹毛饮血的原始人进化到真正意义上的智人,这是人类最终超越动物的根本标志,故人类用"文明的圣火"一词来礼赞这种能源技术的历史功绩。史前陶器是被史前"文明圣火"烧制而成的第一种文明器物。史前陶器的制作就是基于水、火、土的一种材料合成,一个质地较好的成形陶器必须建立在对陶土的精心挑选、对水的比例调和以及对火候的控制上。陶器的制作需经过选土、塑形、修饰、烧制四个过程,烧制陶器的工艺成为后世冶炼金属的指导思想和技术先导。

在史前文明中,火对陶的烧制、陶器对火种的保存,对跨入人类文明门槛的史前先民来说是互为因果的一种技术进化。考古学将人类开始使用石器的时代称为石器时代,石器时代因石器打制和磨制的不同,又分为旧石器时代和新石器时代。传统历史学家将制陶技术和磨制石器视为新石器时代的两个重要标志。事实上,新石器时代之所以被称为新石器时代,并不是因为陶器是用含有不同矿物成分的黏土烧制而成的,而是相对精美的石器、骨器、玉器和木制品,陶器是用精湛的人手制作的。用火烧制各类陶器是介于用手磨制各类石器与用火冶炼各种金属之间的一个不可逾越的历史阶段。摩尔根在《古代社会》中将人类社会划分为蒙昧社会、野蛮社会和文明社会,文明社会诞生的标志是象形文字和标音字母的发明和使用,其中野蛮社会又被划分为古代和近代两个时期,蒙昧社会和野蛮社会被分别划分为低级、中级和高级三个时期。语言的诞生和火种的保存、弓箭的发明和使用、陶器的发明和制作,分别被当作蒙昧社会三个历史时期的标志;而制陶术、冶铜术和冶铁术则被当成野蛮社会的标志。其实彩色陶器和陶器上的神奇图案和多样纹饰就是史前先民迈进人类文明门槛的共同标志。当时的陶器器形有罐、盆、钵、碗、瓶以及瓮棺和陶俑,陶器陶质的颜色以红陶、黄陶为主饰,以黑彩纹饰或图案为搭配。

1921年秋,瑞典地质学家安特生在河南省渑池县仰韶村主持发掘出了第一批中国彩色陶器,揭开了中华史前文明的神秘面纱,人类考古学历史上从此出现了一个专有名词:仰韶文化(距今7000年至6000年)。在安特生到达中国之前,西方人就在西亚发现了史前最早的原始彩陶(距今10000年至6000年)。仰韶彩陶是不是西亚彩陶向东传播的结果?安特生便从沿黄河上游西行至兰州,去探寻西亚彩陶从我国西北传入我国中原的路径。1923年至1924年间,安特生在临洮马家窑村又发现了马家窑文化(距今4000多年)。马家窑文化彩陶制作的时间晚于仰韶文化、彩陶纹饰及图案更是精美于仰韶文化,于是安特生"彩陶西来"的猜想破灭了。1979年,中国考古队伍在秦安市大地湾发现了目前中国最早的彩陶,遂被命名为大地湾文化(距今7000多年)。考古学现已证明,从史前开始世界各地均有许多年代久远的史前陶器出土。在世界性的陶器发掘中,中国陶器发掘工作所发现的古代彩陶或素陶器,无论从数量和内容,还是地区分布之广和时间跨度之长,均可称世界之最。远古陶器并非西亚特有,经研究发现,人类的许多史前文明是由大河的滋养而繁衍的,从世界范围来看,陶器是几大文明发源地共有的创造,其中包括西亚的两河流域、非洲的尼罗河流域和我国的黄河流域。因此可以断言,陶器时代是人类文明的发轫时期。

随着青铜器的铸就和推广,陶器开始被青铜器替代,男性成为社会生活中的主力,女性地位下降,父系社会取代母系社会,故占统治阶级地位的男性审美观成为潮流,对比青铜器和陶器的造型以及纹饰可以发现:青铜器上以刚毅几何造型和带有棱角纹饰的男性审美观已经代替了陶器上以女性审美观为主的流线造型和纹饰。此外陶器的衰落还证明了物极必反的历史发展规律。保罗·莱文生提出的"补救性"媒介,很好地说明了青铜器、铁器和瓷器对陶器的补救作用,"任何一种后继媒介,都是一种补救措施,都是对过去的某一种媒介功能的补救和补偿"。青铜器以其不易破损、耐用等特性取代了陶器,青铜器的坚硬度是对陶器易碎的一种补救性。然而,在我国青铜器由于生产成本较高并没有完全取代陶器,陶器仍然是人们日常生活的主要用具,并且以技术上更精湛的瓷器补救了陶器的不足。

三、青铜器时代是陶器时代的传承

陶器制造业是人类第一次利用科学技术,自发地从农业中分化出来的手工业部门。陶器制造过程中,"用火技术—化学反应"这两大要领与技术基础,对随后产生的冶铜业、冶铁业产生了极为重要的先导作用和铺垫作用。可以说陶器工艺是人发展主体性、创造力、精神文化的新天地。

(一)由制陶过程总结的黏土配料技术

从考古发掘的史前陶器来看,在石器时代中后期,出现了纯土陶器(黏土陶器)和砂粒、贝壳粉陶器。需要强调的是,陶器的萌芽早于新石器时代。

陶器原料土的预处理和不同原料配比的燃烧器"料土"的制备,都是为了得到不同性能的陶器。例如,制作陶器,要求陶器能经受火的反复燃烧而不破裂或爆炸,大部分是用填砂陶制作的,为了控制泥浆的变形或开裂,加入了一定比例。其他陶器材料,追求容器精致美观的造型,既美化又展示,而且都是用经过水洗的纯黏土制作而成;调整陶土的成分比例,达到不同的制陶目的,是石器制造中不具备的技术内容。这为后人获得不同原料配比的青铜冶炼和青铜器生产技能和理性知识奠定了技术基础。

（二）陶器的造型技术与造型艺术

人们利用湿土柔软易成型的特性来塑造各种陶器。至于石头,加工难度大,只能做成一些形状简单的工具。当黏土被塑造成各种实用工具时,先民经历了不同阶段的造型技术,如简单的揉捏法、贴胎模法、泥条砌筑法、陶轮(陶钩)修补法等,积累了陶艺制作法。而且,先人在追求陶器实用性的同时,也追求陶器造型的艺术性。就连用石料制作的工具、礼器(如河姆渡文化的玉琮、红山文化的玉龙),都在追求造型的艺术性。然而,能够普及和影响后世青铜器造型艺术的却是陶器造型艺术。这是因为陶坯艺术造型技法比石玉造型技法更容易实现和变化,更容易普及和便于后人传承。

（三）陶窑烧制的火控技术

陶器被誉为"土、水、火的文明结晶",是将水与土结合,然后烧制而成的人工制品。

在陶艺制作中,火技是最关键的环节。陶器的制造表明人类有意识地用火来创造事物,并具有一定的控制火的能力,以达到自己的创造目的,这是火技术的一个新阶段。火技术和造石技术是两种不同层次的技术。但是,作为人类先进技术设备的陶窑,用陶窑烧制陶器的技术实践和理念,明显高于手工制作的纯石器。将黏土烧成陶器,一开始需要两个基本技术参数:一是最低烧成温度。如果温度低于这个下限,土壤就不会玻璃化,只能是烧成"硬化土"的陶罐。二是在可陶瓷化温度下的最短保持时间,即使达到最佳玻璃化温度,如果保温时间不够,黏土坯料也不会完全玻璃化。这两个元素的综合表达就是一个术语"火候"——只有火候达到了,才能烧制真正的陶器,要不然就是夹生的陶器或者泥器。

显然,无论是我国北部在公元前5000年—公元前3000年的仰韶文化彩陶制作,还是江南杭州湾公元前5000年—公元前3000年的河姆渡文化黑陶制作,或者长江中游公元前4400年—公元前3300年的大溪文化白陶和薄胎彩陶制作,这些成熟了的陶器类型,都共同显示出先民们掌握了烧陶的两个基本技术要素。

烧制陶器的控火技术包含两个方面:一方面烧制技术要求在当时的技术条件下,烧制过程尽可能达到高温,高温的陶器质量要好;再者,先人能控制陶火的氧化气氛或还原气氛,分别得到红陶或灰陶。另一方面,加热技术要求陶瓷坯料受热均匀,避免变形开裂、烧穿,避免局部过热、塌陷和熔化。

陶窑的发明将燃烧和加热恰当地分析合成——陶窑由火室和窑室组成,火室和窑室由多条火道相连。此外,在中国广大地区,考古人员还发现了更多的史前陶窑。陶窑遗迹的考古发掘证明,先民用特殊的陶烧技术和设备烧制陶器。没有陶窑设备,就没有成熟的陶器。许多史前陶窑的发现证明,陶器时代是一个新的历史时代,与石器时代相比,手工业技术进步更多,社会生产力水平更高。

(四)耐火陶土

陶器时代的先民已经掌握了制作蒸煮陶器(陶制炊具)和制作普通盛装陶器(陶制容器)的原料区别。

陶器炊具必须耐火、耐高温。在陶坯的黏土中加入一定量的细砂,经过反复用火焰燃烧再冷却后,可以提高蒸煮陶器的耐火性。我国史前先民的陶器炊具是用混砂陶制成的。陶器容器不需要耐高温,但除了盛放物品的实用性外,还有审美要求和对祭祀用具的要求。陶器是纯黏土材料。对于一些造型精美、做工精细、具有装饰性或原始祭祀性(祭祀用)的器皿,甚至需要选择优质的土种,提前洗净泥料,从料中进行预处理,成为"澄泥陶土"。砂的加入使陶器更耐火和更抗冷热循环,但黏土的可塑性也随之减少。

随着陶器火技术的发展,促使先民追求某种陶器的高耐火性。因此,逐渐出现了石英砂含量高的耐火陶土。耐火陶土不仅是后世制作青铜熔炉的原料,也是铸造青铜熔炉的筑炉材料。陶艺技术的探索和积累到青铜技术是必不可少的中间环节。因此,在石器时代和青铜时代之间,必须划分一个关键的"陶器时代"。

(五)陶钧和陶窑是人类突破手持工具的最早技术装备

石器时代的工具是结构简单的手持工具,如石斧、石链、石箭镞等。早期人类使用简单的手持工具,并摸索出更复杂的组合装置,进一步制造出综合技术装备,这是一个漫长而艰巨的过程。制陶机械、工具和设备相继发明,一些先民聚集起来从事特定的、专业化的生产活动,成为史前各生产领域的开拓者,从而实现了人类社会生产力的巨大飞跃。

史前最早的技术设备之一是由陶钧和陶窑组成的制陶设备。陶窑的发明和广泛使用在陶钧之前。陶钧,又名陶俊,是制造陶器坯件的工具。后来,陶钧从慢轮发展到陶车(快轮),成为后世研究陶时代技术阶段的重要标志。

据中国社会科学院历史研究所《中国历史编年史》记载,我国在公元前3000年就出现了轮替技术。然而,迄今为止,在考古发掘中没有发现史前陶钧的遗迹。根据《辞海》1999年版的"陶钧"词条,《史记·鲁仲连邹阳列传》使用了"陶钧"这个词,裴骃《集解》注:"陶家名模下圆转者为钧。"司马贞索隐引张晏曰:"陶,冶;钧,范也。作器,下转者名钧。"《说文解字》释:"钧,三十斤也,从金匀声。銞,古文钧,从旬。"

《说文解字》对"钧"字巨大重量的注解,符合陶钧的工作原理——陶钧是一个大质量的旋转轮盘,使其在制陶时能有较大的转动惯性,实现连续高速旋转的功能。陶钧显然是一个技术含量比徒手工具高得多的技术装置。

如前所述,现代考古发现了仰韶文化阶段的许多陶窑,陶窑由燃烧室(火室)和加热室(窑室)两部分组成。火室的建造便于添加燃料、通风燃烧、火焰和气体的聚集和保温,获得当时可能的最高燃烧温度。将窑室与火室分开,一是避免了添加燃料、翻柴时对陶制品的损坏;火室和窑室的布置可以使陶器在窑室内均匀受热,避免陶器的开裂和变形,提高烧制陶器的成品率。通过调节和配合火室和窑室的进风,可以获得窑内的氧化或还原气氛。仰韶文化的竖陶窑比横陶窑设备更先进。

陶钧制坯、陶窑烧陶的方式,为后世的精美青铜器奠定了可靠的技术和设备基础。

(六)陶器的仪式组合是青铜礼器的前身

在二里头文物中,陶器包括一些酒器,这些酒器在当时是用于神圣的祭祀仪式,所以都是用水洗黏土精心制作而成,有的是白陶制作,有的是黑陶制作。它们很少在日常生活场所出土,大多埋藏在墓葬中。

中国古代素有"礼仪之邦"之称,所谓"礼是用酒做的",没有酒就做不成礼。"礼"字的本义是用"礼(酒)"举行的仪式。在古代,社交礼仪伴随着饮酒仪式,因此有学者将始于龙山时代、盛于夏商时期的礼仪制度概括为"饮酒礼"。有酒必有酒器,酒器是礼仪制度的重要载体。

黑陶和白陶是大汶口文化遗址制陶业出现的两个新品种,显示了当时制陶技术的显著进步。黑陶的特点是纯黑、细腻、薄、轻、亮、高贵。一般不用于日常使用,而是成为礼器。良渚文化遗址中也发现了黑陶礼器。

白陶是一种高温的白色陶器,属于硬陶,质地优于红陶和灰陶。白陶考古遗迹表明,白陶洁白,制作精美,其品位高于其他陶器。白陶出现在距今6500—5300年的高庙文化遗址。在山东省泰安市和宁阳县的大汶口文化墓葬中出土了数十件白陶器皿。龙山文化和二里头文化的许多遗址中发现了白陶。青铜酒器出现在二里头文化晚期。青铜礼器的制作与白陶的形制有很大关系,白陶、青铜礼器和玉器构成了二里头文化中独特的器物组合。白陶烧成温度高,是后期瓷器的先驱。青铜器的造型继承了白陶的造型,但没有模仿玉器的造型。白陶、黑陶礼器是原始礼器,而青铜礼器从史前文化经夏商至两周逐渐成为主要礼器。

礼器是中国古代文明的重要标志,白陶礼器和黑陶礼器独特的外观和材质是中国仪式文明起源的最初物质表现。

(七)青铜器技术与陶器技术的相互促进

在后世制作青铜器的过程中,很多技术是在制陶技术的基础上发展起来的。中国古代冶金史表明,制陶技术是冶金技术中烧制技术、成型技术和铸造技术的基础。另外,金属冶炼和铸造技术的发展将先进技术回馈给制陶技术。金属技术和金属工具的出现淘汰了旧的石器和石器制造技术。但是,金属工具的出现强化了传统的制陶技术,这是石器技术与制陶技术的本质区别,也是笔者主张将史前历史独立划分为制陶时代的重要原因之一。

陶器时代夏家店文化遗址彩陶上的装饰纹样有饕餮纹、回纹、夔纹、云纹、二方连续纹等。这些纹饰与商代青铜器上的纹饰相同。有学者认为商代青铜器上的纹饰是夏家店下层文化的彩陶。就器皿的形状而言,有陶鬲、陶甗、陶鼎、陶豆等。陶器时代的夏家店文化遗址,都在商代青铜器中再现,它们的制作工艺也是同宗同源。

这种连续性体现在以下几点:

①陶器技术提供了青铜器的"模型"和"模范";

②范铸的干燥和烘烤;

③铜冶炼和温度水平焙烧;

④炼铜造渣助熔剂促进陶瓷釉面;

⑤铜制品、陶制品、石制品、骨制品在青铜时代并行使用;

⑥形状来自陶器。

综上所述,在石器时代进一步发展的过程中,没有陶器技术的创立和积累,就没有后来的青铜时代,更谈不上后世。陶器时代延续了几千年,青铜器的许多特征是从陶器时代继承下来的。陶器的工艺和形状从根本上影响了青铜器的工艺和形状,而青铜器并没有受到石器的太大影响。因此,笔者认为,在石器时代之后、青铜时代之前,必须划分一个关键的"陶器时代",这是理解其技术作用的前提。陶窑和陶钧(以及快轮陶车)已经超越石器时代的简单手持工具水平,提升到技术装备水平。正是陶器的生产方法和设备,为陶器、青铜器、瓷器等的生产奠定了技术基础。大多数人工制品的原型是陶器,或者它们是从陶器形状发展而来的。没有陶器技术和设备的创立和积累,就没有后来的青铜时代,甚至更晚。因此,笔者认为"陶器时代"的划分在石器时代和青铜时代之间是必要的,新石器时代陶器的长期价值不容忽视。

参考文献

[1]李佳.京津冀地区的新石器时代文化[D].武汉:武汉大学,2018.

[2]麦克卢汉.理解媒介:论人的延伸[M].何道宽,译.南京:译林出版社,2011.

[3]卡茨,彼得斯,利比斯,等.媒介研究经典文本解读[M].常江,译.北京:北京大学出版社,2011.

[4]李曦珍.理解麦克卢汉:当代西方媒介技术哲学研究[M].北京:人民出版社,2014.

[5]杨健.城市:磁体还是容器?[J].读书,2007(12).

[6]葛英会.古汉字与华夏文明[M].上海:上海古籍出版社,2010.

[7]赵晔.内敛与华丽:良渚陶器[M].杭州:浙江大学出版社,2019.

[8]佟月.古代北方少数民族陶器审美形态探究[J].艺术品鉴,2018(18):3-4.

[9]臧雅帆,王涛.聚焦早期陶器探讨技术文明——"陶器研究:技术、经济与社会学术研讨会"会议纪要[J].黄河·黄土·黄种人,2017(8):17-21.

[10]冯剑婷.论新石器时期的陶器文明[J].美与时代:美术学刊(中),2015(10):136-137.

[11]寇少丽.新石器时代平凉地区农业文化之考察——由平凉市博物馆馆藏文物说起[J].文物鉴定与鉴赏,2021(4):35-37.

[12]摩尔根.古代社会:上[M].杨冬莼,倪文彦,马巨,译.北京:商务印书馆,1997.

[13]芒福德.城市发展史:起源、演变和前景[M].宋俊岭,倪文彦,译.北京:中国建筑工业出版社,2005.

[14]李曦珍,楚雪,王晓刚.媒介是人的进化式的延伸:达尔文"进化论"视阈下的麦克卢汉"延伸论"透视[J].甘肃社会科学,2011(4):139-141.

[15]韩丛耀,陈兆复,邢琏.中华图像文化史·原始卷[M].北京:中国摄影出版社,2017.

[16]邓清远.上古艺术审美的释悟:通灵感物味象[M].长春:吉林大学出版社,2018.

[17]王晓华.新石器时代陶器造型的设计艺术[J].美术观察,2021(1).

[18]秦思雅.马家窑文化人形彩陶文创产品设计与研究[D].兰州:兰州大学,2021.

[19]简洁.中国陶器:汉英对照[M].合肥:黄山书社,2013.

[20]刘莉.早期陶器、煮粥、酿酒与社会复杂化的发展[J].中原文物,2017(2):24-34.

[21]王伯敏.中国绘画通史:上[M].北京:生活·读书·新知三联书店,2018.

[22]张林霞.浅谈新石器时期陶器绘画艺术[J].农家参谋,2018(3):297.

[23]钱志强.古代美术与中国文明起源研究[M].北京:中国社会科学出版社,2007.

[24]徐江伟.血色曙光:华夏文明与汉字的起源:[M].西安:陕西人民出版社,2013.

[25]王志俊.关中地区仰韶文化刻画符号综述[J].考古与文物,1980,3.

[26]陈炜湛.汉字起源试论[J].中山大学学报(哲学社会科学版),1978(1).

[27]张光裕.从新出土材料重新探索中国文字的起源及其相关问题[J].香港中文大学学报,1981,12.

[28]李孝定.中国文字的原始与演变[J].台湾研究院历史语言研究所集刊,1974.

[29]李孝定.再论史前陶文和汉字起源问题[J].台湾研究院历史语言研究所集刊,1979.

[30]方李莉,朱乐耕,朱建纲.艺术中国·陶瓷[M].长沙:湖南美术出版社,2018.

[31]王飞鸿,崔晟.中华文明简史[M].长春:吉林大学出版社,2010.